⊙木闻 编著

图说

Ninety Years History of Peihua University in Pictures

培華

90

年历史

西北大学
出版社

图书在版编目（ＣＩＰ）数据

图说培华 90 年历史/ 木闻编著. --西安 ：西北大学
出版社，2018.10
ISBN 978-7-5604-4252-5

Ⅰ.①图⋯ Ⅱ.① 木⋯ Ⅲ.①西安培华学院－校史－
1928-2018-图解 Ⅳ.①G649.284.11-64

中国版本图书馆 CIP 数据核字（2018）第 228237 号

图说培华 90 年历史

木闻　编著

西北大学出版社出版发行

（西北大学校内　邮编：710069　电话：029－88302621　88303593）

http://nwupress.nwu.edu.cn　E-mail: xdpress@nwu.edu.cn

新华书店经销　　西安华新彩印有限责任公司印刷

开本：787 毫米×1092 毫米　1/16　印张：25.25

2018 年 10 月第 1 版　　2018 年 10 月第 1 次印刷

字数：230 千字

ISBN 978-7-5604-4252-5　定价：98.00 元

如有印装质量问题，请与本社联系调换，电话 029-88302966。

《图说培华 90 年历史》
编委会

主任

姜　波

委员

李映方　　胡俊生　　刘越莲　　姚文静

于国亮　　徐国富　　薛　清　姜　涛

秦海峰　　李　健　　王灏然

目录

C O N T E N T S

■ **面临险境与突破徘徊(1991—1994)**

■ **从一枝独秀到名列前茅(1994—2000)**

第四章 培华学院，神禾明珠——培华新时代（2004—2018）

■ **转型试点：由规模扩张转向内涵建设（2013—2018）**

平**民**谓齐民也。

平者，平善之人。诗笺云：「齐等也。」则

——[清] 孙星衍《尚书今古文注疏》

衣冠礼乐，耳目所征，号之诸生，实为**女**士。

——[宋] 李昉《文苑英华》

经纬礼律，为民轨仪，使安**职业**，无或迁志。

——[汉] 潘元茂《册魏公九锡文》

第一章

一声惊雷，平民女职

—— 早期培华（1928—1949）

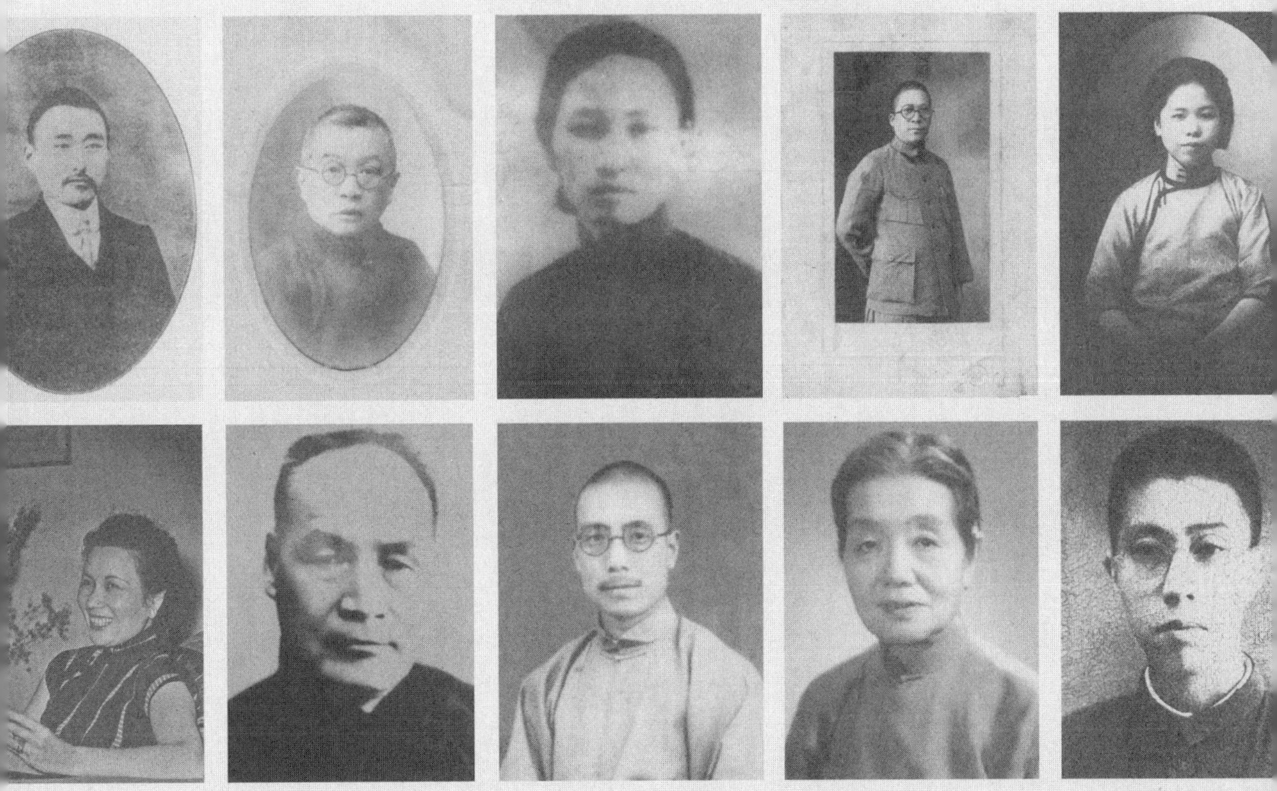

西安第一平民女子职业学校

（1928—1935）

公元 1928 年，夏历戊辰年。这一年有个闰二月，说起来要四年一遇，却并不十分稀罕。此时，中国绵延两千多年的帝制已被推翻十多年了，末代皇帝被驱逐出紫禁城也已四年有余。翻天覆地，天下大变。只是，大部分国人的思想意识、行为方式，还像几千年以来那样，男尊女卑，三从四德。好在新思潮持续冲击，润物无声。中国西北部的古城西安，有一群立大志者，倡导新文化，敢为天下先，胸怀"教育兴国""实业救国"的理想抱负，众星捧月般，将一个响当当的名词——"女子"——推到历史舞台上。从此，在中国民办教育史上，一声惊雷骤响，起起落落，坚忍不拔，终于成就了一番大事业，名垂汗青。

这一年的 1 月 4 日，西安女子师范学校教员吴云芳女士联络陕西教育界知名人士梁午峰、石雨琴、罗端先、姬在沣等，以及她在北京女子高等师范学校的校友朱友梅、李競寰等，共同发起成立陕西女子职业教育促进会，设立募捐基金，筹备成立女子职业学校。一个半月后，即 1928 年 2 月 21 日，一所名称直白而简明的学校"西安第一平民女子职业学校"成立了。吴云芳任校长，李競寰任校务主任兼会计。校址在梁府街 2 号，即今天青年路原市二印厂附近。

这就是今天的西安培华学院的前身——九十年前，一株教育事业的幼苗，肇始萌发的历史时刻。

"使无业者有业，有业者乐业。"西安培华，甫一诞生即适得其所：既根植于广阔坚实的浑浑厚土，又立志于深远博大的茫茫高天。通俗地说，既"接地气"，又"有情怀"。

古城西安的新生事物
——西安第一平民女子职业学校

西安第一平民女子职业学校成立之时，正是陕西各界积极策应广州革命政府北伐之际。1926 年，陕西民众拥戴于右任先生担任西北国民联军总司令。于右任（1879—1964），陕西三原人，是辛亥革命元老，社会影响力巨大。他深知教育民众之重要，支持教育家杨明轩先生改革陕西教育积弊。杨明轩（1891—1967），陕西户县人，1927 年任西北国民联军总司令部教育厅厅长，提倡捐资兴教，发展私立教育，尤其着力推行平民教育和职业教育。

民国时期的西安钟楼

于右任先生

杨明轩先生

二十世纪初，中国民族工商业快速发展。而当时的教育，还沿袭着过去那种严重脱离生产劳动和社会生活的方式，无法适应社会发展的需要。教育家黄炎培先生与一批仁人志士想要改变这种落后的教育。1917 年 5 月 6 日，黄炎培先生联合教育界、实业界知名人士蔡元培、梁启超、张謇、宋汉章等 48 位先生，在上海发起创立中华职业教育社、创办中华职业教育学校，开启中华职业教育先河。在这一社会大背景之中，私立学校、职业学校不断出现。创办于 1928 年 2 月的西安第一平民女子职业学校，尤为显眼。

"平民女职"，顾名思义，招收的学生大多为平民、女学生，且以职业教育为办学目的，教学重点放在尽快使学生学习掌握生产技能上。学校成立初期，将学制定为半年，也就是通过半年的学习，就能掌握一两门生产技能。后来，学校的自然条件及教学设备更新改善，学生成分也有所变化，学习诉求提高，学制遂逐步延长至一或两年，可以更多地学习专业知识和文化知识。

其时，关中地区正遭遇连年的自然灾害，史称"民国十八年年馑"。平民女职最初招收的近百名学生，有不少都是灾区逃难来的女子，还有失学、失业的女青年，还有个别逃婚的妇女、从良的妓女也来学习生活生产技能。

平民女职的课程安排颇为实用：半天上课、半天实习。上课学习各种文化知识，有国语、珠算、常识，尤其是染织缝纫之类的专业技能。实习就在学校创办的工厂练习操作，织毛巾、织布匹、缝衣物。

位于梁府街 2 号的平民女职，一时成为古城西安的新生事物。

三个鲜见的关键词：平民、女子、职业

如同校名直白而简明，西安第一平民女子职业学校名称中的几个关键词——"平民""女子""职业"，凸显着这所新兴学校的办学宗旨。而且，是西安前所未有的"第一个"。

既为天下先，总要有些特别的地方。那时，陕西城乡的染织、缝纫技术，尚处于原始生产的手工操作阶段，大多是长辈教给晚辈，纺织、缝纫、刺绣，号称女子必学的"女工"，几乎全是自产自用，数量、质量、规模根本都谈不上。平民女职以此为"缺口"开设课程，将适合女子学习、操作的染织、缝纫两科作为主修课程，以后又增设针织科、纺毛科、鞋科和商科，形成较为完备的职业教学实践体系。平民女职配置了当时最先进的机器缝纫机，还有新式织布机、染色机，给学生传授机器染织缝纫方法。这在当时，对于偏居西北一隅的古城西安来说，绝对可以称得上"时髦"二字。

尽管很"时髦"，入学门槛并不是那么高不可攀。除了商科以及后来设置的高级会计班和初中部，必须达到初中或高小毕业方能入学以外，其余的染织、缝纫、织袜等科，符合两个条件，皆可入学——年龄：14岁以上、40岁以下；性别：女。不仅入学门槛低，而且除了商科等科目收取学杂费以外，染织、缝纫、织袜三科，一律免收费用。尤其为救济无力求学的贫寒女子，平民女职还在每科特设工读生5至10人，可享受每月膳、宿、学、杂、实习等费用全部免收，缝纫、染织等学习必要的操作工具，由校方提供，有时还酌情发给制服。

看起来，平民女职为学生提供了一切可能的便利。但校方对学业的要求，毫不马虎。生产技能方面的学习掌握就不消说了。比如说，学校还特别重视机器修理。这对于女子来说，尤其在当时，似乎不是一件容易事。平民女职将这一条写进了课程要求中，特别规定："毕业生必须会修理机器，否则不得毕业。"

女学生们在平民女职学到的知识技能很多。染织科学习纺纱、织腿带、织裹腿、织窄布，还学习漂染、印花、机织法、织物原理，此外，还有各种实习：印花实习、染色实习、机织实习。

每个学生都有实习机会。当年的一位董事王君毅先生的回忆很有意思。西安市政协文史资料委员会1998年11月出版的

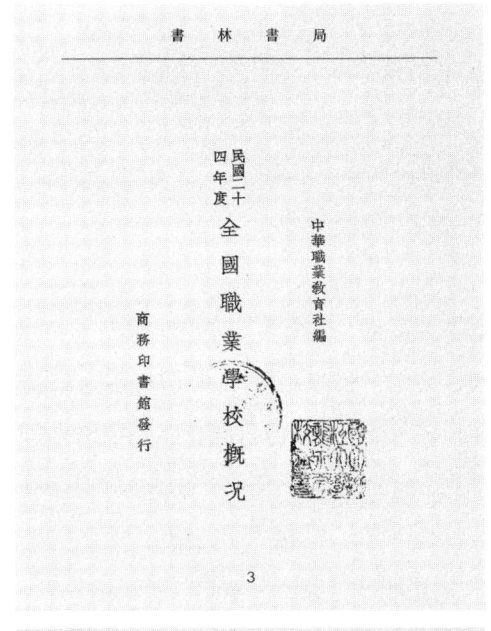

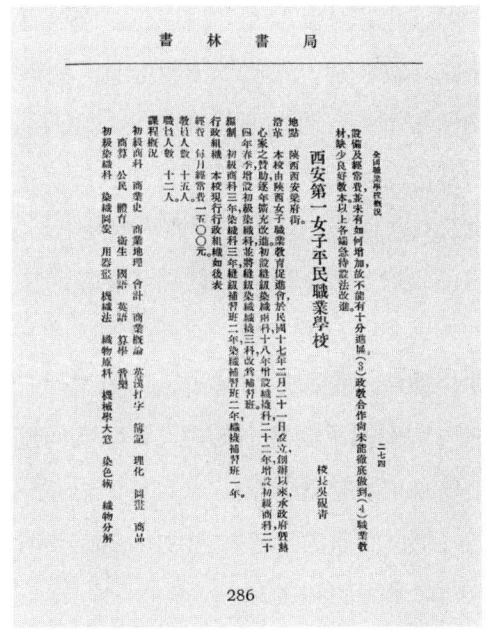

中华职业教育社编《民国二十四年度全国职业学校概况》刊载"西安第一女子平民职业学校"的校长、校址、沿革、编制、经费、教员、课程设置等概况

西安文史资料第 21 辑《西安近代中等教育》刊载了王君毅的回忆文章《西安培华女子职业学校始末》。其中写道："学生实习工作，种类复杂，采用分组实习制，以便每个学生都能获得实习机会，无向隅之感。"——"无向隅之感"，颇为形象。古语说，一人向隅，满座为之不欢。平民女职的学生可不是这样。到了实习操作课，学生"人人踊跃，成品数量迅速增多"，一时观者如堵。染织科为了应对来宾参观和学生观摩学习，在染织工厂内专门辟出一角，设置成品橱柜，展览实习产品。

针织科也是如此。针织科又称织袜科，主要学习织袜。如何导线、织袜、缝合、漂染、烫，以及如何保养修理机器。织袜科备受学生欢迎，最初半年一期，到 1933 年改为一年一期。毕业时，学生要学会织各种不同样式的袜子，还要学会织手套。

鞋科的开办也很有意思。本来没有开设鞋科，可缝纫科等科实习会产生一些边角余料布头，扔掉岂不浪费。于是在 1930 年 8 月，校方聘请了一位技师，又购置鞋楦机器成立鞋科，也使学生多增加一种生产技能。没有专门的鞋科学生，都是其他专业科的学生兼学，类似今天的兴趣课。没想到，学习做鞋的学生很多，他们制作的便鞋当时很受民众欢迎。

▌培华的"贵人"▌

平民女职的创办，得到社会各界知名人士的广泛支持。这些当年响当当的人物，堪称培华校史上的"贵人"。

当时的陕西，由爱国将领杨虎城将军和邵力子先生先后主政。他们都非常支持平民女职的发展，为平民女职提供宽松的办学环境，在经费拨转、校址选配等具体事宜方面，都给予有力支持。

杨虎城（1893—1949），陕西蒲城人。

杨虎城将军像。此照系杨虎城将军送给赵寿山将军的照片

他早年反清，骁勇善战。杨虎城将军一生最著名的两件事：其一，与李虎臣"二虎守长安"；其二，与张学良将军发动西安事变，提出抗日救国八项主张。周恩来赞誉他是中华民族的"千古功臣"。

邵力子（1882—1967），浙江绍兴人。中国近代著名民主人士，社会活动家、政治家、教育家。清光绪二十九年（1903）癸卯科举人，为陕西候补县令。在西北大学前身陕西大学堂任世界史教习，主讲法文、西洋史。曾任黄埔军校秘书长，国民政府甘肃省主席、陕西省主席。中华人民共和国成立后，曾任全国人大常委会委员、全国政协常委。邵力子一家都与培华渊源深厚，其夫人傅学文两度出任培华名誉董事长。

平民女职的发起人、创办者都是当时陕西教育界的知名人士。

校长吴云芳女士早年毕业于北京女子高等师范学校机织系。北京女师建于清光绪三十四年，即公元1908年，始称京师女子师范学堂，也就是今天的北京师范大学的前身。

朱友梅、李競寰女士是吴云芳在北京女师的同学，与吴云芳齐心协力创办学校，在平民女职及后来的培华女职分别长期担任染织科主任、会计。

邵力子先生。此照摄于
民国时期西安有名的大芳照
相馆

还有几位重要的发起人：梁午峰、石雨琴、罗端先、姬在沣诸位先生，都毕业于北京高等师范。北京高等师范前身是清光绪二十八年即公元 1902 年创立的京师大学堂师范馆，该校开创了中国现代高等师范教育之先河。后来，也合并至北京师范大学。

这么说，平民女职的发起人、创办者，都是北京师范大学的学长、校友。

梁午峰、石雨琴、姬在沣都曾在当时的陕西省教育厅任科长、督学之类的职务。石雨琴时任西安女师校长。罗端先时任西安第二中学校长。尤其值得特别说说的是梁午峰先生，他是培华学院校史上一位意义非常的重要人物。

1945 年 8 月 28 日，毛泽东（右 1）飞赴重庆进行和平谈判，在机场受到张澜（左 1）、邵力子（左 2）、郭沫若（左 3）、傅学文（左 4）、张治中（左 5）等各界人士欢迎

杨虎城将军任陕西省政府主席时，派梁午峰任三原县县长。他在任内坚持不向贫苦百姓苛以重捐，可见其体恤平民之风骨。后来，杨虎城成立陕西省教育经费管理处，任命其为处长。梁午峰将经费用于筹办学校、派遣留学生、扶持进步人士创办私立学校等各种有益事业，被社会各界公认为"陕西教育界干实事的先生"。

梁午峰的教育主张是"要教育学生从小立志做大事，不要立志做大官"，"存仁心，学科学"。他主张教育学生品格，应以天下为公的"公"字做标准，要树立"为全人类谋福利的信念"，要"学习与生产相结合"。

梁午峰提倡私人办学、集资办学，与杜斌丞先生及吴云芳、李仪祉先生之妹李蕙仪等发起创办了多所学校，如西安力行中学、培华女职、泾阳仪祉农校。梁午峰还以北京师范大学同学会负责人的身份，召集教育界同仁创办了西北教育用品社，积极推行杨明轩介绍的上海开明书店进步书刊教材，向陕西文化教育界引入进步思想文化。梁家在后宰门的寓所，成为进步革命人士的活动据点，与西安八路军办事处联络的中间站。

梁午峰先生一生为陕西的文化教育事业做出了许多贡献，其中有一件事，对培华学院的意义非凡——1949 年 8 月，55 岁的梁午峰推荐了一个 23 岁的年轻人进入培华。

若干年以后，培华因当年进入的这个年轻人而大放异彩。

培华校史上一位意义非常的重要人物——梁午峰（1894—1971），陕西渭南人，早年在北京求学时，参加了五四运动，与杜斌丞、杨明轩、杨钟健诸位先生过从甚密。历任陕西省立女子师范学校校长，陕西省教育厅组织科科长、教育科科长，中山中学教务主任，中山大学注册部主任。

1949 年 5 月西安解放后，梁午峰接受陕甘宁边区政府委托，参与陕西省教育厅的重建。此后任西安图书馆即今天陕西省图书馆的第一任馆长。被聘为陕西省第一、二届各界人民代表会议特邀代表及西安市、区各级临时人民代表大会代表，以及陕西省第一、二、三届人民代表大会代表和政协陕西省委员会委员。

▌校长吴云芳 ▌

平民女职是在二十世纪二三十年代创办的，当时的物质条件无法与今日比拟，简陋、贫瘠，却能持续不断地维持二十余年，不仅在西安、陕西，乃至在西北地区都影响深远，得到民众广泛称誉，这与校长吴云芳以及参与这所学校工作的人员惨淡经营、艰苦奋斗是分不开的。

吴云芳原任西安女子师范校长，当时月薪180元。作为一所"老"学校，困难也少，但她为发展职业教育，于1931年坚决辞去女师校长职务，全力投入平民女职的建校发展。她在平民女职的月薪仅为30元，而且事必躬亲。但吴云芳乐在其中，毅然将自己半生精力心血，倾注在女职的教育事业上。

吴云芳早年在国立北京女子高等师范学校求学时，受到"五四"爱国运动影响。后来在上海印染工厂实习时，又接触到黄炎培先生倡导的职业教育理念。

身为女性，吴云芳感同身受。目睹当时中国女子地位卑下、生活艰难的悲惨命运，她认为，妇女要获得平等和自立，首先要接受教育，掌握谋生的技能，获得经济独立，才能得到人格独立、精神平等。这是吴云芳投身女子职业教育事业确定的办学宗旨和目标。

吴云芳是个"实践派"。在尚未创办西安第一平民女子职业学校之前，她就曾在北京与王缦云等8名同学合办过北京女子平民工厂。1924年，吴云芳回到陕西，担任西安女师教员兼小学部、职业部主任。

吴云芳曾谋划以陕西女子职业教育促进会的名义，在西安各区都设立一所女子职业学校，可惜时代使然，因经费及人力等各种原因没能实现，仅仅留下了西安第一平民女子职业学校，使得这所特殊的学校更显难能可贵。

吴云芳从该校成立到1949年中华人民共和国成立前夕一直担任校董事长和校长，为早期培华的创立和发展做出了很大贡献。

　　吴云芳(1896—1978),字砚青,祖籍浙江崇德,生于陕西南郑。1911 年考入陕西女子师范学堂,毕业后考入国立北京女子高等师范学校机织系。毕业后曾在北京组建女子平民工厂。1924 年回陕任西安女子师范学校教员、小学部主任、职业部主任。1928 年 2 月,创办西安第一平民女子职业学校,任校长。1935 年,改校名为陕西私立培华女子初级染织科职业学校。1946 年,当选陕西省参议会议员。1948 年当选国民政府第一届立法院立法委员。1949 年 8 月,辞去校长职务;9 月,辞去培华女职董事长职务,由李兢寰接任。1949 年 5 月,西安解放,参加西北人民革命大学学习。结业后担任西安解放门业余文化学校校长,带领师生宣传新婚姻法,投入土改、镇反和抗美援朝运动。1950 年,出席陕西省妇女第一次代表大会。1954 年,加入民革。次年,当选民革陕西省委员会委员。1957 年,赴京出席第三次全国妇女代表大会,受到毛泽东、周恩来、朱德等党和国家领导人接见。政协西安第一至四届委员会委员。"文化大革命"中受到冲击。1978 年 3 月 9 日在西安病逝,享年 82 岁。

‖ 勤工俭学与实习就业 ‖

在物质极大丰富的当下，回看平民女职时期的缝纫染织产品，似乎过于简陋了，但在当时已属不易。其蕴含的实习就业与勤工俭学精神，尤其值得称赞。

平民女职的学生大多来自城市平民家庭及贫困乡村，一些学生无力缴纳学费，日常生活费用也不稳定。大多数学生只能依靠实习生产获取酬劳及奖学金，以勤工俭学的方式来维持学习生活。

平民女职创办时就考虑到了这些情况，不仅收费很低，每年还特别招收部分工读生，免除各种学杂费。平民女职注重基础知识的教育，更注重实习实践，尤其重视实习产品的销售。通过产品销售更好地帮助学生独立完成学业，以适应毕业后继续生产的需要。

1928 年 5 月，也就是学校创办仅仅两个多月后，平民女职即成立了产品销售处，负责学生成品的销售和校办工厂的外活承接。到了 1933 年，销售处在校外还开办了三间门面房，除原有业务外，还兼营销售外地货物，一时门庭若市。

当时，平民女职学生的成品质量上乘，款式也很新潮，颇受各界人士欢迎，销售处每月的盈余成为学校经费的重要来源之一。学校有收入，学生也有所得。缝纫科承接外活，学生边学边做，各生每月可得工资，最多为 15 元，少也有 6 元。

平民女职的机器设备在当时都是比较先进的。染织科作为学校的主要学科，有织毛巾机 14 架、织平布机 2 架、织宽布机 7 架、络线机 28 架、纺纱车 16 架，漂染室一间，以及染缸、铁锅等物品。1936 年，学校又从上海、汉口购回各种新式机器，有织 4 尺宽的斜纹床单机、印纱机、600 钩大提花机、200 钩提花机等。

这些机器都用于学生的实习操作。染织科学生实习操作的产品以毛巾为主。分为大号、二号、三号毛巾，还有蓝色长道毛巾、大澡巾，漂白、染色织成的各种颜色方块毛巾和花格毛巾。校董事王君毅先生后来回忆，这些毛巾"质地细密，色泽雅洁，美观耐用，是当时西安市场很受欢迎的产品。因其质料坚实耐用，色泽经久不变，可与西安市内各商店出售的外地布匹抗衡"。

另一个主要学科针织科有织袜机 24 架，后来又添置织毛袜机 5 部。学生实习成品主要有毛袜、手套，"质料坚韧，美观大方，品种多样。如春季花腰运动

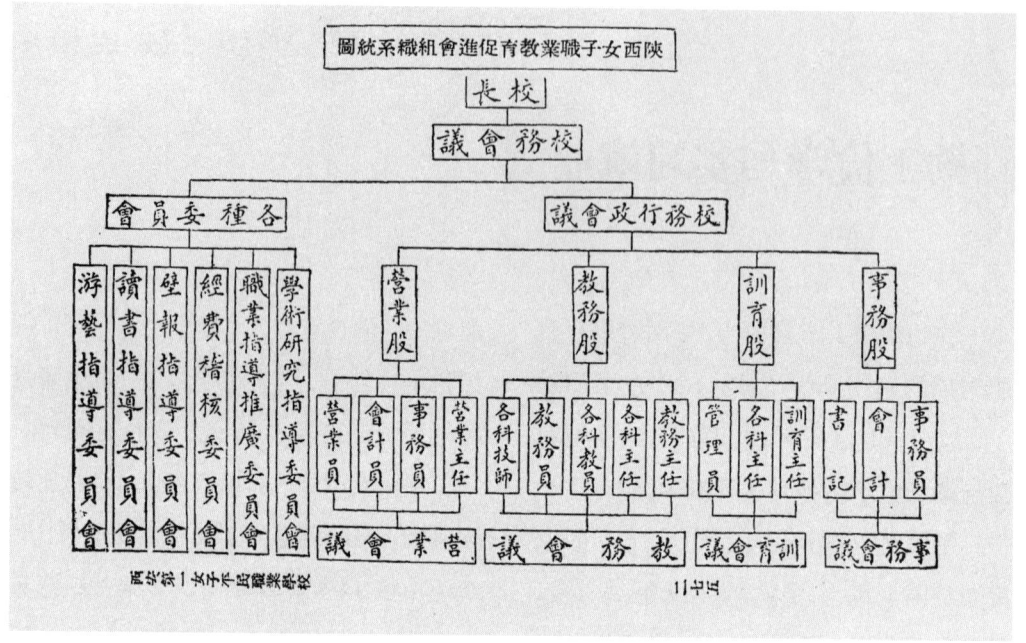

中华职业教育社编《民国二十四年度全国职业学校概况》刊载陕西女子职业教育促进会组织系统图

袜、夏季花口翻腰套袜、秋季加厚袜、冬季毛袜"。

而"兴趣班"鞋科的产品也相当不错。学生利用废弃的边角布料制作的便鞋，很受西安市民欢迎，市场销售良好。

在校学习期间，可以实习生产，一旦毕业，该怎么办？平民女职成立初期，因其学制短、毕业生多，校方遂联系各地工厂安置学生就业。后来，由于毕业生人数日益增多，为扩大学生出路，平民女职专门设置了毕业生服务部——相当于今天的

"毕业生就业指导中心"，挑选成绩优秀的毕业生"留校"，称之为"服务生"，其实相当于技师。利用所学每天织毛巾，少则两打，多则三四打。到了月终，按成品结算，发给奖金。"凡织毛巾一打，规定奖金三角。"这些熟练工每月得到的奖金，少则 10 余元，多则 30 多元——几乎相当于校长吴云芳的月薪了。1936 年，平民女职与当时的陕西省建设厅合作创办了一家染织工厂，扩大生产规模，也拓宽了毕业生就业的路子。

一所学校的历史意义：
向传统封建道德宣战，培养自强自立的职业女性

现在看起来不会觉得有什么，但在九十年前，平民女职学校的开办，不啻一声惊雷，给社会带来的震动及深远影响不是今人所能深刻体会的。

那时，封建社会制度已被推翻，皇帝被赶走了，但旧的封建思想积弊已久，有着深厚的社会基础。平民女职的创办与壮大，对传统的封建道德无疑是一种宣战和瓦解。平民女职人才培养标准为：锻炼健全体魄，陶冶道德品行，鼓铸革命精神，充实职业技能，启发敬业精神，养成劳动习惯，注重公民训练。几千年来，女子也终于可以抛头露面，有机会学习文化知识，学习生产技能，从而追求精神上、物质上的独立平等，自食其力，不再成为家庭、男子的附庸。平民女职的意义不仅是教育层面的，更是触动着社会层面，尤其是在西安，地处中国西北地区的前沿，领风气之先，影响深远。

用现在的语言来讲，平民女职的专业设置走的是市场化之路，以当时的社会需求为目的，注重教学与实践生产，强调学生生产技能的学习，也注意培养学生的自主创业精神。毕竟，毕业生留校担任技师

的人数并不多，更多的平民女职毕业生如同种子一样，播撒到各地，走的是自主创业发展之路。毕业生把从学校学到的染织、缝纫、针织新技术带回家乡，开办起各类妇女传习所和小工厂，带动了西安周边地区乃至关中城乡经济发展和妇女就业，对人心观念的改变与冲击更是润物细无声。据1933年至1935年陕西省教育厅对学校三年毕业生就业的调查统计，平民女职毕业生创办的各类传习所和工厂达20余个，几乎遍布关中各县。

平民女职的社会意义，在教学实践的各个环节都有显现。创办初期，即遭遇了"民国十八年年馑"，各地难民涌进西安。学校组织学生前往市内妇孺收容所，教逃难来的妇女织毛巾、织袜子、编草帽缏，为抗灾自救起了积极作用，受到当时政府表彰。学校影响不断扩大，青年妇女纷纷来报名学习，学校及时将其安排为插班生。

对一个新生事物来说，有些人迟疑、观望，甚至反对，也是常有的现象。

1930年，平民女职开设了纺毛科。校方调研发现，陕西地区的羊毛资源丰富。一名女子购买一架小型纺毛机的投资不

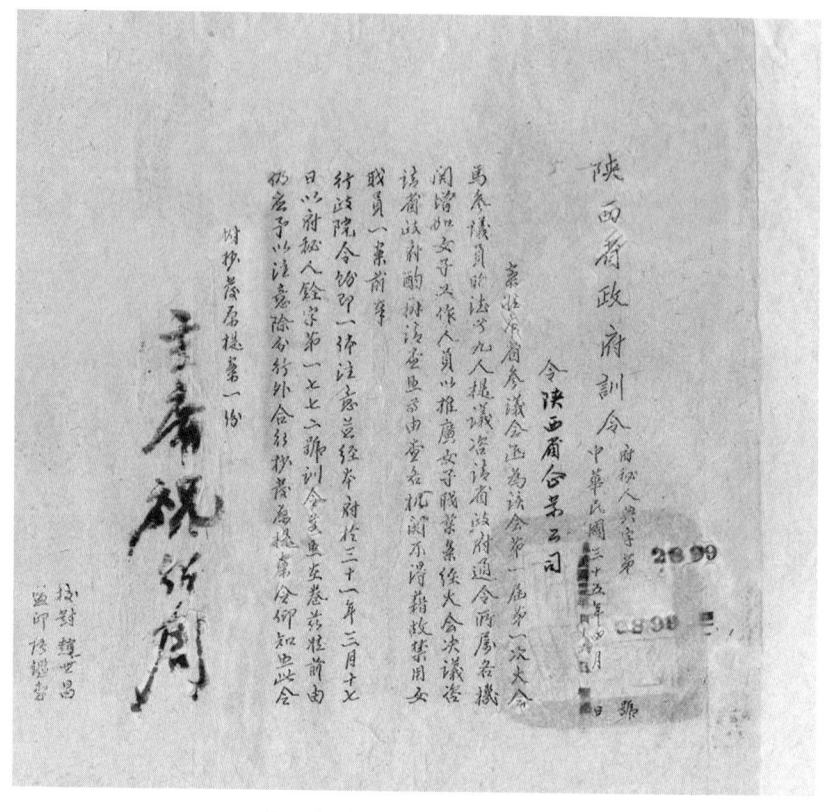

陕西省政府增加女子工作令

大，掌握了纺毛技术，就可以解决自己的生活。这一构想确实不错，如果推广纺毛事业，对开发陕西实业、改善人民生活自然是件大好事。可惜，事与愿违，当时当地产的纺毛机不适用，没法普及，再加上思想意识的落后与阻拦，纺毛科只开办一年就停办了，毕业生也仅有8人。

1933年，平民女职成立了商科，聘请日本东京商科大学毕业的李仙洲先生任商科主任。学校成立商科是由于陇海铁路当时修到了陕西，想为将来本地的商业发展储备人才。可惜，当时的社会大环境和大部分人的思想意识还普遍落后，这一届商科学生毕业之时，虽经校方向有关部门函介推荐，以期录用，还是遭到了拒绝。理由是："因系女性，不便录用。"吴云芳校长听闻之后，都给气哭了。都什么年代了，还有这套说辞。于是吴云芳又四处奔走，为学生寻找出路。最终，有的毕业生当了小学教师，有的做了邮递员，有的失业在家。1935年，前景远大的商科被迫停办。

这两次尝试均以"失败"告终，但也算是"向传统封建道德宣战"的例证，虽败犹荣。时过境迁，再来咂摸其中的滋味，促人警醒。

陕西私立培华女子初级染织科职业学校
（1935—1945）

西安私立培华职业学校
（1945—1949）

第一平民女职坚持了 7 年多时间，限于当时的办学条件及历史环境，规模小、专业少、学生时多时少，学校仅在地方教育主管部门登记备案，并未进入国家国民教育序列名册。

天高任遨游。换一个角度看，新生事物的发展空间总是广阔无边。随着平民女职规模扩充，招生、教学、管理日趋完善规范，纳入国民教育序列的时机水到渠成。

只是，在申请备案时，发生了一件意想不到的事情。主管部门要求平民女职改名，"平民"二字应改为专有名称。这件事对于培华来说，意义重大——它直接促使了"培华"这一光辉校名的诞生。

"培"，取自近代职业教育先驱黄炎培先生名讳中的一个字。"华"，即中华。"培华"，意在强调"基础之巩固，前途之发展"。这一办学理念树立了打好教育基础、促进国家发展的意识。今天看来，也不落伍，也是宗旨。

1935 年 7 月，国民政府教育部批复核准学校立案，学校正式被纳入国家国民教育序列，明确校名为"陕西省私立培华女子初级染织科职业学校"。

"培华"校名，从此叫响。

黄炎培先生与巍巍中华
——"培华"校名的诞生

平民女职在陕西乃至西北声名鹊起，但学校性质一直是"社会培训机构"。想要发展壮大，造福社会、民众，必须进入国民教育序列名册。

1934 年 11 月，吴云芳校长以该校设立者"陕西女子职业教育促进会"的名义，通过陕西省教育厅向民国教育部呈文，申请将学校正式纳入国民教育序列。

官方随即派陕西省教育厅督学魏海"考察了学校的学生管理、分级与课程、经费管理、各课之出品、校址校舍和教学设备、器械等情况"，并做出核查结果："所请立案一节，大致尚合。"

1935 年 1 月 23 日，教育部首次批复。在肯定平民女职办学成绩的同时，对不足之处提出改进要求，"私立学校应以校董

曾为北京女师同窗的培华女职校长吴云芳(中)与会计李竞裳(右),摄于梁府街即现在的青年路校门口,门柱上隐约可见"陕西省私立培华"等字的校牌

会为其设立者之代表"，要求校方按私立学校的设立规程，另组校董会。在批复中，有一个非常重要的意见，即教育部对学校名称专门提出：校名中的"平民"二字，应改为专有名称。

"平民女职"要改名了！

这是学校发展遭遇的一个重大抉择。

按照教育部要求，在当年的春节后，陕西女子职业教育促进会董事会酝酿组成了校董会，董事长吴云芳召集校董会会议，拟定《校董事会章程》，并研讨了校名如何更改。

最终决定，将近代职业教育先驱黄炎培先生名讳中的"培"字，与"中华职教社"的"华"字，结合组成"培华"二字，作为新校名。初拟校名为"陕西培华女子初级工业职业学校"。

"培华"二字不普通。据西安市档案馆藏《民国教育培华卷》档案1935年《陕西培华女子初等职业学校董事会章程》记载，"培华"，意在强调"基础之巩固，前途之发展"的办学理念，树立"打好教育基础，促进国家发展"的意识。在该校《学则》中，明确将办学宗旨定位在"培养妇女生活之知识与生产之技能"。《学则》还以十章三十八条的篇幅全面规定了学校的专业设置、课程、教师、学生、经费管理等规章制度和校务制度，规范了学校各种办学行为，起步高、管理严。

1935年7月13日，教育部批复核准学校立案，明确校名为"陕西省私立培华女子初级染织科职业学校"。"培华"校

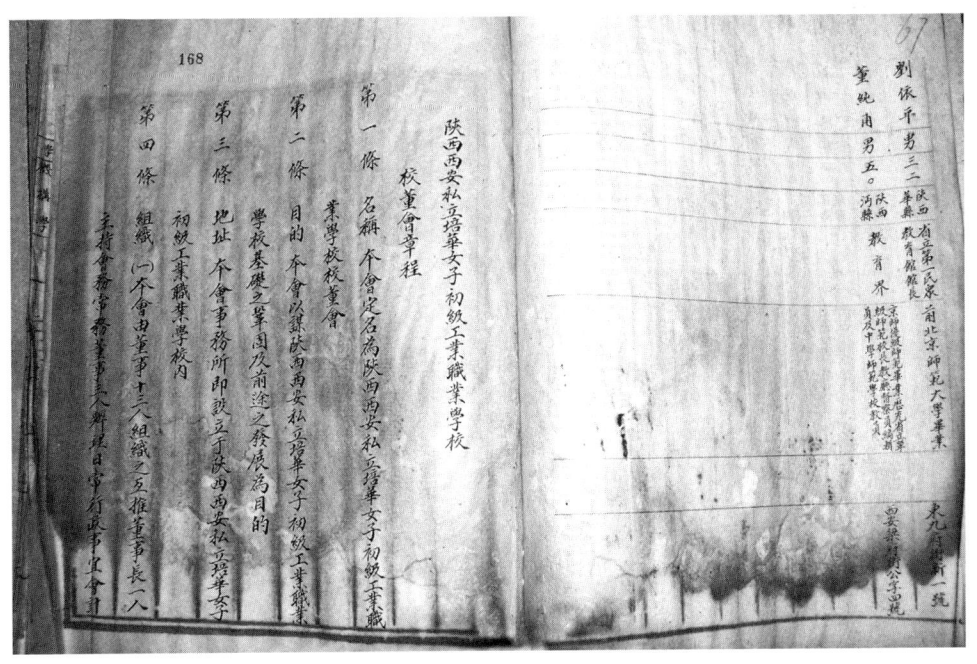

培华女职校董会章程

黄炎培（1878—1965），江苏川沙县（今属上海市）人。清朝的秀才、举人，民国的教育司长，共和国的中央人民政府委员、政务院副总理、轻工业部部长、全国人大常委会副委员长、全国政协副主席。中华职业教育社奠基人。黄炎培先生一生中有一桩使后人津津乐道的事，即1945年他在延安与毛泽东关于"周期率"的对话，这段佳话被载入中央文献出版社1996年出版的金冲及著《毛泽东》（下）第719—720页，也被称为"窑洞对"。

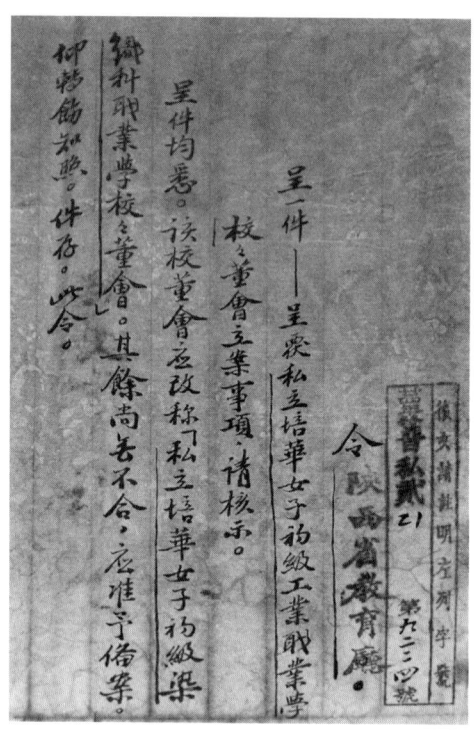

陕西省教育厅批准培华女职立案

培华女职校印。印文为——"陕西省私立培华女子初级染织科职业学校钤记"

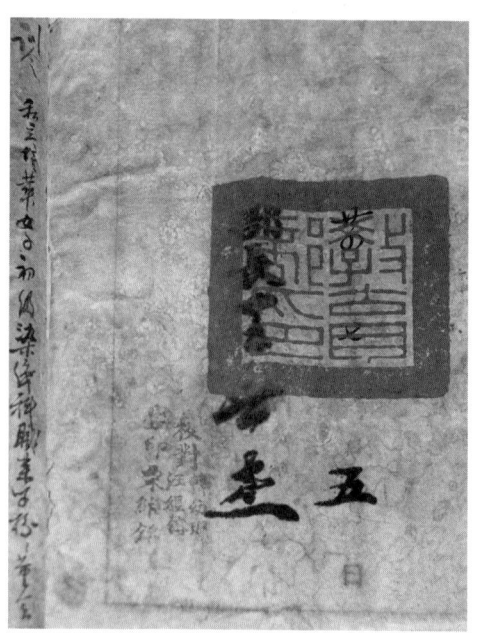

民国教育部批准培华女职立案的原始文件，清晰可见"教育部印"钤记及民国教育部长王世杰签名

这张老照片上的校牌是正式启用"培华"名称的"陕西省私立培华女子初级染织科职业学校"

名从此正式启用，学校也纳入国家国民教育序列。

黄炎培早年发表《学校教育采用实用主义之商榷》，提倡教育与学生生活、学校与社会实际相联系。青年时期，曾以《申报》记者身份在安徽、江西、浙江、山东、北京、天津等地考察五个月，又随中国游美实业团体在美国考察 25 个城市 52 座学校，注重考察美国的职业教育。1916 年，在江苏设立职业教育研究会，得到南洋华侨领袖陈嘉庚先生资助。1917 年 6 月，在上海成立中国近代史上第一个研究、试验、推行职业教育的全国性团体——中华职业教育社。

黄炎培与教育界、实业界名流马相伯、蔡元培、梁启超、张謇、宋汉章、张元济等 48 位先生联名发表《中华职业教育宣言书》提出："今吾中国至重要至困难问题，厥惟生计。曰求根本上解决生计问题，厥惟教育。曰吾中国现时之教育，不惟不能解决生计问题，且将重予关于解决生计问题之莫大障碍。""而求根本上解决此问题，舍沟通教育与职业，无所为计。""同人认此为救国家救社会唯一方法。"

黄炎培认为，办教育如同治病，知病源才能开好药方，做到对症下药；提倡"增加生产从教育入手"。中华职业教育社的目的，即是推广、改良职业教育，改良普通教育，力求做到学校无不用之成材，

1916年，黄炎培先生在江苏设立职业教育研究会，得到华侨领袖陈嘉庚先生资助。此照为江苏省教育会旧影，依稀可辨大门门柱挂着的牌子上"江苏省教育会"六个字

社会无不学之执业，国无不教之民，民无不乐之生。

中华职业教育社提倡在城市举办职业补习学校，在乡村兴办职业学校。如1926年在江苏昆山试办的乡村改进试验区，1918年在上海南市陆家浜创立的中华职业学校，设木工、铁工、珐琅、纽扣四科及附设工厂，后来又添设土木、留法勤工俭学、染织、师范、商业等科。学生实行半工半读。

黄炎培提出"使无业者有业，使有业者乐业""劳工神圣、双手万能、手脑并用"的办学方针和"敬业乐群"的职业教育思想，并明确职业教育的目的是为个人谋生之预备、为个人服务社会之预备，为世界及国家增进生产能力之预备。他在《实施实业教学要览》中给职业教育下的定义是："凡用教育方法，使人人获得生活的供给及乐趣，一面尽其对群众之义务，此教育名曰职业教育。"职业教育的目的，是为"劳动者文化、业务水平的提高"，"造就新型知识分子"服务。职业教育的教学原则是"手脑并用""做学合一""理论与实际并行""知识与技能并重"。

校董会的著名董事

"培华"的新校名及办学宗旨，蕴含了中华职业教育的远大理想，是校董会的集体共识和每位董事的才智心血。培华校董会最初有 13 位董事，皆为当年陕西教育界的知名人士——

西安第一平民女子职业学校董事会成员的签名及钤印

董事长　吴云芳

董　事　姬在沣　　张定九　　罗端先

　　　　梁午峰　　石雨琴　　董纯甫

　　　　刘纯一　　刘依平　　温君伟

　　　　朱仲竹　　赵绍西　　李兢寰

据王君毅先生回忆，校董会后来又增加了若干董事——

李约祉　朱友梅　高培支

曹配言　刘依仁　王君毅

段绍岩　李藞仪　仲兴哉

田涵荣

别看培华学校最初规模不大，校董会的董事却人人都是陕西的名流。其中，赫赫有名的易俗社的多位社长，都与培华渊源深厚。这里介绍两位：

李约祉（1879—1969），陕西蒲城人。蒲城李家，盛名远扬。李约祉与其弟李仪祉当年一同考入京师大学堂，也就是北京大学前身。其后，回陕从事教育工作，曾任陕西省立女子高等小学及女子中学校长、陕西省教育厅督查主任等职。其父李桐轩先生为易俗社创办人之一。遵其父之意，李约祉在易俗社担任社长、评议长、教务主任、编辑主任等职。其剧作内涵深刻，反对封建迷信，抨击时政积弊，于幽默风趣、嬉笑怒骂之中，寓教于乐、教化民心，一扫以往戏剧颓风，将易俗社的真谛诠释得淋漓尽致，故其作品长演不衰，深受民众喜爱。《庚娘传》最为著名。其

李约祉先生

高培支先生

弟李仪祉是著名的水利工程学家，与培华也有渊源。

高培支（1881—1960），陕西富平人。曾在多所师范学校、中学及职业训练所任国语、国音、算术教员。曾任民国陕西省教育厅咨议、陕西省图书馆馆长。为振兴西北文化，移风易俗，与李桐轩、孙仁玉、范紫东等先生创办易俗社，热心戏剧事业，将其作为社会教育的重要手段。其剧作提倡科学民主，唤起民族志气。担任易俗社三届社长，历14年之久，还担任过易俗社剧务主任、社务主任、教育主任、营业主任、编辑等职。

于右任先生题易俗社

"夫人们"捐资，水利学家李仪祉设计修建

在被民国教育部核准立案之后，不久，培华女职得到一个斐然的奖项："全国十大优良职业学校"，一时名声再振。慕名而来的学生蜂拥而至，校舍拥挤不堪，校方亦喜亦忧，只能向当时的省政府求援，建设新校，扩大招生。

此时的陕西省政府主席是邵力子先生。早在平民女职时期，邵力子即大力支持该校，并任名誉校长。这一次，他大笔一挥，为培华女职在后宰门批了空地29.78亩，作为新址建校。

地有了，钱从哪里来？邵力子与夫人傅学文倡议为培华女职募捐，利用社会力量，广筹基金建校。

傅学文女士是培华校史上一个非常重要的人物。在培华发展的多个重要历史节点，都有她的鼓呼与贡献。

1936年，傅学文受邀担任陕西培华女子初级染织科职业学校名誉董事长。

"傅董事长"走马上任，立即召集了一众"夫人"为培华募捐：

傅学文（1903—1992），江苏宜兴人。早年就读于上海大同大学，1925年赴莫斯科中山大学学习，长期从事爱国民主活动和妇幼保育工作，在妇女界颇具影响力。1934年，傅学文在陕西目睹当地由于缺乏卫生条件，产妇和婴儿死亡率极高，遂创办陕西第一所助产士学校——西京私立助产士学校。1940至1943年，随邵力子出使苏联，曾编译介绍苏联卫国战争女英雄卓娅的《丹娘》一书，在国内出版影响颇大。曾任陕西第一助产士学校校长、救济妇女辅导院院长，创办南京力学小学、北京育新托儿所、北京培新幼儿园，资助中国残疾人福利基金会、北京儿童福利基金会、江苏宜兴儿童乐园基金会等机构兴办儿童福利事业。

1950年加入民革，先后任民革中央团结委员，妇委会副主任，民革中央委员、常委，对台工作委员会副主任。曾任第四届全国妇联执委，第五届全国政协委员，第六、七届全国政协常委，民革中央监察委员会副主席，中国和平统一促进会常务理事，欧美同学会副会长。

杨虎城将军夫人谢葆真女士，张学良将军夫人于凤至女士，还有赵一荻女士，纷纷解囊相助。蒋介石夫人宋美龄女士闻讯也给培华捐款。夫人们率先垂范，募捐活动得到广泛支持，不久即募得善款数万元。

其中有三人捐款最多：邵力子、宋美龄、宁升三。宁升三时任陕西省财政厅厅长。后来新建校舍时，校方将捐款人的姓名专门镌刻在教室门楣上，以示纪念。

培华老教师冯志异先生保存了一张摄于 1950 年的老照片，是培华职校学生在一栋尖顶青砖瓦房前的合影。经王健鹏先生等老校友辨认，这栋建筑即是当年"夫人们"捐款，在后宰门兴建的那批校舍。

宋美龄（1897—2003），培华女职捐资人之一

谢葆真（1911—1947），培华女职捐资人之一

于凤至（1897—1990），培华女职捐资人之一

赵一荻（1912—2000），培华女职捐资人之一

门楣上方有一块白墙，墙上有黑字，模糊不清，初看只能辨出是 9 个字。笔者翻阅相关的培华史料，对应破译，终于辨识出

这 9 个字是"宁厅长升三捐建纪念"。其中"甯""廳""長""昇""記"5 个字为繁体。

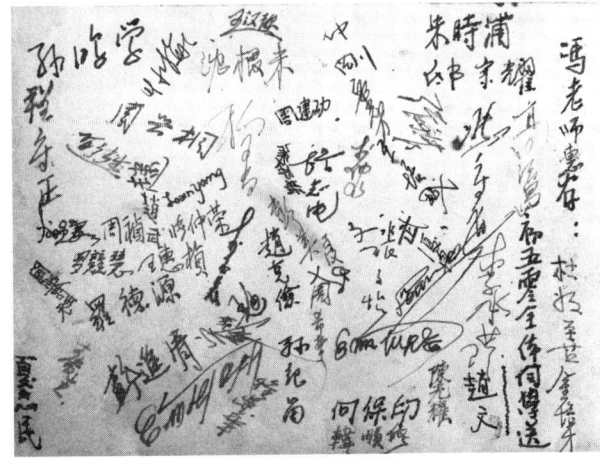

这张老照片由培华老教师冯志昇先生保存，照片上有"西安培华职业学校初中秋五零级全体同学毕业合影 一九五〇、六、廿六"字样，照片背面是全体同学的签名，在右侧竖式题款："冯老师惠存：初五零级全体同学送"

此为上图局部放大。门楣上方是 9 个字："宁厅长升三捐建纪念"，其中"甯""廳""長""昇""記"5个字为繁体

可惜这些建筑今已无存。说起这些校舍建筑，其实颇有历史意义。当年善款筹措顺利，建校工程也精益求精。时任陕西省建设厅厅长的著名水利工程学家李仪祉先生亲自为培华设计校园、校舍建筑图。

新校址建设一年即告竣工。培华女职的职业教育风生水起，如火如荼。1937年春，办学出名的吴云芳校长受邀参加黄炎培先生主持举行的中华职业教育20周年上海年会，会后又考察了东南各省的职业教育，并用募捐款为学校添置了一批新机器设备和实验材料。培华女职面临着快速发展的美好前景。

可是，当时的整个中国，早已处在紧张焦灼愈演愈烈的形势之中。抗日战争即将全面爆发！偌大的中国，已经无法安放一张平静的书桌了。

李仪祉（1882—1938），即前文所述培华校董李约祉之弟，名协，字宜之，后更为仪祉。陕西蒲城人。早年，两次赴德留学。回国后，参与创办河海工程专门学校，即河海大学。曾任陕西省水利局局长、教育厅厅长，西北大学校长，华北水利委员会主席，导淮委员会总工程师，全国救济水灾委员会总工程师，黄河水利委员会委员长兼总工程师。主持设计修建"关中八惠"，至今惠及三秦。是中国近代水利先驱，被誉为"中国水利工程奠基人"，民间赞誉他是"活龙王""水圣"。

努力生产，支援前线，慰劳中条山抗战陕军

1937 年 7 月，卢沟桥事变爆发，中国人民展开保家卫国的抗日战争。位于大后方西安的培华女职，教员与学生，也时时关注战事发展，积极抗战。

抗战时期，陕西是全国少数没有沦陷的省区之一，既是大后方，更是最前线，担负着极为重要的历史使命。当时，陕西全境有两大抗日力量，一是共产党领导的八路军，一是国民党及国民政府领导的各路军队。

抗战全面爆发后，陕西国防力量得以调整，多支装备精良的中央嫡系部队入驻。原先的"陕军"被分到不同集团军，进入不同战区作战，以气吞山河的英雄气概谱写着一曲悲壮的秦腔战歌。

1944 年，毛泽东在《学习与时局》中这样写着："河南战役已打了一个多月。敌人不过几个师团，国民党几十万军队不战而溃，只有杂牌军还能打一下。"其中提到的杂牌军，指的是非国民党嫡系的原西北军部队，即孙蔚如的第四集团军、赵寿山的三十八军、孔从洲的新编第三十五师——都是"陕军"。这支部队是抗战时期中国军人人均杀敌最多、正面作战坚守时间最长的。

处于赫赫有名的"陕军"出征地，培华女职师生积极投身抗日救亡活动，踊跃参加各种抗日宣传活动，夜以继日努力生产支援前线。

西安市档案馆藏《民国教育培华卷》1937 年 12 月至 1938 年上半年《培华女职事件记录》中，有一段当时支援抗战的

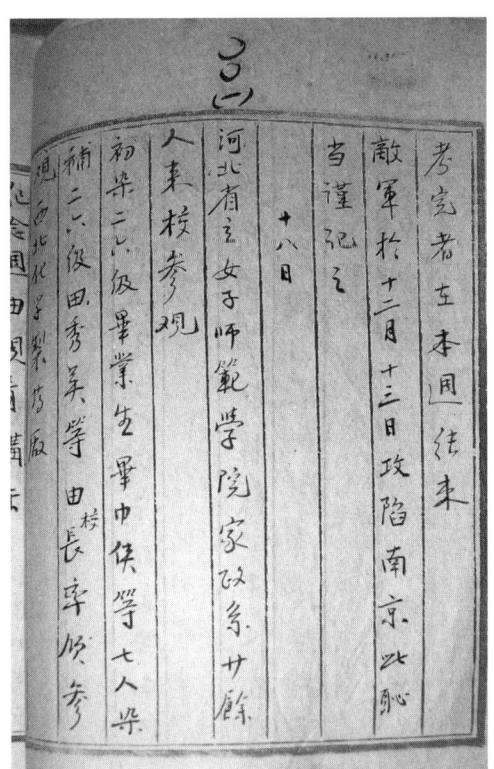

培华女职抗战时期的一页日志记录："敌军于十二月十三日攻陷南京，此耻当谨记之"

孙蔚如(1896—1979),西安灞桥人,随杨虎城将军参与发动西安事变,陕军抗日主帅,参加中条山抗战。1949年在上海迎接解放。历任国防委员会委员,陕西省副省长,民革中央常委,民革陕西省委第一至三届主任委员,陕西省第一、四届政协副主席,第五届全国政协委员。1979年7月27日逝世,享年83岁。

赵寿山(1894—1965),陕西户县人。1924年春参加杨虎城部队,坚守西安八个月。参与西安事变,任公安局局长。率部驻军三原、泾阳,与红军将领彭德怀多次会晤。历任三十八军十七师师长、三十八军军长、第三集团军总司令。抗日战争期间,率三十八军在中条山坚持抗日两年半,被称为"中条山的铁柱子"。1947年,进入解放区。1948年1月,任中国人民解放军西北野战军副司令员。1949年9月,任第一届政协全国委员会委员。曾任青海省人民政府主席、陕西省省长、全国人大常务委员会委员、国防委员会委员。1965年6月20日因病在北京逝世,享年71岁。

记载,实录如下。如今阅读,当年激情燃烧的炽热似乎扑面而来。

1937年12月1日,师生前往火车站,欢送川军出征前线,同学们踊跃参加。

12月2日,省教育厅召集西安各中学校长开会,布置组织学生实行战地救护活动。

12月3日,陕西省各界后援会、陕西省伤兵慰劳会要求学校制作棉被500条,全校师生集中力量上午上课,下午全部投入生产。

12月,学校缝纫科学生为伤病员缝制大衣30件。

1938年1月28日,学校组织师生前往革命公园参加西安市各界纪念"1·28"陕军开赴山西抗战战场大会。

2月21日,学校组织师生前

往市体育场参加陕西省各界反侵略
宣传大会，会后进行火炬游行。

当年5月，大批从山西中条山
抗日战场送回的伤员，住满了西安
的大小医院，培华初级女职腾出销
售处门面房让给伤员住。女职的学
生们还自发组织缝制了 100 条毛
巾，精心在上面绣上"浴血抗战"
四个字，送到每个伤病员手中，激
励这些抗日将士们安心养伤，争取
早日回到战场继续杀敌。

培华女职还与陕西省建设厅合作，指派
郭俊英等7名优秀毕业生，前往兴平、咸阳、
礼泉等地组织传习所，向当地妇女传授脚踏
机器织布机的操作，推广新的织布方法，改
变当地传统的手工织布法，提高效率和织布
质量，推动大后方生产，支援前线抗战。

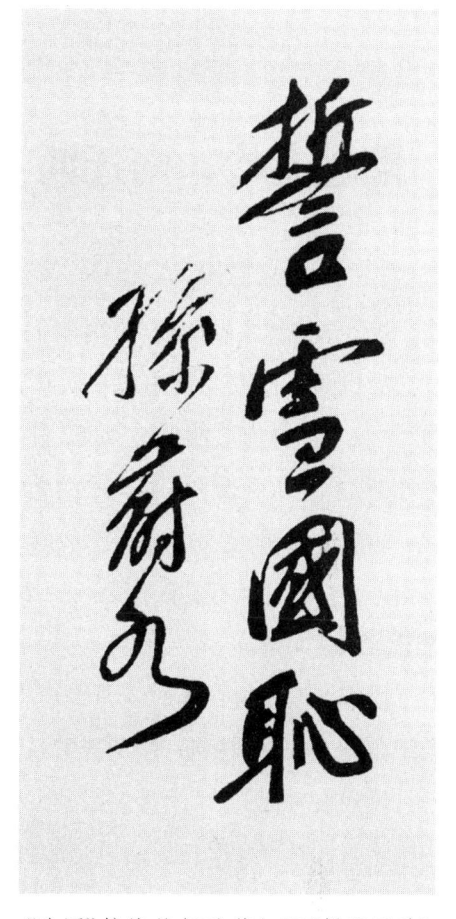

"陕军"抗战将领孙蔚如题"誓雪国耻"

‖ 翻越秦岭，南迁西乡 ‖

战争形势越来越严峻。1938 年 11 月，日寇敌机轰炸西安。其中，一次狂轰滥炸，西安上空就有三四十架飞机，投弹数十枚，毁屋杀人无数。古城西安的大中小学只能被迫停课。省立各中等学校接教育厅指令，纷纷开始迁往陕南西乡、城固、洋县、勉县一带。

培华女职在这一年的 3 月，已将 10 架织布机、4 架织袜机，以及若干箱染料运往凤翔临时存放。可学生怎么办？校方遂与陕西省教育厅厅长周伯敏交涉，终于发给迁移费，迁至西乡。

可面对南迁，教职员工分歧较大。当时的教导主任及一些主科的主任担心一旦南迁，私立学校经费无法保证，会使大家流落异地，人地两疏，难以生存。大部分师生最终同意吴云芳校长坚决南迁的意见。校方任命原图画教员熊遇周为新任教导主任，吴云芳校长兼任了不愿南迁的染织、针织两科主任的职务，组织员工将无法携带的教具、设备机器及学术资料封存在学校旧址教室，指派专人留守，将随校迁移的教学机器装箱。

1938 年 11 月 20 日，培华女职启程离开西安。吴云芳校长将师生们送到宝鸡，即先行赶赴西乡，为学校南迁联系校址。师生们在宝鸡等候汽车数日，买不到票，而陕西省教育厅拨给学校的迁校费只有 3000 元旧币，还得省着点儿花，校方在宝鸡雇了十辆骡马车运送笨重机器，而师生只能徒步翻越秦岭。

要知道，女职的学生们都是女孩子，风餐露宿，攀山越岭，何其难也。在熊遇周、王振华、张秀贞老师带领下，女学生们相互鼓励，踊跃前行。过秦岭、越凤岭，经九间沟、石门峡、连云栈，向南郑进发。沿途车马阻塞，通行甚难，旅店拥挤不堪，有时整天不得饮食，有时露宿荒野，有时又走夜路。王君毅回忆："一次，三更半夜，冒雨前进，迄天将明时，竟走了五十多里。"一路险阻，师生无一怨言。

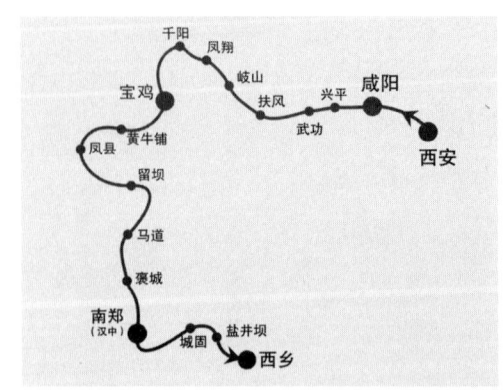

培华女职从西安南迁西乡的路线图

12月9日，培华女职师生到达南郑。南郑女师校长刘次风先生很热情，愿借出校舍，挽留女职留在南郑。考虑到战情严峻，培华女职师生决定仍以原计划到西乡再复课。休整一周后，再启程前往西乡。

暂时未能找到培华女职南迁的照片，但笔者保存有当年与西南联大齐名的西北联合大学在成立之前，从西安迁往汉中途中的老照片。该校南迁的时间在1938年3月，较培华女职南迁早8个月，老照片显示的其情其景可视为同样艰难。

那时从西安到陕南，得先坐火车到宝鸡，然后，翻越秦岭。这张老照片上题有硕大的"越过秦岭"四字，一侧是巍巍山岭，一条小道崎岖蜿蜒，道中一列学生队伍，望不到头，坚定地往后方进发。

西安临时大学师生从西安南迁汉中，改称为西北联合大学。这是师生越过秦岭。培华女职南迁西乡的情景，大抵如此

弥陀寺里历经磨难，播撒职业教育"火种"

1938年12月21日，长途跋涉的培华女职师生终于来到西乡与吴云芳校长会合。仅休息一日，就积极筹备复课。最初，西乡县政府安排的临时校舍是县城北门外一里多路程的弥陀寺。白天，师生们进城借用清真南寺小学的教室上课，晚上，回到城外弥陀寺大庙席地而寝。大殿紧靠着大山，深更半夜常闻狼嚎，殿内四周矗立着高大的神像，夜间不敢直视。胆小的女孩子非常害怕，吴云芳校长与女老师们就陪伴女学生一同住在大殿。初到西乡，一切都不习惯，北方学生尤其不习惯吃大米。吴云芳嘱咐伙管员多买蔬菜，再买肉带汤熬起来，浇米饭吃，类似现在的盖浇饭，这样大家才慢慢习惯吃大米了。

环境艰苦，学业并未放松，教学仍按原来的课时和教材进行，略有变化。理论课以染织和针织为主，文化课增加了抗日救亡内容。学生实习和生产资料以适合陕南当地人文习俗为主。同时，还注重发掘和改进当地土法染织工艺。

培华女职在复课的同时，在西乡张贴广告扩大当地招生，还借西乡清明古会之期举行"恳亲会"，由培华学生现场操作染织机器，吸引游逛古会的当地民众参观，收效极好，当地民众纷纷送女上学。一时间，学校插班生不断增加。学校学生最多时人数达到200多人。

南迁西乡的培华女职在困境中还举办了一期学生作品展销会，在偏居一隅的陕南县城掀起一阵热议。女职学生学习生产的各色布匹、各种衣物和鞋袜深受当地百姓喜爱。当地水力资源丰富，培华女职还成立了水利纺纱实验所，进行批量生产的科学研究。这是早期培华的科研尝试。

南迁期间遭遇了两件不幸的事。一是设在西乡县城的学生成品销售处，因邻居起火，不仅将县中心的钟楼烧为灰烬，销

西乡清真南寺所在地察院街

清真南寺大殿现状。培华女职师生当年曾借此地读书

售处也遭灾，损失惨重。二是远在西安梁府街的老校区被日军敌机轰炸，储藏室封存着的机器设备及学生档案，毁于一旦。

培华女职南迁西乡三年多，最初在清真南寺小学、弥陀寺，后来又搬到设在火神庙的县孤儿院及南河堤的万寿宫，搬到哪，影响到哪，甚至影响陕南周边地区。

后来，培华女职还将原设在西安的染织工厂也迁到了西乡，鼓励毕业生到陕南各地创业发展，办起织布生产合作社和传习所。据西安档案馆藏《民国教育培华卷》吴云芳《培华女职毕业生出路调查》记载，培华女职毕业生在南郑、洋县、西乡、城固各地创办染线、缝纫、土布、线袜产销合作社20余处。

1942年，战争胶着，物价飞涨，生活困难。当时政府决定发给迁在陕南的各学校教职员一些粮食，以做维持。但私立学校不在补助之列。吴云芳向县政府请求数次未果，无计可施，只好决定回迁西安。

没想到路经城固时，被当地盛情挽留，城固县政府表示愿意负担全体教职员的口粮，并按月补助经费。吴云芳见其真

培华女职学生在西乡使用的水井

诚，也认为留在城固一举两得，一则可使学生完成学业，二则借此推广女子职业教育，造福当地百姓，于是答应了。可大多数教职员思乡心切，力主迅速回家。最终，决定"大部队"回迁西安，吴校长、几位教职员、少数毕业生和一部分织布机器和染料留下，设立分校。

1942年3月1日，培华初级女职城固分校在该县龙头镇千佛寺小学内开学。吴云芳兼分校校长，聘请当地人士郑月波任分校教导主任。吴云芳从此在西安、城固两地奔波。抗战胜利后，城固分校转为县立职业学校。

在抗战烽火年代，培华女职南迁陕南，弦歌不辍，得到淬炼，又在城固建立分校，是培华校史历程中难忘的一页，尤其是将女子职业教育的火种播撒在陕南大地，意义深远。在此期间，培华有近500名学生毕业，生源遍布关中、陕南，在各地建立各种纺织传习所、产销社及小工厂70余个，初步形成以西安为中心，关中、陕南为基础，几乎覆盖全省的女子职业教育格局，有力推动了陕西地区女子职业教育事业，促进当地妇女就业，带动地方经济发展。

民国时期的城固钟楼

保存至今的城固钟楼 木闻摄于2012年9月

回迁西安，男女兼收，更名为"培华职业学校"

南迁西乡之前，培华女职将后宰门 5 号的校舍租给军队被服工厂使用。及至 1942 年初回迁西安，这里仍被占用，学校只能暂时回到梁府街老校区复课。到 1944 年底，才迁回后宰门。

战争持续多年，敌机常年轰炸，校舍和机器设备损毁严重，正常的教学实习受到影响，经费也极度困难。1943 年，培华女职又一次发起募捐。于右任、祝绍周、宋联奎先生等知名人士联名倡议支持。

此时，大多数公立中学仍滞留陕南，西安只有几所私立中学，收费较高。陕西省教育厅指示培华开设初中部。为了维持办学，培华女职设立了初中部，收费较低，还利用本校特色在课程设置中增加了"家事课"，学生可任选染织、缝纫、针织等职业课目一门，学习实际生产技能。这在战争时期非常有益。

这是当年培华女职的一张毕业证书。"学生张蔚霞，20 岁，陕西商县人"，在"半年制针织补习班"就读。毕业证落款有校长吴云芳的签名及钤印，签发日期为"民国三十三年六月"，即 1944 年

1946 年，初中部增加了 3 个班，共 150 人。这部分学生大多是政府工作人员的子弟，因此又称为"公教班"。这个班里有爱国将领杨虎城之女杨拯英和后来成为其丈夫的陈澄寰、全国总工会原党组书记张丁华，还有后来西安话剧界著名演员郑大年、何曙霞等人。

84 岁的刘淑霞曾任西安市公安局女子交警大队大队长。1947 年，13 岁的刘淑霞考入培华"三九甲班"读初中。她记得，教导主任鲍廷忧被称为"鲍青天"，每到考试，鲍先生就戴着墨镜在教室中来回走动，也不知道他到底在看谁，同学们都不敢作弊。

在这一时期，培华女职还开设了高级会计科，适应社会需求。为了鼓励初中部学生，校方决定，每年初中毕业生前十名，直接进入高级会计班学习。

1949 年以前，高级会计科共有 105 名毕业生，当时由政府向陕西省内各县推荐工作。毕业生被分配到兴平、蓝田、陇县、澄城、凤县、镇安、宁强等县政府会计室，以及淳化、洛南、宝鸡等县的田粮处，还有的被分到西安汽车工会、银行、银号做

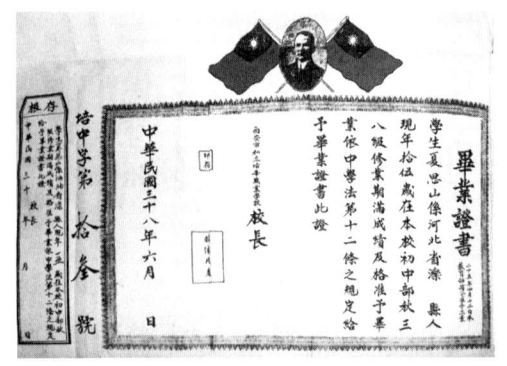

1949 年 6 月，西安市私立培华职业学校毕业证书。证书上印有中华民国国旗、孙中山先生像。"毕业证书"四字之下的两行小字"二十五年四月十二日奉教育部指令准予立案"，注明学校备案设立的时间为 1936 年

会计工作，就业情况很好，为陕西各地培养和输送了一批财务管理人员，也为后来转型培养财经人才奠定了一些基础。

1945 年，考虑到初中部和高级会计科的招生，校方向陕西省教育厅申请并获得批准，更名为"西安培华职业学校"，男女兼收，改变了只收女生的历史。

抗战胜利后，到 1949 年中华人民共和国成立前，由于连年战乱，经济萧条，当时的政府无法落实学校拨款，培华处于历史上最艰难的风雨飘摇时期。

┃ "培华" 来了个年轻人 ┃

1949年5月20日，西安解放。次日上午，中国人民解放军第一野战军第六军举行解放西安入城仪式，受到西安市民热烈欢迎。5月24日，中国人民解放军西安市军事管制委员会宣告成立。培华职校迎来了新发展的历史时期。

这一年的8月，培华校史上发生了两件事：老校长吴云芳辞去职务，由鲍廷忱担任代校长。校董会董事梁午峰先生举荐了一个年轻人进入学校担任语文、生物教员。

这个年轻人就是姜维之。

姜维之（1926—2007），河南镇平人。早年，姜父在乡间经营一个布匹作坊，家

1949年5月21日上午，第一野战军第六军举行解放西安入城仪式，人民解放军在东大街受到西安市民热烈欢迎

这张照片是目前发现的姜维之先生最早的一张照片，可以看出那时姜维之先生的模样：整洁干练

境殷实，姜维之得以受到良好的基础教育。中学毕业后，曾在邓县（今邓州市）一所讲习班做教员。那年月，社会动荡，战乱频仍，姜维之遂从家乡只身来到西安继续求学。1946 年秋，考入私立知行农业专科学校（今西北农林科技大学），班主任为著名昆虫学家周尧先生。1949 年 8 月毕业后，即进入培华。

从此，这个年轻人一生的命运起伏都与培华紧紧连在一起。许多年以后，培华因他而再放异彩。

圣人保乐而爱财，财以备器，乐以殖财。

——[春秋] 左丘明《国语·周语》

沉识淹长，思综通练，起而明之，足以经济。

——[唐] 房玄龄《晋书·殷浩传》

第二章

政府接办，远迁长春

——培华的演变与中断（1949—1983）

西安解放与保护
私立培华职校时期

（1949—1951）

　　1949 年 5 月，西安解放以前，培华职校校内就有共产党地下党组织活动，多名教师为中共党员。学校还有民盟进步组织活动。西安解放后，以及新生的人民共和国初期，时代巨变，人心思定，社会风气为之一新，社会秩序逐步恢复与重建。西安军管会连续发布通告，整顿教育，贯彻新思想、新文化，人民政权对培华职校进行保护、整顿和改造。

　　在这一宏大的社会变革背景下，西安私立培华职业学校适应、变化、发展、进步，经历了新的历史时期，得以保护、改造以及在政府的补助下办学。

军管会的"接字第一号"通告
——保护学校

　　国民党旧政府垮台，人民解放军进驻古城，成立了西安市军管会，主任是赫赫有名的贺龙。解放军纪律严明，社会风气为之一新，人心思定。培华职校的师生们，也同其他各种公立、私立学校的教职员工与学生一样，在时代巨变中，观望着共产党新政权会如何行动。

　　1949 年 5 月 26 日，西安军管会发布"接字第一号"《关于保护学校的通告》。"学校一切公共财物、校产、校具、图书、仪器、卷宗表册等，务望切实保护，不使破坏损失，护校有功者予以奖励，故意破坏者应受处罚。""国民党反动的训导制度和反动课程应立即取消，其他一切，均暂时照旧进行。""所有私立学校应俟本会关于私

1949 年 5 月 24 日，中国人民解放军西安市军事管制委员会布告"管字第一号"，宣布成立西安市军管会

~~~冯志异先生惠存~~~

初五—乙全体同学敬赠

这张摄于 1950 年的培华老照片系冯志异所藏，款识为"西安培华职校初五一乙级同学欢送齐寿龄先生旋里纪念 一九五〇七"。齐寿龄(二排右 8)与冯志异(二排右 9)均为培华职校当时的教员

立学校登记办法公布后，按照规定向市政府办理登记手续。"这份通告期望"迅速建立学校的新秩序"，使"教职员工安心工作，学生安心学习"。

一个月后，6 月 25 日，军管会又发布"管字第十六号"《关于私立学校登记办法的布告》。"人民政府对于各级私立学校，只要遵守人民政府的政策法令，有益于人民文化事业者，经申请登记，审查批准，发给登记证后，一律采取保护政策，并资助其发展。"

同年 8 月，西安市文教局颁发《关于公私立学校教职员工任免办法》及《关于私立中等学校校长、董事的任免意见书》，要求私立学校的"校长必须是政治清白、才望胜任者"，"原有董事会必须改组"，且"董事会聘选经文教局批准"。

在这几份通告公布的同时，军管会文教处派干部温克敏、卢勤学、王云武进入培华职校。他们召集校长与教职员工开座谈会，讲明共产党的政策，讲新民主主义办学思路，请大家安下心来继续教学。第一件事，教师继续把课讲起来，不能耽误学生学业。军管会干部还与学生进行了交谈。年轻的学子提出种种疑问，比如，为什么要取消"总理纪念周"活动，英语课是不是也要取消。军管会干部一一解答，得到学生理解。很快，培华职校恢复了正常秩序，教师回校，学生复课。

在整顿与民主改革期间，培华职校取消了不适宜的课程和制度：取消宣扬国民党的党义以及为国民党统治服务的童子军训练，取消"总理纪念周"活动，取消每日升降国民党旗帜和反动训育制度，取消国民党、三青团的一切活动，取消不适宜的国文、公民、历史课。代之以边区政府颁发的新课本，并增加了每周6小时的新民主主义政治课等。

1949年10月1日，培华职校师生列队参加了建国集会游行，庆贺中华人民共和国的诞生。1950年6月，朝鲜战争爆发，全国人民投入"抗美援朝"运动。培华职校师生学唱新国歌，学唱《中国人民志愿军战歌》，订立《爱国公约》，激发爱国热情。

1950年，培华职校成立了学生会、教职员工教育工会。同时，进行教师旧思想改造工作，抽调80%的教职员工分别参加短期暑假学习和教研班学习，并建立了平时教职员工学习制度。1951年，培华职校校长、教师，参加了文教局组织的暑假学习会，结合当时的镇压反革命运动，人人写履历，交代自己的历史，尤其是参加过哪些反动党团和会道门，检举匪特，取缔一贯道，师生当场退道。培华职校按当时的审干标准，清查出所谓的特务、反动党团骨干、伪军政官吏、汉奸、历史特嫌等近十人，清理了阶级队伍，加速教职员工政治思想改造、提高。1952年上半年，培华职校按照政府安排，开展了"反贪污、反浪费、反官僚主义"的"三反"运动。1955年暑假，教职员工又参加了西安市文教局组织的机关事业企业内部肃清反革命分子的"肃反"运动。

143 个学生和 30 个教员

按照军管会《通告》要求，培华职校向人民政府报送登记表册。

1949 年，培华职校造册登记土地面积 21282.2 平方米，房屋 113 间。图书室、理化实验室以及文体用品比较完备。在校学生 143 人，其中女生 39 人。开设银行会计、政府会计两科共计 3 个班。初中部 4 个班，其中有 3 个公教班，大多是公职人员子女；一个班为私教班，平民子女每人每学期两袋面粉以抵学费。

1949 年 9 月的一份教职员工名单显示了培华职校当时的课程设置及教员任课情况：

代校长	鲍廷忱
驻校董事兼会计	李兢寰
校务主任	冯世彬
教务主任	熊遇周
训育主任	李冠勇
体育主任	韩建初
国文教员	冯世彬　熊遇周
	赵怀德　孙如玉

鲍廷忱，辽宁抚顺人，国立北平师范大学历史系毕业。在西北联合大学就读时，参与发掘张骞墓。曾任西安私立力行中学校长。1945 年，任培华职校教导主任。1949 年 3 月，任培华职校代校长。1949 年 9 月，到设在三原的西北人民革命大学学习。1952 年，调西安市师范学校任副校长。

数学教员	叶树桐　齐寿龄		姜维之（兼）
	许瑞芹　李仙洲	地理教员	王亚新
语文教员	姜维之　潘鸿治	美术教员	熊遇周（兼）
物理教员	叶树桐（兼）	体育教员	韩建初　李一青
化学教员	齐寿龄（兼）		韩飞尘
会计教员	朱承俊　马鸿烈	音乐教员	戴景禄
英语教员	罗文发　田克恭	社会发展史教员	李　森
	李仙洲（兼）		
珠算教员	潘鸿治（兼）		
生物教员	吴养曾		

还有鲁天杰、石镇、朱玉峰、李贞卿等辅助课程教员、事务员。

‖ 新政府补助办学，设置人民助学金 ‖

1949 年 5 月，国民党在西安的统治结束后，培华职校的经费旋即陷入困境。公教班和高级会计班原来由旧政府拨给的经费无着，学校日常开支捉襟见肘。

当时，共产党新政权的各项工作千头万绪，人民政府尚未接收学校。在此情况下，培华职校向西安市人民政府文教局书面反映了办学情况及遇到的困难，提出请求补助的申请。

人民政府积极帮助解决了培华职校的经费困难。市政府以低利贷款的方式，于 1949 年下半年贷给培华职校及西北财专两学校各 500 袋面粉，解决应急困难。

1950 年下学期又给学校补助 1000 袋面粉，基本解决了培华职校教职员工的薪酬问题。

1951 年，西安市人民政府在培华职校和力行中学两校增设免费生班，其中培华设 3 个班。后来，又与贸易部、人民银行联系得到支持，在培华职校及西北财专两校设立公费班 13 个。政府对这些班级提供人民助学金。

人民政府这一鼓励办好学校的积极姿态和实际举动，给予培华职校教职员工极大信心和安慰，大家相信，在新民主主义社会，私立学校同样有前途。

西安私立培华财经技校
（1949—1952）

西安市第一财经学校
（1952—1953）

西安市财经学校
（1953—1956）

中华人民共和国成立，百废待兴。建国仅仅两个月后，1949 年 12 月，教育部在北京召开了第一次全国教育工作会议。会议明确提出发展新教育的方向，即借鉴苏联，改革旧教育，吸收其有用的经验，建设新民主主义教育。私立学校逐步由政府接办，走向公立，大势所趋。

从 1951 年至 1956 年，短短几年时间内，培华职校经历了更名、接办、合并的几个阶段。虽然三次更名、由私立变为公办，培华始终没有停课，依然教书育人，课程还有所增设，教学质量普遍较高，尤其是为新中国培养了几千名急需的财经管理人才。这批毕业生后来遍布全国各地，为新中国经济建设积极服务，成为培华那一代著名的毕业生。

政府接办培华，为何放在最后

1952 年 8 月，教育部召开中小学教育行政会议，集中讨论关于私立中小学的接办问题。基本方针是："先接办政治条件极差的，办理很坏和经费极端困难的学校。再接办普通的学校。最后接办较好的学校。"

按照当时的划分标准，学校大致被分为三类。第一类，属于受帝国主义津贴资助的学校，学校领导层思想反动，政府首先接管。第二类，学校设备较差，教学质量不高，但社会有需要，放在第二批接管。第三类，办学条件较好，有一定的经济困难，排在第三批接管。

培华职校被放在了最后。因为其属于"办学条件较好"，办得较好的学校。直到1952 年 11 月，才正式由西安市政府接办。

在西安解放前后那一时期，培华既有会计班，又有初中部。初中部公教班大部分学生是国民政府职员子弟，随着国民党军溃败，官员四散，其子女也顾不上学业而跟家长离去，在校生所剩无几。会计班在册 30 名学生，毕业时仅余 10 人，只有一名女生。

1950 年初，西北大学毕业生冯志异被派进校任政治教员，为政府接办培华做

冯志异（1926—2012），辽宁营口人。早年就读于西北大学。1951 年至1952 年，任培华职校政治教员、教导主任，为政府接办私立培华职校做准备。二十世纪八十年代，任陕西省社科院研究员、人口研究所副所长，中国人口学会理事。

准备。冯志异担任了团支部书记、教导主任等职。

1951 年 7 月 11 日，根据西北教育部指示，将"西安私立培华职业学校"更名为"西安私立培华财经技校"。原有的初中部，待学生到 1952 年秋季毕业后不再

招生,停办。集中力量专门培养急需的财经干部。

培华财校加快发展,势头不错。学校完全取消了民国时期的国文和旧的历史课,减少了英语课时,新设了新版的历史课,增设了统计学、银行会计学、预算会计学、经济学等专业课程。

1951 年启动的"一五计划"(1951—1955),苏联援建中国 156 项重大工程建设项目,其中有 23 项在西安。国家将华东、东南等沿海地区的干部职工及工程技术人员大量调来西安。这给西安地区人才培养带来机遇。1951 年 11 月,西安市政府向西北军政委员会报告,"计划招收一

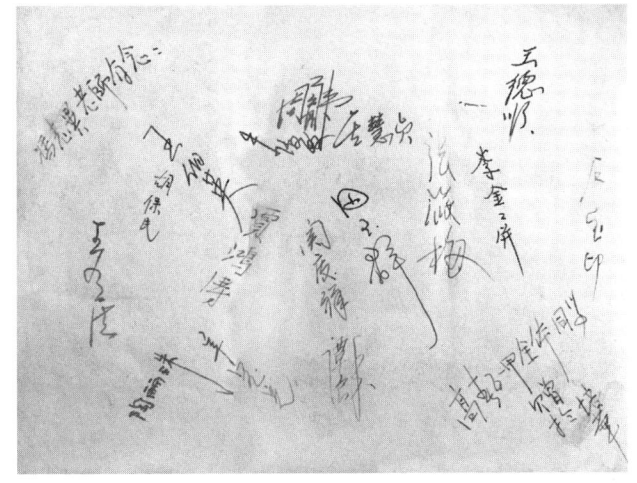

"培华财校高会春五一甲班毕业纪念 1952.1.21",冯志异(二排左 4)

批失学失业青年知识分子，以补缺额"，"共计招收 1200 人"，"其中财经 620 人"。西北军政委员会随即批准，培华财校与西北财专按计划扩招 620 人。这些学生属于代培性质，由涉及的机构银行、企业局、商业局等向学校拨款，全额供给学生的食宿学杂费，毕业后归类分配工作。

据不完全统计，1951 年，培华财校增设政府会计班 6 个，在校生多达 400 余人。1952 年，两专业又设一年期毕业班，在校生达 554 人。此时，培华财校还是"私立"性质，为新中国抓紧培养适应工作急需的财会干部做出了贡献。

这张培华财经技校的老照片(二排右 8 为姜维之先生)，款识为"培华财经技校高会五二甲全体留影 1952 年 7/9 日"。此时，培华财校还是"私立"性质，几个月后，即被政府接管为公办

26 岁的当家人
——姜维之

1952 年初，培华财校原校长鲍廷忱调西安市师范学校任副校长。3 月，语文教员姜维之被任命为副校长。同年夏，原教导主任冯志异调西安市二中任教导主任。不久，新派来的副校长刘星煌也调走了。培华财校领导只留下姜维之一人，既任副校长，又兼教导主任，全面主持培华工作。

姜维之时年 26 岁，进入培华刚满三年。这是他第一次主政培华。等到又一次主政培华时，他已步入 58 岁的老年了。

"我们班 50 多个学生，多是新招录的青年干部，年龄稍大，自觉性高。和其他低年级各班一样，我们也在 200 多人的大宿舍睡通铺，在芦席搭建的大棚下 8 个人一桌的食堂吃饭。"这段回忆，出自西安市物价局原局长高焕方在 2008 年 7 月去世前不久撰写的一篇文章，题为《培华——成就我经济工作的摇篮》。

1952 年上半年，高焕方刚到西安市政府企业局工作，被公派到培华财经技校学习成本会计。他记忆里的培华财校老师，"都是尽心竭力，认真施教"——

"新会计学"由胡宗光老师主讲。胡老师年纪较大，头发几近脱光，北京口音，讲课时嘴里的假牙磕得当当响。但他备课认真，对课文记得烂熟，不揭书本却能把课文内容全讲出来，令人叹服！

"工业企业成本计算"由孙经天老师主讲。孙老师讲课严谨，吐字清晰，那么复杂的产品成本费用分摊计算过程，他都能一个层次一个层次地在黑板上表述清楚，令同学们心领神会，牢记在心。

王高福老师是我们的班主任，上海复旦大学毕业，给我们代"政治经济学"课。王老师性情开朗，和同学们说得来，经常互开玩笑，逗乐儿。他是上海腔的普通话，有时咬字不真，舌头搅得满脸红，弄得大家哄堂大笑。

潘鸿治老师用朴素、扎实的西安话，边讲解、边演示，把珠算"加减乘除"的运算方法讲得一清二楚。

高焕方印象深刻的培华老师，还有副

校长姜维之——

　　姜校长主管教务和学生生活工作,治学严谨,对学生管理较严格,早晨或夜晚,他经常到宿舍抽查学生起床或就寝情况。有一次,初级会计班一个同学早晨没按时起床参加早操,让姜校长发现了,还辩称是"肺疼有病"。后来,姜校长在大会上不点名地批评了这个同学。姜校长说,肺是无知觉的,这个同学说他肺疼有病,自然是称病,懒得起床。

　　姜校长不仅管理学生学习,还注重教育学生日常生活中衣着仪表。夏天,他要求男同学不得穿背心光膀子,一定要穿衬衣——衬衣下襟必须装在裤腰里,整洁,干练。

　　姜维之为人师表事无巨细的这些要求,高焕方受益终身,直到去世前也记忆犹新。

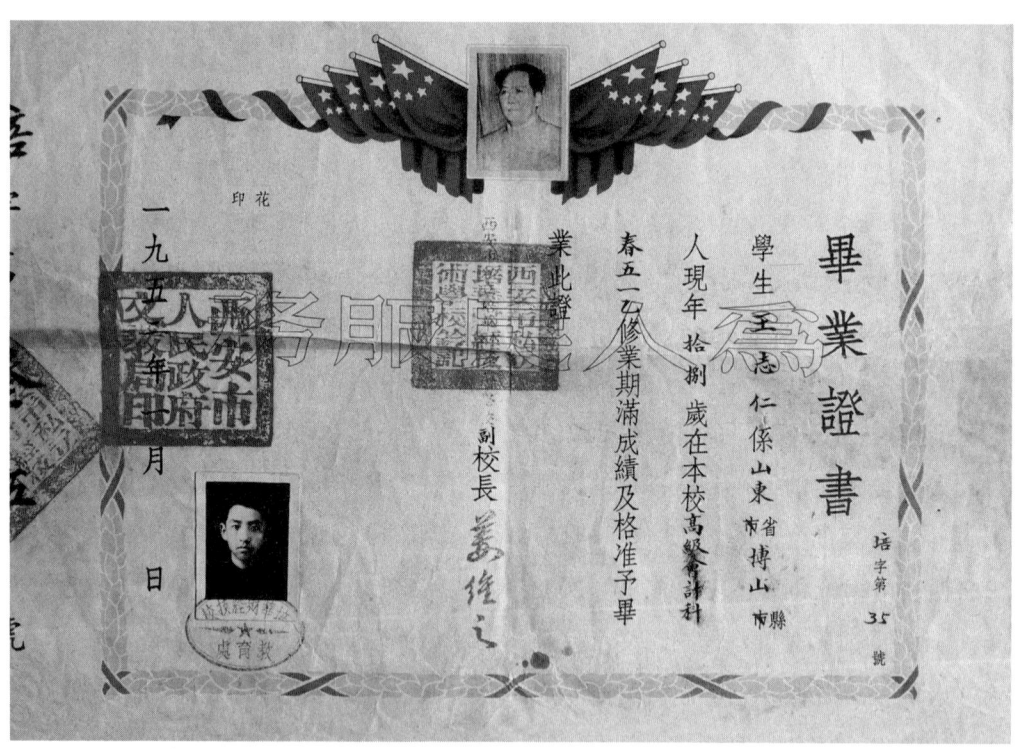

　　签发于1952年1月的西安市私立培华财经技术学校毕业证书。证书上印有国旗、毛主席像,环绕着麦穗、飘带。证书中间印着从右向左读的"为人民服务"字样。这份毕业证签发人为副校长姜维之,还有"西安市人民政府文教局印""西安市私立培华财经技术学校钤记"

　　为何这份毕业证书没有"校长"?原来,1952年初,培华财校原校长鲍廷忱、新派来的副校长刘星煌接连调走,培华财校领导只留下姜维之一人,既任副校长,又兼教导主任,全面主持培华工作。

　　姜维之时年26岁,进入培华刚满三年。这份毕业证书证明了姜维之第一次主政培华。

姜维之先生青年时期

三年三易校名，培养财经专才

此时，学校正在培养新政权各机构短缺的财会人员，工作紧张而繁忙。为了完成扩招任务，培养出高质量的急需人才，1952年11月，刚刚更名1年又4个月的西安私立培华财经技校，正式由西安市政府接办，改校名为"西安市第一财经学校"。

据培华老校友、西安市人民检察院原检察长、西安市人大常委会原副主任魏毓博回忆，"西安市第一财经学校"的校牌，由其当年的语文老师潘鸿治题写。遗憾的是，截至目前未能发现有"第一财校"款

1953年，位于西安市后宰门的西安市财经学校校门

识的老照片。更为遗憾的是，"培华"这个名称自改名为"第一财校"后，一度消失。等到再次出现时，已是32年以后了。

1953年8月24日，西安市政府投资2440百万元①，在第一财校的后宰门校内，动工修建一座U形三层教学楼，面积2748平方米，18个教室。副校长姜维之负责该楼的建设，半年即建成投入使用。现保留于西安市中心医院家属区内。

在这栋教学楼开工后不久，1953年9月9日，西安市政府决定将第一财校与第二财校合并，校名改为"西安市财经学校"。第二财校分批搬入第一财校的后宰门校园。

第二财校即原来的私立西北财专，校址在土地庙十字草场巷10号，校长冯希勃。1953年4月的一份登记表显示，该校有教职员工16人，学生286人。

第一财校与第二财校合并，成立西安市财经学校后，

---

① 1955年3月，第二套人民币发行，改首套人民币币值单位万元为元，即旧币1万元等于1元人民币。

　　这张培华老照片款识为"西安市财经学校企业科贸乙班全体师生毕业合影
1955.7.8"，校长冯希勃(二排左7)、副校长郭育人(二排左6)、姜维之(二排左8)

　　"西安市财经学校政会乙班毕业30周年留影"，副校长姜维之(前排中)、教师曹
馥鲁(前排左2)、教师白毓元(前排左4)

西安市政府任命原第二财校校长冯希勃为校长，郭育人、姜维之为副校长，朱承俊为教导主任。

冯希勃不管日常事务，郭育人随团赴朝慰问志愿军，回国后一直在外做访问报告，财校的教学及日常事务仍由姜维之主持。

相较于此前私立学校的短期教学性质，西安市财经学校的学制均为三年制，学生能够系统地学习相关知识。专业及课程设置分为企业会计科（下分工业会计、贸易会计两个专业），政府预算会计科，统计科，共三科四个专业。这一时期的财校，专业课大大加强，文化课除英语改为俄语外，其他课程都有。

当时，财校聘请了苏联两位白俄籍女士任教。年纪偏大一些的叫阿妮，不懂汉语，由她十来岁的外甥女斯维达做日常"翻译"。年轻的叫达玛娜，她有个中文名字叫"王小娟"。她懂一点中文，但不精通，常称冯希勃校长为"胖胖的经理"。

财校按照西安市委、市政府及文教局的安排，改革教学体制，开设政治课，讲唯物历史观，讲时事，加强师生的政治思想工作。严格制订教师教学计划，严格考试制度，加强教学管理。学校教学、学习氛围浓郁。

1955年秋季，财校在校生达673人。当年毕业生415名，分配至商业局222人，另外92名分配至10个单位。学校还挑选学习成绩优异、年龄小、有培养前途

冯希勃（1910—1968），山西万荣人。其父冯钦哉是陕军杨虎城部主要将领。"二虎守长安"时，冯钦哉旅负责守御东城；抗日战争时期，冯钦哉任九十八军军长，在晋东南与中共领导的八路军协同作战，抗击日寇；后任第二战区副司令长官、察哈尔省政府主席。冯希勃早年游学于日本和欧洲，曾在日本陆军士官学校炮科学习，法国里勒大学政治经济学毕业。在法国时，与勤工俭学的周恩来等革命党人有过来往。1937年，杨虎城访欧时，冯希勃全程陪同。1944年，冯希勃加入中国民主同盟；1950年，加入民主建国会。历任西安市私立西北财经技术学校校长、西安市第二财经学校校长、西安市财经学校校长、西安市第二中学副校长。

的100人，分为工业统计、工业会计两个班，留校继续深造。秋季开学后不久，全国农业合作化高潮到来，西安市人事局又将这批学生分配到市委、郊区党政系统、农村供销社系统及建设银行。

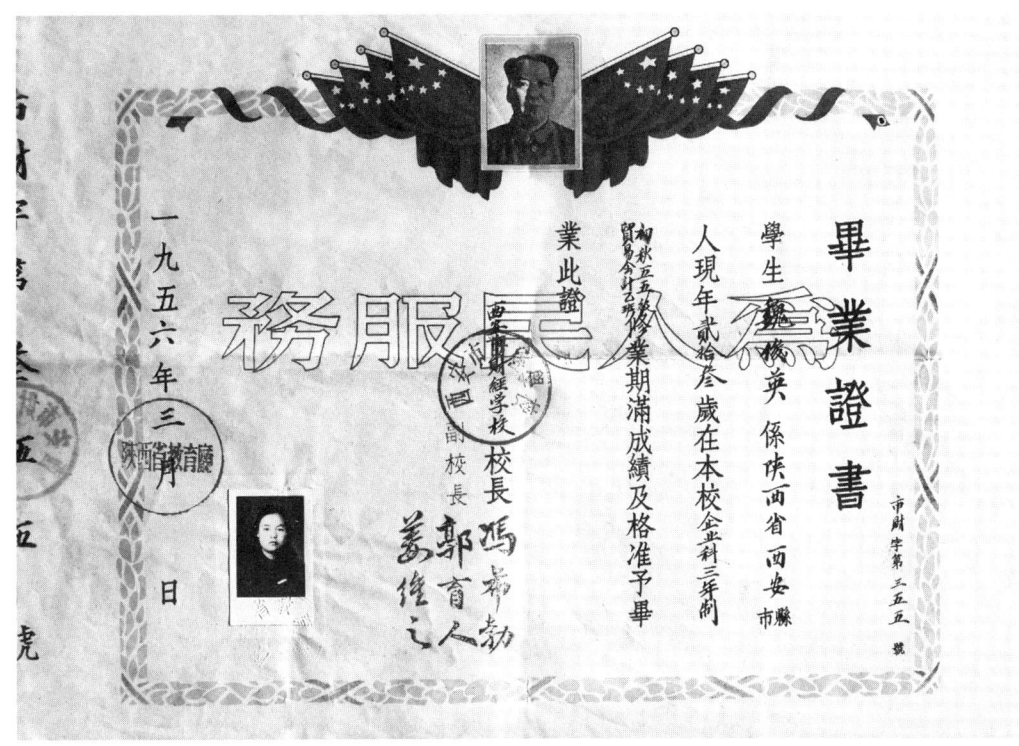

1956年3月，西安市财经学校毕业证书。证书上印有国旗、毛主席像，环绕着麦穗、飘带。证书中间印着从右向左读的"为人民服务"字样。这份毕业证签发人为校长冯希勃，副校长郭育人、姜维之，还钤有"陕西省教育厅""西安市财经学校"的公章

1985年教师节，西安市财经学校历届老校友回到培华女大参加尊师大会

财校新气象

二十世纪五十年代，中国社会风气为之一新。已经从私立转为公立的财校一心一意培养财经管理人才，教育学生树立革命的人生观、世界观，为新中国各项建设贡献力量。财校出现了以往不曾有过的新气象。

还在培华职校时，教学质量已经比较高了。如今，政府接办财校，调配及引进的专业课教师的综合素质进一步提高。有些是大学本科毕业，有的有过留学经历，还有的曾做过税务官员。会计学教师骆汝珍曾任银行行长，教师郝凤生 24 岁时曾任复旦大学教务主任。这些教师学力扎实，教学经验丰富。财校教学按科分有不同教研组，日常的教学管理有章可循。学校的日常管理延续、改进了培华职校的规章制度，管理严格。

虽然还只是中等专科学校，但财校的专业教材与大学经济专科教材完全一样，较一般的中等专科学校教材更显全面深厚。学生能够系统、全面地学习到专业知识。

教育制度也与以往截然不同。平民女职的学生是短期半工半读，财校则是较长的三年制，且为全日制全课堂学习。在毕业前，按所学专业分配到政府部门、工厂、商店进行两个月的实习，与实习单位的财会、统计、审计人员同吃、同住、同工作，参与具体业务，见习相关财经管理的全过程，体验社会生活，锻炼实践能力。实习单位提前了解掌握毕业生的整体素质和业务能力，到了分配阶段，往往抢先录用那些工作能力强、综合素质高的学生。

当年学生的整体状况与现在我们理解的学生完全不一样。现在学生绝大多数纯粹就是个学生。而当时的学生，有的已经二三十岁，结婚，有了孩子，有的才十几岁，还未成年；有的念过初中、高中，有的小学都没毕业；有的有过工作经历，做过店员、学徒，还有转业军人。他们的学习理念也不同，有的为找工作，有的为上学进取。针对这些情况，财校不断进行爱国主义、集体主义道德情操教育。

一些财校学生回忆，当时，学校听从政府安排，积极参加政治运动。比如，一年一度的"五一""国庆"大游行，抗美援朝、拥护世界和平签名活动。还参加各种政治教育报告会。比如，西安市财委主任陈元方的经济建设报告、西安市公安局局长张少康的反间谍报告、战斗英雄刘吉尧的智取华山报告、郭育人随团赴朝慰问志愿军的报告。

当时的社会尊崇英雄，宣传解放战争的董存瑞、抗美援朝的黄继光等英雄的故事，还宣传苏联的卓娅和舒拉的故事。那个年代的学生对《钢铁是怎样炼成的》中的一段话深刻铭记，影响他们走向社会，投身建设——

人最宝贵的是生命。生命对于每个人只有一次。一个人的生命应当这样度过：当他回首往事的时候，不因虚度年华而悔恨，也不因碌碌无为而羞愧。这样，在临死的时候，他能够说："我整个的生命和全部精力，都已献给世界上最壮丽的事业——为人类的解放而斗争。"

这张培华老照片款识为"西安市财经学校预算科五五级乙班毕业纪念 55.7.7"，校长冯希勃（二排左8）、副校长姜维之（二排左9）。背景的 U 形教学楼现保留于后宰门的西安市中心医院家属区内

财校有了党、团组织

原来培华职校没有党组织。1954 年，西安市委派杨拯英与西安市第四中学党支部书记甘成哲、党专干许柏龄进入财校发展党组织。杨拯英是爱国将领杨虎城之女，曾是培华职校初中部"公教班"的学生。财校原有一名学生党员尚恩印，是志愿军退伍军人。杨拯英来校后，发展了副校长郭育人、学生李金玉为预备党员。后来市委指定由四中党支部接收财校新党员，举行入党宣誓仪式。

培华职校初中部"公教班"学生、爱国将领杨虎城将军之女杨拯英，是培华学校早期党务工作者之一

到 1955 年上半年，财校已发展了十几名中共党员。其中有二十世纪九十年代曾任西安市建工局书记田自立、西安市建工局副局长陈新柱、西安市市容委副主任王健鹏、西安市人事局办公室主任穆志友、西安市档案局处长袁玉贤等。

财校的团总支部系自培华职校团支部发展而来。1950 年，培华职校成立团支部，支部书记冯志昇。当时有 5 名团员。1952 年，刘星煌接任调离的冯志昇为团支部书记。后来，刘任副校长，周建功接任团支书。1953 年，第一、第二财校合并后，市财校团总支部成立，邱景信任书记，团专干孙维勤。各班设团支部。至1955 年，发展团员近百名。

从培华职校时期起，学校便有了民盟支部，但不公开。1953 年，姜维之被推举担任民盟市财校支部主委。姜维之还任民盟新城区委主任委员。

学生会也组建并展开活动。

那时，党、团组织及学生会的各项活动很多，师生关系融洽。校长冯希勃在校园东侧院落里的工字房宿办一体，与培华的老校长吴云芳一家为邻。教师大多在校

园西侧住房内办公、住宿。学生则在大教室打通铺做宿舍。食堂在校园北侧，能吃饱，谈不上吃好，有餐桌没凳子，师生都站着就餐。

文体生活比较活跃。培华职校时期，音乐教师马育斌带着学生参加广播电台合唱表演，一时轰动。舞蹈、歌唱、朗诵、体操等文艺演出，以及篮球、排球、单杠、双杠、跑步等体育活动经常开展。

1953 年，财校还组织学生徒步游翠华山。当时没有公交车，全是土路。师生们打着校旗，一早从后宰门出发，步行到南门，再走到韦曲，在兴国中学吃午饭，到太乙宫时，已是夜幕降临。当晚，在慈善家张子宜先生创办的子宜育幼院借宿。次日一早，登上翠华山，一览山水。下午，再徒步回城，兴致盎然。

著名的毕业生们

　　从培华财校，到第一财校，再到市财校，学校主办者改变，专业人才培养的主要功能没有改变，不断得以加强。

　　这一时期，几千名学生学成毕业，遍布西安市、陕西省机关、部队、科研机构、学校、工厂、商店、财政金融部门，还分布新疆、甘肃、青海、宁夏、上海、北京、天津、南京、武汉、广州、长春等全国的其他地区。

　　他们在各行各业为新中国经济建设做出积极贡献，经过多年的历练和党的培养，大都成为学有所长、事业有成的工作骨干。不完全统计如下：

原西安市财经学校师生合影（左 5 为姜维之）

班级名称	学生名称	曾任职务
46 级初中部	张丁华	中华全国总工会原党组书记、副主席、书记处第一书记
46 级初中部	杨拯英	西安中学党支部书记，西安市第 19 中学党支部书记，陕西省政协委员
48 级初中部	雷田英	西安市中山百货大楼经理
49 级初中部	姜甲戌	西安市环卫局处长
50 级初中部	郑大年	西安市话剧院演员
50 级初中部	何曙霞	西安市话剧院演员
高 51 级银会班	常定国	中国人民银行总行稽核司司长
高 51 级银会班	张筱梅	工商银行陕西分行副行长
高 51 级银会甲班	吴惠珍	陕西省石化研究院总会计师
高 51 级银会甲班	吴连山	西安市计委办公室主任
高 51 级政会班	易生华	西安市侨办副主任
高 51 级政会班	王志义	西安市委讲师团团长、教授
高 52 级政会班	高来济	西安市雁塔区法院院长
高 52 级银会甲班	刘汉中	中国人民银行西安市分行行长、高级经济师
高 52 级银会甲班	王孟源	中国人民银行西安市分行副行长、高级经济师
高 52 级银会甲班	庞锡珍	中国人民银行陕西分行副行长、高级经济师
高 52 级银会乙班	杨占喜	新疆喀什地区行署专员
高 52 级银会丙班	王耀乾	建设银行西安市分行副行长、高级经济师
高 52 级银会丁班	周振乾	西安市工农教育委主任
52 级银会丁班	丁克明	西安市统建办主任
52 秋初中部	王相民	西安市委宣传部副部长、西安市文化局局长
高秋 53 工会班	高焕芳	西安市物价局局长
高秋 53 工会班	王长水	西安市审计局局长
春 54 统计班	朱文洲	陕西电视台总编室主任、省音乐文学学会副主席、词作家
54 工会班	李连保	西安市建行信用公司总经理、高级经济师
54 工会班	席德生	西北工业大学教授、培华学院计算机系主任
54 政会班	王季昌	建设银行西安市分行东郊支行行长
55 级工会班	田自立	西安市建工局书记、西安市人大常委会城建委主任

续表

班级名称	学生名称	曾任职务
秋 55 工会班	穆志友	西安市人事局办公室主任
秋 55 工会班	梁明慧	建设银行咸阳市分行副行长
秋 55 贸会甲班	白一坚	工商银行西安市分行行长
秋 55 贸会甲班	任沪生	西安市劳动局处长
秋 55 贸会乙班	王健鹏	西安市市长秘书、西安市市容委副主任
秋 55 贸会乙班	胡长印	西安市委办公厅秘书处处长
秋 55 贸会乙班	邱瑞义	西安市灞桥区财政局局长
秋 55 贸会乙班	吴建华	西安市灞桥区工业局副局长
秋 55 贸会丙班	魏毓博	西安市检察院检察长、西安市人大常委会副主任
秋 55 贸会丁班	宁静	西安市二商业局副局长
秋 55 贸会丁班	王怀生	建设银行西安市分行高级经济师
秋 55 政会甲班	王宏哲	西安市劳动局副局长
秋 55 政会甲班	王建华	西安市人大经济委员会办公室主任、书法家
秋 55 政会甲班	张世润	西安市灞桥区劳动局局长
秋 55 统计甲班	洪俊忠	西安市农业局副局长
秋 55 统计甲班	李寿森	西安市灞桥区统计局局长
秋 55 统计乙班	陈新柱	西安市建工局副局长
秋 55 统计乙班	张正生	西安市灞桥区审计局局长
秋 55 统计乙班	谢勉力	西安市灞桥区工商局局长

这些学生中，有不少著名人士。如雷田英，其丈夫刘邦显 1936 至 1940 年在培华任教，曾任陕西省政府常务副省长；杨拯英，是爱国将领杨虎城之女，她的同班同学陈澄寰，即中共早期领导人陈独秀之堂孙，后来成为其丈夫；吴惠珍，其丈夫张勃兴曾任陕西省省长、中共陕西省委书记、省人大常委会主任；吴建华，其子吴一坚是西安金花集团董事长，九届、十届、十一届全国政协委员，第十届全国工商联副主席。

祝西安市财经学校八四年春节联欢合影

1984 年春节，原西安市财经学校师生联欢合影

长春统计学校

（1956—1958）

就在加速培养人才、加快学校发展的时候，一件不曾预料的事情发生了。连续几年的招生、培养、毕业，西安地区的财经干部已经饱和。西安市文教局提出停办财校，改为普通中学。

财校的专业教师们有不同意见，遂向有关部门反映。主持工作的副校长姜维之为此跑到北京，找到国家统计局局长薛暮桥。

又是一个没想到——不过，这次是个好消息：国家统计局正准备在长春组建统计学校，刚好缺乏专业教师。

离开家乡，到东北去？

不是所有人都情愿离开故土。姜维之愿意。只要能保住学校不撤销、保住老师不流失，只能要继续办学，大东北的冰天雪地不算困难。

1956 年秋，姜维之、郭育人带领 20 余名教职员工，满怀激情，奔赴东北。

遗憾的是，不到两年，国家精简机构，学校解散停办了……

国家统计局局长薛暮桥透露的 "好消息"

薛暮桥(1904—2005),江苏无锡人。1927年,加入中国共产党。1938年至1942年,任新四军教导总队训练处副处长,撰写通俗著作《政治经济学》,成为培训新四军干部的教材。中华人民共和国成立后,任政务院财经委员会秘书长兼私营企业局局长。1952年8月,任国家统计局首任局长。历任国家计委副主任、国务院经济研究中心总干事等职。作为当代中国经济学界的泰斗,参与设计了中国重要的两个经济体制建设,被誉为"市场经济拓荒者"。

1955年7月16日,以及1956年1月10日、9月3日、9月18日,西安市文教局连续数次、层层上报西安市人民委员会、高等教育部、政务院,报告称:"目前,市上各业务部门需要财经干部不是很多,而且,所需干部种类悬殊,一校无法培养。我市工业建设发展,中学入学学生迅速增加,目前从外地调来参加工业建设的职工、干部子女入学问题难以解决。我市意见将财校改为普通中学,如二机部需要接办,请批拨给我市另建校基建款。"

8个月过去了,二机部、高教部始终未见回复。眼看撤销财校,就要成为现实。

消息传到财校,教职员工都坐不住了。特别是专业教师有意见。毕竟,财经专业课与普通中学的相关教学课程,还是有很大区别的。老师们遂向高教部、国家计划委员会反映。

主持工作的时任副校长姜维之为此跑到了北京。他刚满30岁,正是年轻有为的年纪。

姜维之找到了国家统计局局长

薛暮桥。

"学校能不能不撤销？教师能不能不流失？"姜维之向薛暮桥诉说了困境和期望继续保留学校的想法。

没想到，薛暮桥告诉姜维之一个机遇式的信息：国家统计局正准备在长春组建一所统计学校，刚好缺少这方面的专业教师。

这真是个好消息！姜维之大喜过望。

怎么这么巧！我们愿意去！

二者合拍。高教部、国家计委旋即认可，下达了迁校指示文件。

西安市财校迅速做出反应。1956年7月14日，财校向西安市教育局报告："我校奉上级指示，学校迁往东北长春。关于非专业用具等交由市上处理，根据此精神我们意见是否能在七月底前移交完毕。"这一报告送出后，西安市也接到了

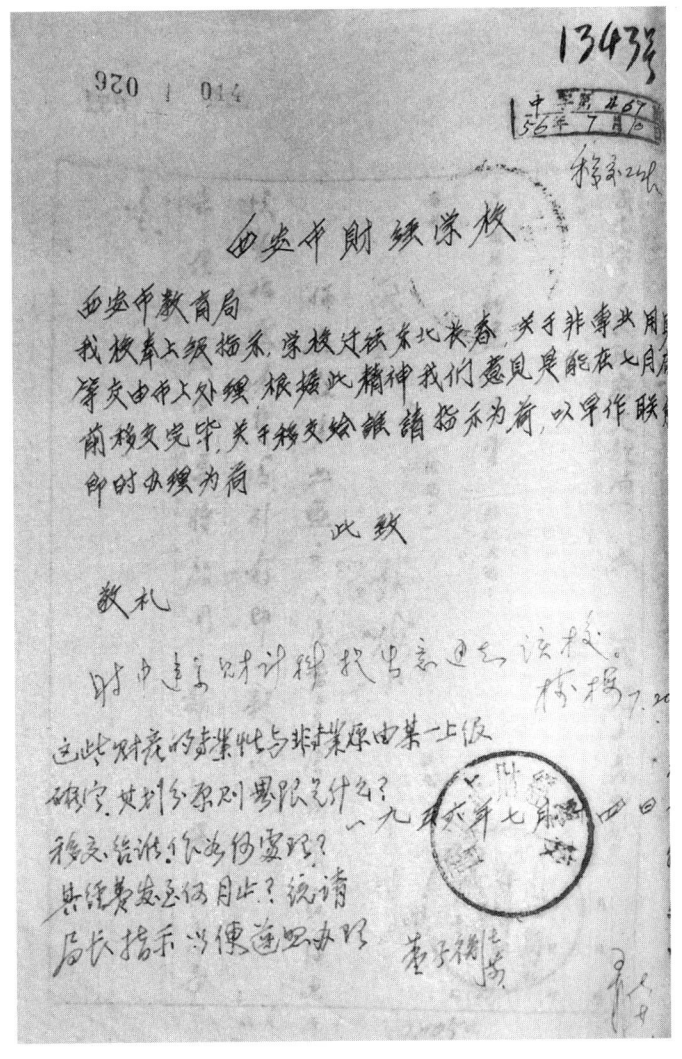

1956年7月，西安市财经学校向西安市教育局报告，准备迁往东北长春

指示文件。

迁往东北，终成定局。学校算是保住了，老师也不会四散流失了。

时任财校校长冯希勃未随迁，留在西安任市二中校长。后宰门校园按西安市安排移交给西安市教师进修学院使用。1964 年，原址在大皮院的西安市妇产院与教师进修学院互换，后宰门原培华女职的老校址，改建为现在西安市中心医院门诊部和家属院。

1956 年秋，姜维之、郭育人带着朱承俊、唐戴勤、李静白、邱景信、周颖、李桂岩、李山、张新民、李金玉、韩斌等 20 余名原财校教师奔赴东北，组建国家统计局长春统计学校。

这一年的 10 月 20 日，国家统计局

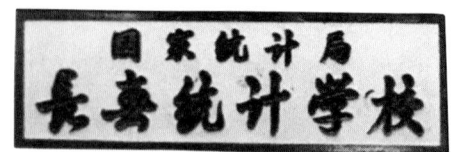

长春统计学校校徽

给吉林省统计局发函："兹有我局邱绍明同志，现至国家统计局长春统计学校任校长……"同期任命姜维之为常务副校长，分管教学工作。邱绍明原任国家统计局物资分配统计司秘书主任。

姜维之和原财校的老师们满怀激情继续办学，希望像过去那样，为国家培养优秀的专业人才。

‖ 在长春的日子 ‖

成立初期，长春统计学校在长春市开运街宽平大桥附近借用一所干部学校的校舍，又找了中央建筑工程部直属工程公司所用的房舍，面积 2500 平方米，暂借用来教学。到了 1957 年初，国家统计局出资购买了位于斯大林大街 77 号的原伪满洲国民生部办公楼作为校舍，学校遂从开运街迁至此处。这栋看上去颇为气派的西式大楼建于 1937 年，是国家统计局二十世纪五十年代所建南昌、西安、

这张老照片中的建筑是建于 1937 年的伪满洲国民生部办公楼

二十世纪五十年代末，伪满洲国民生部办公楼曾作为长春统计学校的校舍，现由吉林省石油化工设计研究院使用，为长春市重点文物保护单位、全国重点文物保护单位

重庆、上海、长春5所统计学校，唯一保存至今的建筑。1984年，被长春市人民政府公布为长春市重点文物保护单位。2013年，被国务院公布为第七批全国重点文物保护单位。现改门牌为人民大街3623号，由吉林省石油化工设计研究院使用。

初来乍到，一切生疏。姜维之与原财校的教职员工落脚的第一件事，就是忙着招生。1956年9月，招收了298人，分成8个班。是5所统计学校中招生最少的一所。生源全都来自吉林当地。学校开设了统计、会计两大专业，课程有统计学原理、工业统计、会计学、经济学及语文、数学等文化课和政治课。教师20余人，大部分是原西安市财经学校的教师，大多讲授会计专业。后来，招收大学应届毕业生，其他统计学校也支援、组织调派，教师队伍得以充实，逐步增加至50人。

长春统计学校建校匆忙，没有整本整套的专业教材。基础课教材采用国家文科中等专业通用教材。专业课教材多是翻译苏联的，也有自己编印的，边印边发给学生学习。教材暂时有点困难，但学校对学习、纪律各项工作都抓得很紧，尤其重视基本功训练，每天晚自习要进行珠算练习，书写10行阿拉伯数字、10行汉字数字。

1957年夏，"整风""反右"运动开展，学校教学一度陷入停滞，没能安排学生实习。1958年3月，根据国家统计局统一安排，学生提前进行分配。当时，苏联援建的"156项重点工程"需要大量人才充实一线。化学工业部与国家统计局协商，长春统计学校的学生由吉林化学工业公司下属的吉林肥料厂接收。由于学习期限不满3年，学生只拿了结业证书，后来的工作发展和生活待遇都受到影响。1983年，经吉林化学工业公司和吉林省统计局请示，国家统计局报教育部批准，给所有毕业生补发了学历证明。

长春统计学校停办，姜维之被划为"右派"

长春统计学校当时的条件很一般，与长春其他大中专学校相比差距很大，校舍、教学设施、生活条件等方面都不如意。从西安搬到长春，教职工没有安置费。所属地区不同，工资也降了两级。生活遇到很多困难，头一桩就是取暖。东北地区冬天极冷，从西安初来乍到很不适应，教职工们又买不起皮衣皮靴。凡此种种，大家意见较大。

当时，同为民盟成员的一名吉林省副省长召集了一个座谈会，欢迎远道而来的西安教师。当问到有什么困难的时候，姜维之如实一一反映，并按照要求将相关情况以书面形式报告，寻求解决。在这份情况汇报文件上，姜维之签了字。

谁能想到，一份文件的签发，毁了一个人的前程，导致半生的磨难。

1957年的夏天来了。一股强劲的热风，吹到东北。长春统计学校跟随全国形势，开展"整风"运动，师生们进行"大鸣大放大辩论"。随之而来的"反右"运动又持续了很长时间，学校教学受到严重影响。

到了1958年初，"反右"风潮已基本过去，有人却突然把姜维之签发这份文件的事情提溜出来，说向上反映意见，这是向党进攻，是有策略、有目的的反动纲领，姜维之签发文件，就是反动纲领的头子，是不折不扣的"右派分子"。于是，姜维之受到批斗。不仅在学校斗，还要在民盟斗。斗来斗去，天天斗，前后挨斗不知多少次。

姜维之不服。他说，我一没鸣、二没放，只是说了实情。这些年，一心扑在工作上，父母去世都没回老家，想的是坚决跟党走、干好工作，还写了入党申请书。

姜维之的陈情没有得到他期望的回应。他被继续批斗、斥责：强辩是没有出路的，只有死路一条。学校党组织下了一个政治结论，说他是"带着花岗岩脑袋见上帝的极右分子"，建议开除公职、劳动教养。

姜维之宁折不弯。让他在这份结论上签字，这次他坚决不签，反而写了一封万言书。中共长春市委组织部最终对学校的结论批示，考虑到姜维之在民主革命时期有一定贡献，为统战工作做出贡献，决定把"极右"改为"普右"，把开除公职、劳动教养改为保留干部职称、下放省委机关农场监督劳动，把取消工资改为发生活费。

姜维之，还有教务长朱承俊，以及教

学、管理的一些骨干教师如唐戴勤等几人，本是为教师争取福利待遇，结果都成了"右派"，到农场接受监督劳动，干起挖水渠、拉大粪这样的农活。指间捏着粉笔，变成攥起铁锹、拉起架子车。教师？当不成了。

这次"鸣放"使得原本正常的教学管理再也无法进行，长春统计学校勉强维持了两三个学期就不能再继续下去，教师们后来的分配和生活也受到不同程度影响。

正值国家精简机构，1958年3月，根据中央指示，国家统计局将所属统计学校移交给地方管理。4月3日，学校召开全体大会，公布了撤并方案和教师、学生的安排。然后，学校被移交给吉林省，5月，即被正式撤销。

邱绍明和8名统计专业教师调入吉林省统计局，其余大部分教师被分配到长春市各学校做了中学教师。298名学生，除少数回家乡外，276名被吉林肥料厂接收。

长春统计学校从成立到解散，距离姜维之带着20余名老师、家属千里迢迢从西安来到东北，还不满两年，是国家统计局所设5所统计学校中存在时间最短、也是唯一被撤销的学校。

长春统计学校的这段历史鲜为人知。国家统计局为此派专人历时多年进行寻

1958年4月3日，国家统计局长春统计学校召开全体大会，公布撤并方案及师生安排办法。几天后的4月8日，全体教职员工在学校大楼前最后一次合影

访。2014 年 5 月，国家统计局统计资料管理中心编纂出版的《统计文史——"国家统计局 5 所统计学校"专辑》中，描述长春统计学校是"东北统计教育的先行者"，"从创建伊始，就历经了太多的波折与坎坷"。可惜，查找了吉林省档案馆、长春市档案馆，得到的答复均是"没有该校档案"。后来听说，档案可能在"三线"建设时期遗失或销毁了。2011 年，在网上查询到民办教育家姜维之先生当年曾参与创办长春统计学校的经历，国家统计局统计资料管理中心的工作人员还专程到西安培华学院进行寻访。

与姜维之当年一同远赴长春的副校长郭育人，后来回到西安任四十三中校长。

学校被撤，姜维之的档案调入吉林省轻化工业厅，留在了吉林。作为一个"右派"，姜维之与其他几位被划为"右派"的老师，到农场、工厂接受劳动改造。

姜维之在东北劳动了 6 年，度过了他的 32 岁至 38 岁。

2014 年 5 月，国家统计局统计资料管理中心编纂出版的《统计文史——"国家统计局 5 所统计学校"专辑》中，描述长春统计学校是"东北统计教育的先行者"

2011 年，国家统计局统计资料管理中心工作人员到西安培华学院寻访姜维之先生当年在长春统计学校的办学经历。中为培华学院理事长姜波，左 1 为校史办主任王永军，左 2 为培华老校友王健鹏，左 4 为综合档案室主任李瑞

血脉中断 25 年

（1958—1983）

人生最痛苦的是什么？

是山河破碎、国家有难？是妻离子散、家破人亡？是遭受不公、历经坎坷？

似乎都对。

但对姜维之来说，最痛苦的——莫过于不能工作，不能投身钟爱的事业，不能教书育人；莫过于眼睁睁看着最好的年华白白流逝，空有一腔热血、一股志气，却无处施展、无力回天。

这一切，时代使然。1958 年 "大跃进" 开始，大量教师被下放工厂、农村进行劳动。紧接着，"三年困难时期"、城乡社会主义教育运动、持续十年的 "文革" 动乱，国民经济到了崩溃的边缘，教育事业遭受严重破坏。知识分子成了 "臭老九"，"读书无用论" 甚嚣尘上，没有人可以正常上学、读书、学知识。师道尊严何在？唯余斯文扫地。

从 1958 年 5 月长春统计学校被撤销，一直到 1983 年，校名几度改变的 "培华"，血脉中断了整整 25 年。

一个人的人生，有几个 25 年？

只要信念不灭、心火未熄，看似中断的血脉，就总有一天能够再续前缘。

心火未灭，只待春风吹又生

姜维之在东北劳动了 6 年，妻子儿女生活无着，一家人艰难度日。1964 年，再也熬不下去了，姜维之只能申请回西安，终于被安排在西安市一房屋修缮公司做工人，继续劳动。当年的教师，如今成了泥瓦匠。紧接着，"文化大革命"开始。姜维之全家又被遣返原籍河南镇平农村劳动，种地、挖渠，挨过了漫长的十年动乱岁月。

对一个执着于事业的志士来说，所谓的"劳动改造"，再苦再难，或许都能忍受。痛苦的是不能工作，不能投身于钟情的事业，眼睁睁看着事业的血脉被迫中断。

一中断，就是漫长的 25 年。

培华有幸，好在还有姜维之。

或许，姜维之知道自己作为一个培华传人的历史使命。

1976 年，粉碎"四人帮"，"文革"终于结束。接着，以党的十一届三中全会为标志，中国拉开了改革开放的大幕。

姜维之又回到了西安。1978 年，他的错划"右派"问题得以改正。

此时，姜维之已经"年过半百"。1979年，他接到了新任务，恢复西安市房屋建筑技工学校，担任副校长、校长。姜维之重新回到了他热爱又熟悉的教育事业中，开始聘任教师、组织教学，还和师生们一起趟着泥水建设教学楼，他挽起裤腿、撸起袖子，像个小伙子那样搬砖、挖地沟。很快，一座投资 20 多万元的 1000 多平方米、三层 12 个教室的教学楼建起来了。房建技校当年就招收了两百多名学生，开设了两个专业、十几门课程。学生们一届届学成毕业，后来的西安房地局系统的中层干部，大多是由房建技校培养成才的。

1983 年，姜维之又被调任西安市第十三中校长。十三中位于西安市碑林区大学南路，距离明城墙含光门不远。学校隔壁就是西北大学。

此时，姜维之已经 57 岁了。他已经老了。苦难岁月染白了他的鬓发，摧残了他的健康，他还是那么瘦，左眼也病了，视力愈发模糊。但他的精神丝毫不显老态。他顺应时代潮流，敏锐地抓住改革开放的机遇。一直珍藏在他心底的那个名字——培华，又一次复活。姜维之在十三中创办了一所高级职业学校，名字就用他多年企盼的"培华"二字，专门培养财会人才。

只是，这所依附在中学里的学校在各个方面都不甚理想。

姜维之在等待。

培华也在等待。

心火未灭，春风吹又生。

这一天，还远吗？

姜维之先生与夫人侯惠芝女士

业艺植者，灌溉培养，接根剥芽，益尽心力。

——［元］王沂《伊滨集·菊庄诗序》

桃之夭夭，灼灼其华。

——《诗·周南·桃夭》

第三章

培华女大,中国首家

——西安培华女子大学的 20 年(1984—2003)

重 生

（1984—1991）

　　1977 年 9 月。北京。一个令人惊喜的消息不胫而走。一场多年不曾有过的高规格会议上传来四个字——"恢复高考"！

　　全国高等学校招生工作会议决定，恢复全国高等院校招生考试，以统一考试、择优录取的方式选拔人才上大学。高考！中断十年之久的高考恢复了！尊重知识、尊重人才，成为时代的主旋律。

　　此时，有一个梦，在一个"培华传人"的心中，也悄然复苏。终于在 1984 年 7 月，机缘巧合，梦想成真——西安培华女子大学恢复创建。

　　培华女大是仵当时教育体制改革的形势下，创办起的一所短期职业大学。所谓"职大"，旨在改革高教结构，改变本科生、专科生比例倒挂的现象，重点发展专科层次，迅速培养提高学生技能，是高教改革的一项重大决策，可谓应运而生。至 1984 年 12 月，全国已有 80 余所职业大学。

　　培华女大在这 80 多所院校中，特点鲜明，引人注目，不仅是"改革开放后陕西省乃至西北地区第一所民办高校"，更被誉为"改革开放以来的中国第一所女子大学"。与其相关的一连串词汇：民办公助、自费走读、择优录用、不包分配……此前闻所未闻的每一个新词，都体现着时代的变化与进步。

　　培华的重生，得到政府高度支持，堪称各界襄助、顺风顺水。应运而生的机遇之中，透出历史的必然。

政协会议上的一份倡议：陕西举办一所女子大学

1984 年 5 月 4 日。陕西省政协五届二次会议正在召开。在第九小组工青妇教育界小组讨论会上，一位女委员的发言引起与会者注意。西北工业大学副教授沈慧俐提出一个倡议：为了"振兴陕西的需要，解放妇女的需要，提高全民族文化水平的需要"，倡议"在陕西举办一所女子大学"。

为促成这件事，此前的 4 月 29 日，以西北工业大学教授为主的陕西十余所高校的知名教授，与陕西省航空学会、机械工程学会等科研机构的研究员等高级知识分子和科研工作者，联名签署了一份特殊的《赞助意见书》，表示"愿尽一份力量，使该校能早日兴办起来"。

这份倡议在上一年的政协会议上就曾提出过，但未能列入议案。此次"旧事重提"，十余位委员纷纷附议，一下"惊动"了陕西省政协党组。5 月 6 日，省政协党组召开党组成员和数位副主席参加的党组扩大会议，专题讨论举办女子大学的议题。

陕西是教育大省，大学较多，重点高校很多，但改革开放、社会发展对人才的需求也越来越大。二十世纪八十年代初，教育体制改革出台了一些促进和激励政策，明确提出"打破国家统揽教育的局面，实行多层次、多形式办学"。

在这一教育改革的大背景下，陕西省政协党组扩大会议讨论认为：创办民办、自费、走读的大学，对经济发展中的人才需求是一个有益的补充；对破除"重男轻女"的思想，搞好计划生育都很重要；且可以通过实践发挥政协"智力库"的作用。

会议讨论了在陕西举办民办性质大学的四大基础：其一，陕西历史积淀深厚，民学广布，书院众多，著名教育家层出不穷，对后世影响深远，具备得天独厚的地域优势；其二，无论何种办学行为，都是社会主义的，性质不会变，符合现阶段党的政策；其三，陕西高校集中、科技力量雄厚，潜力巨大，可供挖掘利用；其四，高校退休教授、管理人员经验丰富，有发挥余热的动力和精力。

热烈的讨论，美好的前景。这一提议最终获得通过。党组扩大会议决定，支持委员倡议，尽力帮助老、中年知识分子实现为"四化"出力的愿望，并委托沈慧俐承担"女子大学"的筹备工作。

位于西安市建国路的陕西省政协老楼

赞助意见书

　　在党的十一届三中全会和十二大的方针政策指引下，我国妇女正以高昂的革命热情，辛勤劳动。在各行各业中做出了卓越的贡献。但是也应看到，在目前由于保守思想及各种旧思想意识，以及社会上千百年遗留下来的习惯势力，使广大妇女在学习与就业等方面受到了种种束缚与歧视。为了破除这些束缚，提高我国妇女的社会地位，使广大妇女在四化建设中发挥更大的力量，首先应提高妇女的政治素质和业务素质，提高其文化科学技术水平。

　　据闻，本省政协主席办公会议已通过由政协出面组织本省女子大学，我们对此表示支持与赞助，并愿尽一份力量，使该校能早日兴办起来，为祖国教育事业做出贡献。

赞助人　职称　曾任职务

姜长英　教授　顾问

谢安祐　教授　系主任

杨庆雄	教授	陕西省航空学会秘书长
孙 桓	教授	陕西省机械工程学会常务理事
周尧和	教授	全国劳模、中国铸造学会副理事长
王培德	教授	数学力学系、航空控制系系主任，中国自动化学会理事、陕西省自动化学会副理事长
赵令诚	教授	航空工业部劳模，教研室主任
王宏基	教授	系主任，中国工程热物理学会常务理事
濮良贵	教授	陕西省齿轮协会常务理事
唐致中	教授	系主任，航空工业部人才规划领导小组专家组成员
付桓志	教授	系主任，西安市铸造学会理事长
林超强	教授	
沈达宽	教授	副系主任、中国航空学会发动机强度组组长
陈士橹	教授	宇航工程系主任，中国航空学会理事、中国宇航学会理事、国务院学位委员会学科评议组成员
王青槐	教授	教研室主任
陈百屏	教授	中国力学学会理事
康继昌	教授	系主任，中国航空学会理事
马蕊然	教授	陕西省化学学会理事，中国航空学会、中国机械工程学会、中国硅酸盐学会复合材料委员会委员
周广诚	教授	教研室主任
黄玉洲	教授	系主任、强度所所长，力学学会及航空学会常务理事
许玉赞	教授	教研室主任
岳劫毅	教授	省政协常委
管彦深	教授	系主任，中国航空学会专业委员

一九八四年四月廿九日

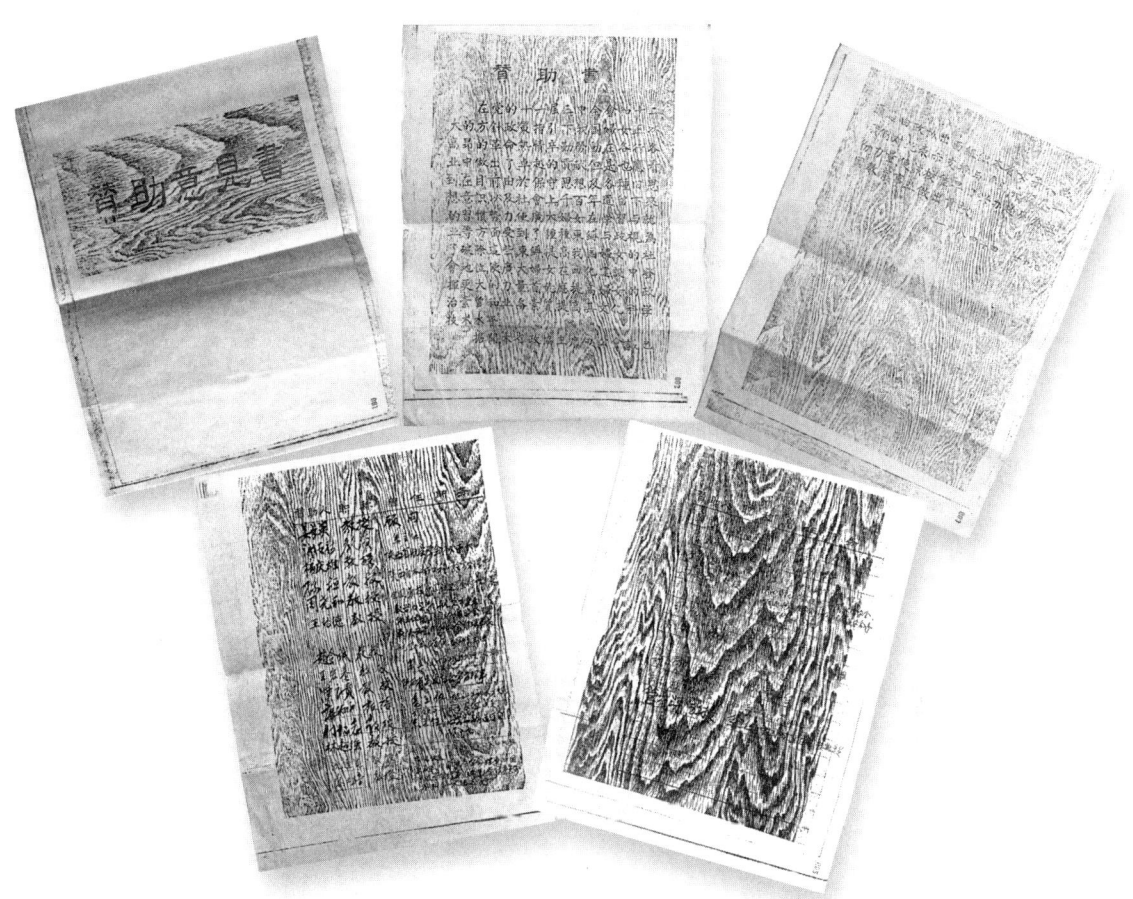

老教授们的《赞助意见书》，复印件现存西安培华学院档案馆

培华校名的恢复

陕西要建一所女子大学的消息风传开来，很多在高校常年从事教育、管理工作的老教授、老前辈都纷纷表示愿意出一把力。陕西省与西安市沟通协调后确定，学校创办后，将归属西安市管理。陕西省政协、陕西省教育厅表示，将资助一定数额的开办经费。西安市教育局也表示，可资助 3 万元，同时提供校舍和行政支持。

有了人、有了钱，把学校开到什么地方呢？校舍还得自己找。一连看了几个地方，沈慧俐都感觉不满意。一时一筹莫展。

1984 年 6 月初的一天，沈慧俐经友人介绍来到位于西安市南郊大学南路 2 号的西安市第十三中学，见到该校校长，一个头发花白、瘦瘦高高、戴着眼镜的老先生。他，正是姜维之。

一见面，沈慧俐开门见山，谈起目前正在为筹办的女子大学寻找校舍。姜维之闻言颇感兴趣，当即热情表态，可以出人、出地方，将十三中的前楼作为女大校舍教室。说着话，姜维之马上就带着沈慧俐逐层参观。沈慧俐又满意又欣喜，遂邀请姜维之一同参与，作为女大建校核心组成员共同主持筹备工作。

后来，有一种评价认为："这次会面，是一次平凡的会面，但这个邀请，却是一个历史性的邀请。"

女大筹备工作的核心组成员，还有当时西北工业大学航空发动机系名誉系主任王宏基教授。筹备工作中途又相继有西北工业大学基础部主任张富洲、西安市教育局副局长刘仲宁加入。

6 月下旬，筹备工作核心组成员共同商议起草《关于在本省创办女子大学的草案》。在讨论学校名称时，考虑到属地管理的地域原则，有人提议为"西安女子大学"。似乎没有人提出"异议"。

一开始，姜维之对这个校名没有表态。经过两天两夜的深思熟虑，姜维之郑重地向核心组成员提出——在校名中冠以"培华"的主词，亦即校名为"西安培华女子大学"。

这一提议是有历史渊源的。

1928 年，就在西安这座有千年历史积淀的古城，培华的前身西安第一平民女子职业学校创办，开风气之先。吴云芳女士将一生精力投入培华，倾情忘我，精神感召后人。1935 年，校名改为培华，名扬天下。1949 年，姜维之进入培华女子职校任教，亲身感受培华为国培育栋梁的精神。后来，培华被西安市政府收编为公办，为新中国培养急需的数千名财经人才，贡献巨大。姜维之从教师被提拔担任教务长、副校长、常务副校长，主持学校工作。学校又从西安迁到长春，然不久后被迫撤销。姜维之也被划成"右派"，受尽磨难。可是，"培华"情结已经在姜维之心中生根，他对教育事业痴心不改，对"培华"这个字眼有着无尽的眷恋。这不是某一个个人的小感小悟，而是承载着大智大爱，体现着一种执着精神、一种民学传统、一种教育理念。如今，正在创办的这所女大，与当年老培华的学校性质、生源类别、办学方向何其相似。如果能够重新恢复"培华"这个校名，那么在陕西、西安人民心中有着深厚感情基础、有着良好声誉的老牌学校，将获得重生、得到传承，发扬光大。

姜维之的提议受到女大筹备核心组成员的热议。大家认真又激动地倾听培华名称的历史渊源、学校发展演变的起伏历程，感慨良久，一致认可，将"培华"作为学校名称的主词。

"西安培华女子大学"这个校名，就这样被写入草案，提交董事会研究，最终得到陕西省政府批准确定。

这是一个校名的恢复，也是一所学校的"重生"，更是一种教育精神的传扬。

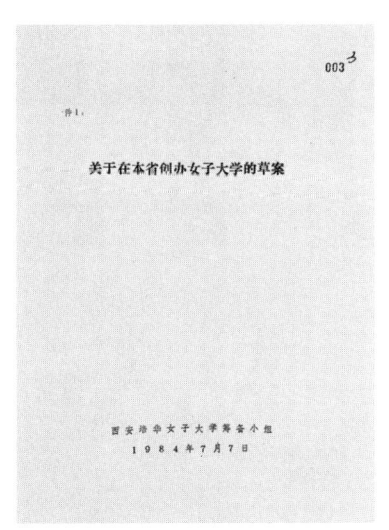

1984 年 7 月 7 日，《关于在本省创办女子大学的草案》。落款是"西安培华女子大学筹备小组"——"培华"这个名字，时隔 32 年后，以这种方式重现教育界及世人眼前

西安培华女子大学首任校长
王宏基教授

‖ "十五元老"的第一届董事会 ‖

一所女子大学的筹备，引来十多位有影响的专家、教授。1984 年 7 月 12 日，由女大筹备核心组成员王宏基、沈慧俐、姜维之召集，借用西安市第十三中学会议室，召开了培华女大历史上第一个有记载的"十五元老"会议。

这十五人是：王宏基、沈尚贤、刘刚、刘良湛、沈慧俐、康继昌、姜维之、刘仲宁、游兆泳、沈达宽、唐致中、阮茂松、林熙、张富洲、傅正阳。

会议传达了陕西省政协党组会议对创办女大的意见和资金支持，转达了西安市

西安培华女子大学首届董事会合影
前排（从左至右）：傅正阳、唐致中、刘刚、王宏基、刘良湛、沈尚贤、姜维之
后排（从左至右）：朱楚珠、马蕊然、沈慧俐、刘仲宁、阮茂松、张富洲

教育局党委对女大成立的人员和经费支持意见。接着，讨论《关于在本省创办女子大学的草案》和《西安培华女子大学董事会章程（草案）》两个文件。最后，按照董事会章程，提出董事会组成人员意见名单和校务委员会组成人员提议名单。经过充分酝酿、讨论、补充，校董、校务人员确定。

培华女大首届董事会几乎清一色都是教授、教育专家，来自著名大学和教育领域，阵容之大、人员之精，在全国同期创办的几所民办大学中颇具影响力。在酝酿董事会成员时，吸纳早期培华创始人吴云芳女士之子宋寿昌为董事，并由其担任校级顾问，传承培华精神，共谋学校发展。

董事会成员一致推举王宏基为董事长兼校长、姜维之为副董事长兼常务副校长。这是一个具有远见的决定。王宏基教授是中国著名的航空发动机专家、航空教育家，出任培华女大董事长、校长，对提高学校知名度，使学校在短时间内得到社会认可，确保教育质量都有重要意义。同样，由青年时期就在"老培华"担任副校长的"培华传人"姜维之出任培华女大副校长，也是一个精确的选择。培华此后的发展与逐步壮大证明了这一点。

西安培华女子大学董事会组成人员名单

名誉董事长：（空缺）

名誉副董事长：（空缺）

董 事 长：王宏基　　　西北工业大学航空发动机系名誉系主任、教授

副董事长：刘　刚　　　西北工业大学前副校长

　　　　　沈尚贤　　　西安交通大学电子工程系教授

　　　　　刘良湛　　　西安公路学院前院长、教授

　　　　　沈慧俐（女）西北工业大学航空发动机系副教授

　　　　　刘仲宁　　　西安市教育局副局长

　　　　　姜维之　　　西安培华高级职业中学校长

　　　　　房　玲（女）陕西省妇联副主任

董　　事：游兆泳　　　西安交通大学数学系主任、教授

　　　　　沈达宽　　　西北工业大学航空发动机系教授

　　　　　康继昌　　　西北工业大学计算机系主任、教授

　　　　　唐致中　　　西北工业大学航空电子工程系教授

傅正阳　　　　西北工业大学社会科学部副教授

宋寿昌　　　　陕西财经学院教授

胡荫华（女）　西北大学化学系副教授

申洁如（女）　西北大学化学系副教授

马蕊然（女）　西北工业大学教授

朱楚珠（女）　西安交通大学副教授

曹湘如（女）　省政协常委

丁芙英（女）　西安市妇联主任

阮茂松　　　　西安市教育局职教处处长

张富洲　　　　西北工业大学基础部副主任、讲师

秘书长：姜维之（兼）

副秘书长：阮茂松（兼）

　　　　张富洲（兼）

西安培华女子大学校务委员会名单

校　　长：王宏基

校级顾问：刘良湛　沈尚贤　张　宣　宋寿昌

副校长：沈慧俐　姜维之　张富洲

校务主任：刘　刚　刘仲宁　阮茂松

1984 年 7 月 26 日，西安市西一路，西安市政协礼堂。西安培华女子大学董事会成立大会举行。陕西省副省长林季周，陕西省政协主席吕剑人，副主席傅道伸、范明、杜瑞兰，中共西安市委常委、宣传部部长韩同吉，西安市政府副市长陈怀孝等省市负责同志出席大会。参加大会的还有陕西省、西安市的教委、妇联等 23 个单位的代表，以及关心青年工作的老教授、老专家、老教育工作者、新闻工作者一百余人。

学校董事长王宏基教授致开幕词。这是培华女大校领导首次向外界发布信息，系统说明恢复培华创建女大的初衷和办学

目的。

王宏基说："在西安建立女子大学这一倡议，首先是在陕西省政协五届二次会议上正式提出的。当时就得到省政协的领导、委员们，特别是妇女委员们的赞赏。

"新中国建国之后，虽然已经把压在中国人民头上的三座大山推倒了，但是，毋庸讳言，旧的习惯势力、旧的伦理观念、旧的传统，等等，还束缚着一些人的思想。这些人对妇女的社会地位，对女权问题，还没有真正、彻底的认识。虐待妇女、包办婚姻、玩弄女性、拐骗妇女、扼杀女婴还时有发生。在陕西地区，也不例外，或者说得重一些，还是比较严重的。

"怎样扭转人们的旧思想意识，冲破社会上的不健康习惯势力，真正提高妇女的地位，提高女权，宣传教育工作是很重要的。但光靠宣传教育是不够的，还必须做切实具体的工作。也就是说，要做提高妇女的文化、科学、技术水平的工作，使妇女得到更多的就学机会，从而使妇女得到更多的就业机会。这就是提高妇女地位的切实工作，这是为什么要办好大学的原因之一。

"我国教育事业正处于改革的过程中。我国高等教育，建国以来，虽然有了蓬勃的发展，但是，据报道，当前仅有不足 2% 的适龄青年可以享受高等教育，还处在'尖子教育'阶段，距'大众化教育'和'普及化教育'还有相当大的距离。那么，女子享受高等教育的机会，更是微乎其微了。

"现在，党提倡多形式、多层次办教育。西安培华女子大学是一所民办、自费、走读、不包分配、择优推荐的职业性专科大学，还把陕西地区职业学校的师资培养作为她的任务。

"赞助创办女子大学的一些高等学校的教授专家们，多数是五十年代来到陕西地区支援当地文教建设的，这些同志在陕西度过了相当长的一段年华，受到当地党政领导的关怀和人民的爱护，对陕西地区产生了深厚的感情，总想为陕西地区多出一点力，贡献自己的余热。最恰当的事业就是办教育事业。"

王宏基明确宣示培华女大的办学要求："要保证信誉，保证质量，由小到大，把学校办成具有鲜明特色的大学，真正为全国起到重视女子教育的作用，使妇女真正在'四化'建设中起到半边天作用。"

在开幕词中，王宏基原本要对"培华名称的恢复"做一说明，后来考虑到民国时期培华建校的社会背景与改革开放初期国家的政治气候仍有相悖之处，不宜多加阐释，最终刻意回避了这一点。但延续培华美誉、传承培华精神的思想充满开幕词之中。

第二天，1984 年 7 月 27 日，陕西建立西安培华女子大学的消息传遍全国。《光明日报》、中央人民广播电台、《人民日

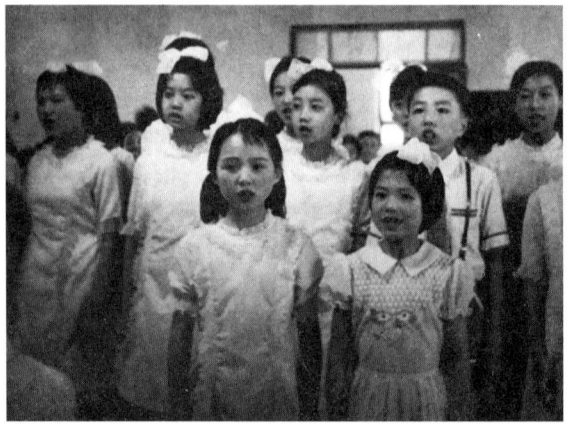

1984 年 7 月 26 日, 培华女大董事会成立大会上, 小朋友们表演歌舞庆祝

报》、《羊城晚报》、香港《大公报》及日本《朝日新闻》《读卖新闻》陆续报道。

《陕西教育报》7月29日对培华女大的开拓精神进行报道。"在条件差、任务重的情况下，学校领导一不等、二不靠，积极发动协作单位帮助办学。"此后，该报又在头版套红标题报道，肯定培华女大的创新模式和办学方向，"这种新型联合办学方式在我省还是创造"。

《光明日报》当年10月的一篇追踪报道以《国家满意、学校满意、家长满意、学生满意——陕西高等教育向多层次、多规格、多形式发展》为题，称赞创办西安培华女子大学。"陕西在党的十一届三中全会之后，举办走读性质的自费大学，走在全国的前列。"

媒体报道西安培华女子大学成立

被誉为"天字一号"的两页公文

这是一份被培华人奉为"天字一号"的文件。

也是被教育界及社会各界赞誉为二十世纪八十年代陕西教育最开放、最具创新精神的点睛之作。

甚至，它不仅仅是一份公文，时间愈久，愈能显现其历史的文献价值。

1984 年 7 月，培华女大董事会将《关于在本省创办女子大学的草案》上报陕西省政府。陕西省、西安市领导及有关部门此前已较为充分地了解到创建女大的举动，加之民国时期培华学校的良好声誉、广泛影响，因此，省政府 8 月 6 日开会研究时，很快就通过了该草案。省政府授权省高等教育局发文批准办学。

1984 年 8 月 13 日，陕西省高教局以"陕高教计〔1984〕第 106 号"发出《关于举办民办西安培华女子大学有关问题的通知》。全文如下——

关于举办民办西安培华女子大学有关问题的通知

西安市人民政府：

为了振兴陕西，提高妇女的科学文化水平，使妇女在四化建设中发挥积极作用，由省政府和西安市倡导支持，民主党派人士筹办的西安培华女子大学，经省人民政府八月六日批准，同意办学。现就有关问题通知如下：

一、学校性质及领导体制：西安培华女子大学是为女青年学习专业知识和技能而创办的民办、自费、走读、不包分配，由学校推荐、面向全省择优录用的职业性专科大学。归西安市教育局领导，受省高教局业务指导。

二、校址及学习管理：校址设在西安培华高级职业学校即原西安市第十三中学内。日常管理工作实行校长负责制，设立精干的管理机构。

三、师资及管理人员：教师从我省高等学校聘请和由赞助者兼任。管理人员由退休、离休或自愿兼职的干部、教师担任。

四、专业设置和办学规模：根据地方四化建设需要、办学条件和妇女特点设置专业，由少到多，逐步扩大招生规模。今年先设计算机应用、工业会计、中文秘书三个专业，面向社会招生 200 名。其中，计算机应用 50 名，工业会计 100 名，中文秘书 50 名。

五、招生来源：招生纳入短期职业大学国家招生计划。从参加当年高考的女青年中，按照招生规定的录取标准，在省招生委员会办公室统一领导和组织下，由学校择优录取学生。

六、经费和基建投资：经费不要国家负担。经费和基建投资来源，除向学生收取学费、通过半工半读，对外科技服务增加收入外，由西安市教育局协助办学董事会筹集资金和捐助解决，并纳入市上基建计划。

陕西省高等教育局

一九八四年八月十三日

1984 年 8 月 13 日，陕西省高等教育局"陕高教计〔1984〕第 106 号"《关于举办民办西安培华女子大学有关问题的通知》

这份文件只有薄薄的两页纸，如今收存在西安培华学院档案馆，卷宗号"1984XZ1"，页码为"001""002"。不到600字的这份批准办学文件，内涵丰富，对女大的诸多事项做了具体规定，有多个重要的关键词。

"女子大学"：招收女青年，而不是男女兼收；

"民办"：不是那种从入学到就业都由国家统管的计划经济"包揽"教育的公办高校；

"自费"：国家不拨付培养经费，学生向学校交纳费用；

"走读"：不像公办高校那样，学生来自各地，在校住宿、学习，而是在西安市区有走读条件的一定区域内，白天各自来校、晚间各回各家；

"不包分配"：国家不承诺给毕业生分配工作。

看上去，以上的关键词都有些"限制"的感觉。但限制之中，也不乏许多个具有创新性质的关键词组。且看——

"日常管理实行校长负责制。"一校之长，管理学校，这在如今看来，是再正常不过的事情。但在二十世纪八十年代初社会背景中的大学，是少有的管理形式，体现了当时的开明与开放。

"招生纳入国家招生计划。"这简直是一条"优待条款"。此后陕西省内又陆续开办了多家民办高校，再没有得到这一条款。

"基建投资纳入市上基建计划。"这一条具体细致的规定，也为此后培华征地建校、扩大发展，成为陕西省第一所建设自有校园的民办高校奠定了基础。

还有一条对学生就业非常重要：虽然就业"不包分配"，但"由学校推荐、面向全省择优录用"。这其实保证了女大早期毕业生的就业录用机会。

在这份文件的诸多个关键字句中，还有一个表述至关重要："经费不要国家负担。"虽然"经费……由西安市教育局协助办学董事会筹集资金和捐助解决"，但官方只是"协助"，说到底还是在强调学校的"民办"性质。培华女大的"民办"性质比较特殊，当时称为"民办公助"——在发展初期，西安市教育局拨付人员工资和部分经费，"公助"一直延续了十几年。到1987年7月，西安市教育局的官方文件中，有了"民办公助"的明确表述。

西安培华女子大学是全国最早实践党的"多层次、多形式办学"政策的第一批学校，是改革开放后陕西省第一所民办高校。

从 349 个字的"招生简章"看"女大"诞生的意义

1987 年 7 月 30 日的《培华女大》第 9 期校刊，有一篇文章回顾三年来的办学发展，"培华女大是在教育体制改革中创办的新型大学，传统的条条框框较少。因而他们的改革思路比较开阔，改革经验可供借鉴"。

请注意"条条框框较少"这几个字。说起来容易做到难。笔者在西安培华学院档案室翻阅档案时，还发现了 1984 年 8 月 20 日《培华女大》第 1 期校刊第 3 版的《西安培华女大简介》，其实是培华女大创建后的第一份"招生简章"——

西安培华女大简介

女大性质：专为中国妇女创办的一所民办职业性专科大学。收费、走读、毕业后不包分配，择优推荐。

培养目标：为国家培养从事自然科学和社会科学以及应用科学的高级人才，并为本省职业中学培养合格的师资。

专业设置：先开设电子计算机应用和工会会计两个专业。

学制：二至三年。毕业后成绩合格者发给大专文凭。

师资来源：师资力量雄厚。聘请西工大、西大、西安交大、西军电、公路学院、陕西财经学院名教授、专家任课。

学生来源：招收高中毕业生和具有同等学历的、参加当年高考的女青年（酌收部分男生）。

录取标准：按省高教局规定的统一标准录取。

招生名额：一九八四年秋季招收第一批新生 200 名。

学生学费：每人每学年交学费 150 元。

校址：设在西安市大学南路 2 号（原十三中）校内。

有关具体事宜，请到西安市大学南路 2 号"培华女大接待室"询问。

西安培华女大简介

一、女大性质：专为中国妇女创办的一所民办职业性专科大学。收费、走读，毕业后不包分配，择优推荐。

二、培养目标：为国家培养从事自然科学和社会科学以及应用科学的高级人才，为本省职业中学培养合格的师资。

三、专业设置：先开设电子计算机应用和工业会计两个专业。

四、学制：二至三年，毕业后成绩合格者发给大专文凭。

五、师资来源：师资力量雄厚。聘请西工大、西大、西安交大、西军电、公路学院、陕西财经学院名教授、专家任课。

六、学生来源：招收高中毕业生和具有同等学历的、参加当年高考的女青年（酌收部分男生）。

七、录取标准：按省高教局规定的统一标准录取。

八、招生名额：一九八四年秋季招收第一批新生２００名。

九、学生学费：每人每学年交学费１５０元。

十、学校管理与组织：见创办女大草案。

十一、校址：设在西安市大学南路２号（原十三中）校内。

有关具体事宜，请到西安市大学南路２号"培华女大接待室"询问。

刊登于 1984 年 8 月 20 日《培华女大》第 1 期校刊第 3 版的《西安培华女大简介》，是培华的第一份"招生简章"

连标题及标点都算在内，349 个字。言简意赅，令人耳目一新。

据不完全统计，培华女大成立后的半个月内，国内外有 16 家媒体报道了消息，半年内，又有 4 家媒体追踪报道。在媒体发达的今天，这似乎不算什么。但在当年，已属很"轰动"的热点新闻了。"培华女大"四个字，成为当年街谈巷议的热点高频词。

媒体报道引来社会各界的参观者、"取经者"。贵州省、四川省以及沈阳市、徐州市的教育界、妇女界代表团纷纷来访，表示要把女大的经验带回去。甚至还引来了全国人大代表团来校视察。

在国内外来访者众多的高度评价之中，联邦德国德中友协妇女代表团的一段评语最耐人寻味。1985 年 4 月 20 日，该团团长玛格丽特在参观培华女大座谈交流时，郑重地说："办好女子大学，这是

一种进步的设想，是我们这次来中国听到的第一个最进步的观点。"

为什么一所大学的创建，会引起这么大的反响、这么高的期待、如此深刻的评价？

姜维之想过这个问题。1984 年 9 月

培华女大学生证

这张老照片显示的是培华女大学生贾红燕为来访者介绍培华女大成立的由来。在这块题为"女大——改革之花"的展板上写着:"党的十一届三中全会的东风鼓起了亿万人民心中的风帆,为提高妇女素质,发挥她们在四化建设中的'半边天'作用,1984年,经陕西省政协倡导,西安市委、市政府大力支持,由民主党派和社会名流出面筹办,西安培华女子大学在改革开放的历史大潮中宣告成立了。"

10日,董事会讨论开学典礼筹备工作的行政会议记录里,姜维之说了这样一段话:"有些同志对女大(有这么大的反响)想不通,我解释,如果没有'女子'和'私立',不会在国内外打得这么响。"

"私立"即"民办",再加上"女子"——姜维之简明又深刻地点出了核心关键词。

要知道,培华女大诞生于二十世纪八十年代初期,中国的改革开放刚刚开启不过五六年时间。作为教育体制改革的产物,培华女大体现了教育体制改革的方向。

如同349个字的这份《招生简章》所示,"民办公助""自费走读""择优录用""不包分配",用人单位"按需选才",毕业生"自由择业"。引号中的这些词汇,不仅仅是当年教育体制的重大变化、重大改革,也是对人们长期以来固化的思想意识的一个个"刺激"、冲击、启发与"解放"。

在此之前的多少年里,高校都是由国家公办,大学毕业生也都是由国家统一分配。这对国家有计划地培养和使用人才起过积极作用。但其弊端也显而易见：学生学好学坏一样都能分配到工作；长此以往，教师也缺乏改进教学、提高质量的主动性；用人单位只能被动接收分来的毕业生，没有选择余地。诸如此类的积弊，对于培养高质量的人才、合理使用适合的人才，都是很大的妨碍。

而在培华女大，学生和教师都要直面社会的检验。学生，就得发挥积极性，潜心读书，好好学习；教师，就得提升主动性，因材施教，搞好教学。简简单单一个"不包分配"，就能"刺激"学生、教师、学校、社会等方方面面。用当年的语言来说，"对学校提高教学质量、培养合格的四化建设人才有着积极的意义"。

在这种全新的形势变化之中，培华女大的诞生就不仅是一所大学的创建这么"简单"了，自有其深刻的历史使命。

其一，培华女大的诞生，适应了社会改革的需要，是教育改革的必然，水到渠成，自然而然，为动员社会力量办学闯出了一条新路。

其二，培华女大的创建，启动了陕西民办高等教育，此后，陕西涌现出众多民办院校，成为教育界的一道风景，成为教育资源大省陕西的一张新名片。

因此，从某种意义上说，培华女大，在改革开放之初，又一次领风气之先，成为陕西乃至中国的民办高等教育的一个独具象征意义的标本。

首届开学典礼

从1984年8月13日接到批文，允许招生，到足额招满200名新生，9月17日开学报名，培华女大只用了一个月零4天。一天后，9月19日，正式开课。

首届开学典礼是在开课一个月后的10月24日举行的。培华女大是借用十三中的校舍，并没有适合的开会场地，典礼地点借用离学校不远的陕西省团校礼堂。

《培华女大》第2期校刊的一篇《热烈庆祝西安培华女大首届开学典礼胜利召开》记录了这一历史时刻："清雅整洁的礼堂，宾朋满座，欢声笑语此起彼伏。会场上悬挂醒目的'西安培华女子大学首届开学典礼大会'横幅标语。主席台前松柏

1984年10月24日，西安培华女子大学首届开学典礼在陕西省团校礼堂举行

翠绿欲滴，台的两侧盆花鲜艳夺目，好一派生机盎然景色。女大学生身着盛装，胸前佩戴着闪光的校徽，脸上挂着幸福的微笑，忙碌在大礼堂的前前后后。光临大会的有省市党政领导、赞助培华女大的专家教授、校董事会成员、各大专院校代表以及新闻界人士。

副校长姜维之（左）、陕西省妇联副主任房玲（右）在首届开学典礼上

"九时许，校董马蕊然（女）教授宣布大会开始，顿时场内响起一片热烈掌声。大会首先由市教育局党委书记朱宏凯宣布女大行政领导和校务委员会成员名单。接着由王宏基校长为大会致开幕词，他简要汇报了开学以来工作情况，讲了办学的宗旨，指出女大今后需抓的几件大事：要制定五年发展规划；制定各种规章制度；创造条件好成为四年制大学，为有自己的研究生、博士、硕士而奋斗。林季周副省长在讲话中热烈赞扬了女大锐意改革勇于创新的精神。他说女大的创办是多快好省出人才的途径，为振兴陕西教育开辟了新路，是符合我国教育改革方针的。

"省政协范明副主席也到会祝贺，并希望各界人士都来关注女大的成长。陈怀孝副市长强调指出女大的创办具备了四个条件：一是有坚强的领导班子，二是有良好的教师队伍，三是在老大学的支持下图

书馆、仪器室的建立不成问题，四是学生的积极性。女大的潜力很大，前途是光明的。希望女大同学将压力（经济负担、分配问题）变为刻苦学习的动力，成为合格的大学生。

"省妇联房玲副主任着重说明了女大的成立为提高妇女地位、改革职业结构做出了贡献。

"西安大学宋怀德副书记也致贺词，预祝女大学生努力学习，健康成长，不要辜负老一辈厚望，争做改革的先锋。

"十点多钟，大会圆满结束。"

或许是太过激动，这篇简讯的标题将"热烈"误作"热热"，校对也没检查出来。也是，怎能不激动呢。据说，有人看到，当开学典礼开始，会场上响起热烈的掌声时，校董会副董事长、主持工作的副校长姜维之眼圈红了。为了这一天，这位

开学典礼会场

培华女大学生在开学典礼上

首届培华女大学生

老"培华"人苦苦等待了几十年。今天,培华终于又回来了!在那种激动人心的场面中,历经磨难痴心不改的姜维之怎能不动容。

看似一次普通的开学典礼,实则不平凡。有一种观点认为,培华女大开学典礼,是陕西省民办高等教育的起始点。开学典礼上的热烈掌声,奏响了西北地区新一轮民学的鼓声,成为一个新的教育时代开启的标志。

开学典礼后,与会者又来到大学南路的培华女大。王雅萍采写的通讯《亲切的关怀 前进的动力》描述了当时的情景,记录了当年培华女大创建之初的简陋条件,以及与之对照的培华老师、学生的精神风貌。今天读来,令人感慨。

"今天上午,我校开学典礼大会结束后,林季周副省长,范明、傅道伸、杜蕊兰政协副主席、陈怀孝副市长等省市领导同志,在校长王宏基、副校长姜维之的陪同下,不辞辛苦来我校视察了各方面的工作。

"当来到我们教室时，看到我们用的还是上中学用的桌凳，林副省长还亲自坐着试了试，然后不停地摇头说：'桌子太低，凳子也太矮，应该换，应该换。'

　　"接着又参观了实验室、食堂、运动场，看到我们简陋的生活、学习设施，要求学校尽快筹建教学楼、盖礼堂和餐厅。校长向省市领导汇报说：'条件虽差，可这些女学生学习劲头很足，教师和职工创业热情很高。'他们听后都满意地笑了，饶有风趣地说：'民办的女大真可谓物美价廉。'"

　　这篇通讯还补记了陕西省政协主席吕剑人、副主席刘刚民在开学后不久来校视察的情况。吕剑人说："女大的成立，开创了一条教育改革的新路子，现在还处于'幼年'时期，我们相信，在社会各界的关心和援助下，女大会茁壮成长，会越办越好。"

　　美好的祝愿，如今已成现实。

培华女大秦家喻老师现场记录讲话发言

培华女大职工做现场录音

电视台、电台、报纸等媒体现场采访

青春、活跃、美好,这是培华女大首届女大学生的风采

温和、素洁、庄重,这是培华女大恢复创建初期教职员工的风度

　　这是一张当年的女大学生在培华教室上课的老照片。体现出女大学生积极向上、求知若渴的精神面貌

一封来自北京大学的自荐信"引爆"了什么

1984年8月的一天，培华女大成立董事会的消息刚被媒体报道不久，各项工作正忙着筹备的时候，学校忽然收到了一封信。信很短，信封上印着鲜红的"北京大学"。这封信是这样写的——

培华女子大学负责同志：

《光明日报》载，贵校新近成立，由退休人员办校。我是北大退休教员，退休前在北大历史系工作；目前健康情况基本良好，很想能有机会为"四化"出点力！兹附上简历一份，请将决定复信示知！

李开物

1984年7月28日

李开物教授在二十世纪四十年代，曾依照中印两国政府的协议，作为留学生被派往印度学习，后来成为中国印度学的学者。"文革"中，他与北大历史系的同事，著名历史学家翦伯赞、著名敦煌学家向达等20多人一同被关进牛棚。大好年华，白白流逝。"文革"后不几年，刚刚恢复工作的李开物教授年逾花甲，退休了。一听说培华女大由老教授创办，自然想来"躬逢其盛"，发挥余热，其情可感。

北京大学的退休教师也要来襄助，培华女大的老师们意料不到，备受鼓舞。这封自荐信，就像一个带着好兆头的"引信"，引来越来越多的关注者、支持者，纷纷涌进女大。

刚刚接到省高教局的办学批准公文，只过了3天，1984年8月17日，日本私立大学协会第六次访华团一行18人来访。要知道，这时候，女大正在招生还没开学呢。

同一天，劳动人事部培训就业局负责人、陕西省劳动人事厅副厅长王崇昌，老培华校友中国人民银行西安市分行行长刘汉中也来女大参观，表示要支持培华的发展。

来自各地的求学信件接连不断。据当年的校刊记载，自女大成立的消息披露后的20多天里，接到北京、上海、天津、浙江、福建、广东、广西、河北、河南等十多个省市女青年的求学信达40余封。福建顺昌县农械厂女青年宋辉在信中写道："今年高考，未能达到本省录取分数线，深感痛心，看到报纸西安培华女大成立的消息，喜出望外，我恳切要求来贵校深造学习，我一定要为中华女儿争光发奋学习，为振兴中华图强学习。"

而直接找到大学南路，要求报名的西

安本地女青年,是"近水楼台先得月"。1984 年 8 月 1 日至 14 日,报名学生已达 266 人,其中理科 130 人,文科 136 人;高考 400 分以上的有 131 人,占报名总数的 50%。

女大首批开设的 3 个专业为中文秘书专业、工业会计专业、计算机技术专业。这三个专业,社会需求紧俏、适宜女性就业,属于热门专业;而且,周边一些老牌大学也设有相关专业,师资、教材、设备都可利用。

女大聘请了数位教师,其中 4 名教授、18 名讲师、1 名研究生、1 名助教。当时在省内外有较高知名度的康继昌教授、沈尚贤教授、游兆泳教授都受聘授课。傅正阳、赵镇玺、纪名刚、姚聿、戈崇仪等副教授承担了专业基础课的主要教学任务。

知识丰富、治学严谨的教学队伍,保证了高超的教学水平。培华女大的首届学生流传着一句顺口溜——

小大学,大教授,三年学成博士后。

培华女大 1984 级中文秘书专业学生

培华女大 1984—1985 学年优秀三好学生

习仲勋在京接见培华女大校长

陕西恢复创建培华女大的消息受到社会各界关注，也得到中央领导的关心和支持。在培华女大创建仅仅 4 个多月的时候，习仲勋在北京接见了培华女大的两位校长。

1984 年 12 月 4 日晚 8 时，时任中共中央政治局委员、书记处书记习仲勋同志在京召见了专程前往拜见的西安培华女子大学校长王宏基和常务副校长姜维之。

延安时期，习仲勋在群众中很有威信，使陕甘宁边区人民安居乐业。毛泽东亲笔题词赞扬他"党的利益在第一位"。习仲勋对教育工作尤其是高等教育非常重视，在任中共中央宣传部部长兼政务院文化教育委员会副主任、党组书记期间，主持制定的"整顿提高、重点发展、提高质量、稳步前进"16 字方针，指导了建国初期的文教工作。

接见时，习仲勋第一句话就说："听说你们办了个女子大学，这是一件很好的事情。"接着又说："不论办什么事情，首先要考虑到国家、考虑到党，要瞻前顾后，从长远考虑问题。用哲学观点来说，就是要有战略观点。"

王宏基、姜维之汇报了培华女大的创建过程。习仲勋听取之后说："要办好学校，必须培养良好的校风、教风和学风，要重视青年学生的思想教育，为四化培养

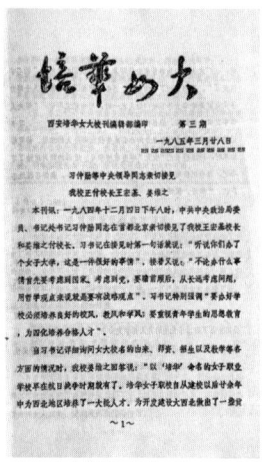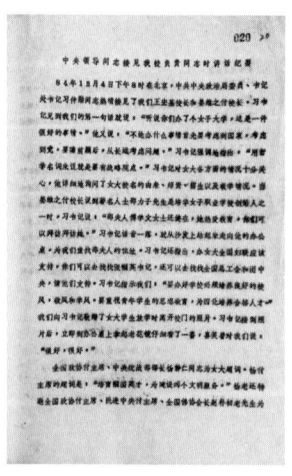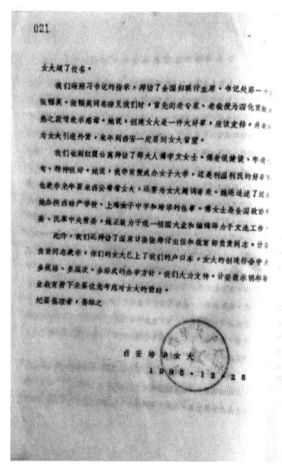

1985 年 3 月 28 日，培华女大校刊第 3 期报道了习仲勋接见培华女大校长的消息

习仲勋（1913—2002），陕西富平人，1926 年 5 月加入共青团。1928 年春，参加爱国学生运动，遭国民党当局关押，在狱中转为中共党员。陕甘边区革命根据地的主要创建者和领导者之一，曾任陕甘边区苏维埃政府主席。历任中央人民政府委员，中国人民革命军事委员会委员，中共中央西北局第二书记，西北军政委员会副主席、代主席，西北行政委员会副主席，第一野战军暨西北军区政治委员；曾任中共中央宣传部部长兼政务院文化教育委员会副主任、政务院秘书长、国务院副总理兼秘书长。中共八届十中全会上，习仲勋因所谓"《刘志丹》小说问题"，遭康生诬陷，在"文革"中又受到残酷迫害，被审查、关押、监护长达 16 年之久。十一届三中全会后，得到彻底平反。曾任中共广东省委第二书记、第一书记，广东省省长，广州军区第一政委、党委第一书记；七届候补中央委员，八届、十一届中央委员，十一届中央委员会书记处书记，十二届中央政治局委员、书记处书记，第五、七届全国人大常务委员会副委员长。2002 年 5 月 24 日，在北京逝世，享年 89 岁。

合格人才。"

王宏基、姜维之非常认同这一观点。

习仲勋问："为什么校名叫作'培华'？有什么典故，或者出处？"

老培华人姜维之答："以'培华'命名的女子职业学校，在抗日战争时期就有了。培华女子职校自从建校以后廿余年中，为西北地区培养了一大批人才，为开发建设大西北做出了一些贡献，在广大人民心目中留有较好印象。现在我们把'培华'的名字恢复了。"

习仲勋听了非常高兴。

姜维之接着说："著名爱国民主人士邵力子先生曾是培华女子职校创始人之一。"

习仲勋立即接过话头说："邵夫人傅学文女士还健在，她热爱教育……"说话间，习仲勋已经从沙发起身走向办公桌查找出邵夫人的住址，嘱咐培华的同志："你们可以拜访拜访她。"

会见临近结束时，王宏基、姜维之把女大学生在校学习、活动的照片送给了习仲勋。习仲勋接到手中，拿起眼镜仔细看了一番，满怀喜悦地连声说："很好，很好。"

▎从中央到地方，各级领导关怀 ▎

西安培华女大校刊编辑部 1985 年 3 月 28 日第 3 期《培华女大》，集中报道了校长王宏基、副校长姜维之 1984 年 12 月的北京之行。

这次北京之行，两位校长还受到中央其他领导人的接见。1984 年 12 月 7 日，全国政协副主席、中共中央统战部部长杨静仁在会见时对女大的成立表示祝贺和支持，并即席为女大题词："培育巾帼英才，

全国政协副主席、中共中央统战部部长杨静仁题词："培育巾帼英才，为建设两个文明服务"

为建设两个文明服务。"

次日，全国妇联副主席、书记处第一书记张帼英接见培华女大正、副校长。张帼英向老专家老教授们为四化贡献余热的激情表示感谢："当前，女子缺乏与男子抗衡能力，因此，要提高妇女地位，首先要从提高妇女的文化素质入手。创办女大是一件大好事情，应该支持。"张帼英表示要为女大在办学方面引进外资，来年一定到西安看望培华师生。

这期校刊还记载了这样一个细节："王、姜正副校长离京前夕还拜访了国家计委张寿副主任和教育部负责同志。计委同志说：'你们女大已上了我们的户口本，女大的创建符合中央多规格、多层次、多形式的办学方针。我们大力支持，明年职教经费下来，要优先考虑对女大的资助。'"

此次赴京前一个月，王宏基教授曾去教育部。当时部长何东昌因公外出，没能见面。王宏基遂将培华创校过程函告。

王宏基与何东昌有师生之

谊。王宏基早年曾在昆明西南联合大学航空工程系任教授，是何东昌的专业导师。

不久，王宏基收到何东昌手书复信。摘录如下——

宏基老师：

手札敬悉。培华女子大学一事，只要学科为社会所需，招生符合要求，是会有利于四化建设需要的，是一个好的创意。现在我们的老校，一般都有些潜力，挖出来做一些有益四化的事，当然应予以支持。

…………

老师进京时，因忙于外事，无暇脱身，未能拜谒，望见谅。敬颂

教安

晚

何东昌

11 月 24 日 北京

何东昌（1923—2014），浙江诸暨人。1941 年考入西南联合大学电机系，后转入航空工程系学习。曾任清华大学党委书记。1982 年起，任教育部党组副书记、部长、党组书记，国家教委党组书记、副主任。培华女大校长王宏基早年曾在西南联大航空系任教授，是何东昌的专业导师

这封信函虽采用师生个人情谊交往的形式，但其中表达了教育部主管官员对一所新创办学校的认可和支持，增强了培华女大师生的信心和激情。

1985 年 1 月上旬，陕西省政协召开专题会议，会议由副主席康健生主持，副主席范明、沈尚贤、胡景儒、任谦及张树仁、刘良湛、曹湘如、游兆泳等委员，听取培华女大副校长姜维之汇报习仲勋、杨静仁等中央首长接见、对培华女大大力支持的情况。

陕西当地各级领导的支持更为直接。

1984 年 11 月 24 日，教育部长何东昌致信培华女大校长王宏基教授

陕西省委、省政府、省政协以及西安市委、市政府对培华女大创办初期的支持、指导可谓密集而具体，鼓舞人心。

陕西省委书记白纪年："中央领导关心女大，一定要把女大办好，不要辜负中央领导对女大的希望和关心。今后凡是女大的重要事情，要和我通气。"

陕西省政协主席吕剑人："女大的创办在陕西是个新生事物。毛主席曾说过，社会主义建设没有妇女参加是不可能成功的。我们党向来重视培养女干部，发挥妇女在两个文明建设中的作用。特别是十一届三中全会以来，党为了加快社会主义建设，改革经济体制更加强调发挥妇女的作用。培华女大的成立就是在这个形势下诞生的新生事物。"

陕西省委副书记、西安市委书记董继昌："培华女大是在教育体制改革中创办的新型大学，传统的条条框框比较少。因而他们的改革思路比较开阔，他们的改革经验可供其他院校借鉴。女大坚持正确的办学方向，在困难条件下起步，在艰苦情况下发展，办出特色，成为高等教育中风格独具的一种办学形式。"

陕西省委副书记周雅光："女大办得有特点、有质量，办得朝气蓬勃。经费可以用开办校办工厂的办法来解决一部分。要不断加强学生政治思想工作，努力提高学生学习质量，为国家培养出更多的合格人才。学校的生命就在于能保证培养出的人才的合格程度。"

陕西省副省长林季周："培华女大的创办，适应新时期经济发展对人才的需求，为振兴陕西的教育事业、培养人才闯出了一条新路子，对破除旧的习惯势力，对提高妇女的社会地位、调动广大妇女建设社会主义的积极性有良好的作用。女大是教育园地的一朵新花，要结出累累果实，还有待于园丁们辛勤耕耘和大家的爱护。"

陕西省政协副主席范明："邓小平同志号召，要尊重人才，尊重知识，要发现人才，提拔人才。这是我们现在改革中的一项核心任务。我们女大在这样一个新的时代、新的转折、新的号召下应运而生，走在了前头，响应了党的号召。女大的任务就是重视知识，重视人才，多多地向党、向人民、向国家提供杰出的具有真才实学的人才。"

西安市市长袁正中："近年来，某些高校培养出来的学生适应社会能力较差，主要是由于旧的、封闭式的管理模式所造成的，而培华女大自从创办就把教育和社会的需求紧密结合起来，培养职业性高级应用型人才。进一步发挥女子职业大学的优势，搞好职业教育，可以和各大企业直接挂钩，为企业培养适应能力较强的妇女人才。"

西安市委副书记崔林涛："女大的创办，在我国教育界独树一帜，姜校长治校有方，在短短的时间内，使女大蜚声海内外，为我们的教育事业做出了一定贡献。女大的办学宗旨很好，以质量求生存，以

董继昌、崔林涛、程安东、姜信真与培华女大校长姜维之

改革求发展，充分体现了你们的竞争意识。女大的创建为我国妇女解放运动做出了积极贡献，有效提高了妇女的知识层次和思想政治素质。"

…………

中共西安市委办公厅 1985 年 11 月 25 日第 76 期《工作动态》刊登专稿，以 1300 余字的篇幅介绍了培华女大建校的基本情况以及近年从中央到地方各级领导的关怀。中共陕西省委政策研究室把培华女大定为省委联络点，中共西安市委把女大定为重要基层信息点。

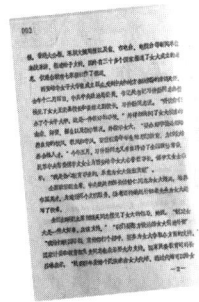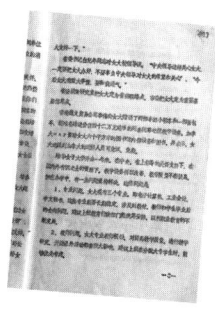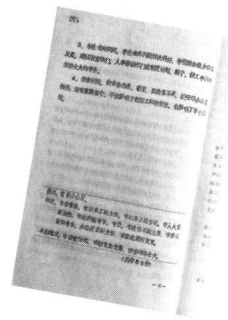

中共西安市委 1985 年第 76 期《工作动态》

"红霞公寓主人"受聘，任名誉董事长

北京王府井附近有一条晨光街。晨光街 10 号有一座建于二十世纪六十年代的老式建筑，正是大名鼎鼎的"红霞公寓"。这里住了很多大人物，因此，它还有个别名——部长楼。著名爱国民主人士邵力子先生的夫人傅学文女士当年就住在红霞公寓 509 室，常常笑称自己是"红霞公寓主人"。

1984 年 12 月 9 日，遵照习仲勋的嘱咐，培华女大校长王宏基、副校长姜维之如约前往红霞公寓拜访傅学文女士。傅学文时年 81 岁高龄，精神矍铄，热情健谈。老人家时任全国政协常委，正在编纂《邵力子文集》，案头堆满了书稿，看起来很繁忙。

听说王宏基、姜维之来自西安，又听了二人对培华女大创建工作的汇报，傅学文颇为兴奋，她举起双手："我非常赞成在西安办女子大学，这是利国利民的大好事！"

傅学文兴致勃勃地回忆起当年在陕西的往事：创办西京助产学校，培养妇产科医护人员；与邵力子先生一道倡议召集各界名流的夫人，为培华女职募捐。如今，"培华"的老牌子恢复重建，傅学文喜形

于色，表示一定要回西安故地重游，看望培华女大的师生。

半年多以后，1985 年 7 月初的一天，培华女大忽然接到时任陕西省委书记白纪年打来的电话。白纪年要学校马上去制作一件聘书，聘请傅学文女士担任女大名誉董事长。

培华女大董事会成立时，专门设置了由资深人士担任的名誉董事长一职，但暂时空缺。此次接到省委书记的电话，大家也认为傅学文女士确实是名誉董事长的最佳人选，可为何省委突然这样要求，到底是怎么回事呢？

来不及细问，副校长姜维之立即安排工作人员去西安特种美术工艺公司制作聘书。培华档案馆现在存有这份聘书的多份毛笔字草稿，字体不一，有正楷书、有行楷书，可见当时非常重视，斟酌再三。

不几日，聘书做好了，姜维之送到省委给白纪年过目。白纪年细细看过制作精美的聘书，这才对姜维之说："聘请傅学文女士做名誉董事长，这是习仲勋书记专意安排的。"白纪年叮嘱姜维之，中央领导非常关心女大的发展，一定要把女大办好，不辜负中央领导对女大的

关心和期望。"请你转告傅女士，我欢迎她到西安来。"道别时，白纪年又叮咛姜维之："今后，凡是培华的重要事情，要和我及时通气。"

1985 年 7 月 9 日，姜维之奔赴北京，在红霞公寓向傅学文女士呈递了聘书。傅学文老人又一次见到老"培华"人，十分亲切，兴奋地从沙发起身站着双手接过聘书。她对姜维之说："感谢习书记对我的信任和关怀，感谢培华女大师生给我的荣誉和信赖。"

姜维之从红霞公寓告辞，给习仲勋书记打了电话，报告了送聘书的情况，感谢习书记对培华女大的关怀和挂念。习仲勋连声说："这就好！这就好！"

白纪年（1926—2015），陕西绥德人。1939 年 1 月参加革命，1942 年 4 月加入中国共产党。曾任共青团陕西省委书记、陕西省副省长。1984 年 8 月至 1987 年 8 月，任陕西省委书记。1988 年后，任第七、八届全国政协常委。2005 年，离休。中共第十二届中央委员。2015 年 1 月 15 日在西安逝世，享年 89 岁。

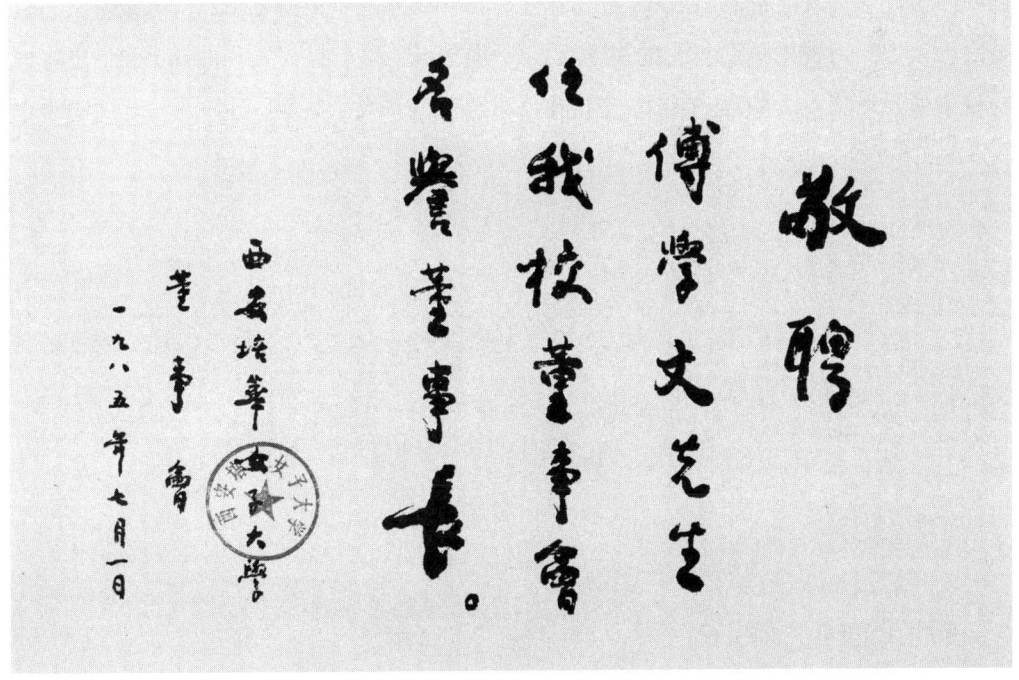

培华聘请傅学文为名誉董事长的聘书草稿："敬聘傅学文先生任我校董事会名誉董事长。西安培华女子大学董事会 一九八五年七月一日"

1988年4月21日,85岁高龄的培华女大名誉董事长傅学文(左2)从北京专程来西安看望培华师生,与培华女大校长王宏基(左3)、副校长姜维之(左4)交谈

这件事办妥之后一段时间,姜维之才搞明白这件事的来龙去脉。原来,在中央某次会议上,习仲勋见到与会的傅学文,交谈中说及培华女大的事。当时,正值中共中央发出《关于教育体制改革的决定》。习仲勋遂提议由傅老出任女大董事会名誉董事长,以期扩大培华的知名度,更好地促进培华女大发展。习仲勋给陕西省委书

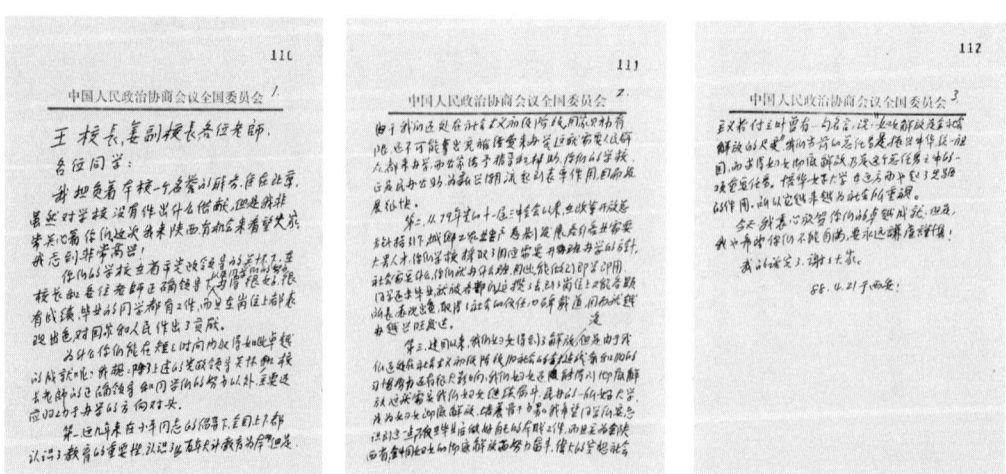

1988年4月21日,培华女大名誉董事长傅学文老人看望西安培华女大师生时的讲话草稿

记白纪年打电话，推荐傅学文任职。白纪年当即表示非常赞同，向习书记承诺马上落实。这才有了姜维之接到电话、布置制作以及赴京送聘书的过程。

习仲勋提议由傅学文担任培华女大名誉董事长，确实最为合适。傅学文早年在陕西工作生活多年，为当年的培华女职募捐建校，一度曾出任过当时的私立培华女子初级染织科职业学校的名誉董事长。此次，又担任培华女子大学名誉董事长，可谓重任原职、"名至实归"。

在这一阶段，培华女大还增聘了两位名誉董事长。1986 年，增聘陕西省政协副主席范明为第二名誉董事长；西安市原副市长、西安市顾问委员会副主任蒋锡白为第三名誉董事长。

范明（1914—2010），原名郝克勇，陕西临潼人。1932 年 4 月加入共青团。1937 年 10 月参加革命工作。1938 年 3 月加入中国共产党。曾任第 38 军中共地下党工委组织部部长、统战部部长、书记。1950 年 8 月，护送十世班禅进藏，任西北军政委员会驻班禅行辕代表。1951 年 3 月至 1952 年 1 月，任西北西藏工委书记、西北人民解放军进藏部队司令员兼政委。1952 年 1 月至 1958 年 8 月，任西藏工委副书记、书记处书记，西藏军区副政委、第一副政委，西藏自治区筹备委员会委员，西藏政协筹备委员会主席。1958 年"反右"，被打成"极右分子"，下放、关押长达 22 年。1980 年后，任第四、五届陕西省政协副主席。历任一届全国人大代表、中共八大代表，第六、七届全国政协委员。1955 年，被授予少将军衔。2010 年 2 月 23 日，在西安逝世，享年 96 岁。

西安市顾问委员会副主任蒋锡白被聘为培华女大第三名誉董事长

‖ 赵朴初题写校名 ‖

　　培华女大初期，校牌、校刊、公函、信笺等处的校名题字，并不统一，有多个不同的以毛笔书写的"培华女大"校名，在老照片及早期档案资料中，随处可见。这些校名题字的字体大多飘逸秀丽，颇有些女子柔和美好的气息。而最为著名的校名，当属著名书法家赵朴初先生所题的校名，沿用至今。

　　请赵老题写培华女大校名这件事，是全国政协副主席、中央统战部部长杨静仁特邀促成的。杨静仁的夫人早年曾在培华就读。

　　赵朴初（1907—2000），安徽安庆人。第六、七、八、九届全国政协副主席，中国民主促进会创始人之一，中国佛教协会会长，著名社会活动家。历任第一、二、三、四、五届全国人大代表，第一、二、三届全国政协委员，第四、五届全国政协常委。早年就读于苏州东吴大学。1928年后，任上海佛教净业社社长、四明银行行长。1938年后，任上海文化界救亡协会理事、上海慈联救济战区难民委员会常委兼收容股主任、上海净业流浪儿童教养院副院长、上海少年村村长。1949年，任上海临时联合救济委员会总干事，中国人

第六、七、八、九届全国政协副主席，中国民主促进会中央名誉主席，中国佛教协会会长，著名书法家赵朴初先生

民保卫世界和平委员会副主席。1950年后，任中国人民救济总会上海市分会副主席兼秘书长，华东民政部、人事部副部长，上海市人民政府政法委员会副主任。他一生始终躬亲慈善、救济、文化等社会活动事业，在海内外有极大的影响力。

　　2000年5月21日，赵朴初在北京逝世，享年93岁。他在遗嘱中表达生死观云："生固欣然，死亦无憾。花落还开，水流不断。

我分何有，谁欤安息。明月清风，不劳寻觅。"充分展现了他崇高脱俗的心灵境界。

赵朴初是著名的作家、诗人和书法大师。他对中国古典文学有着十分精湛的研究，在诗词曲和书法方面都达到了很高的造诣。他的书法作品俊朗神秀，在书法界久负盛名。

1985 年 9 月 22 日第 4 期《培华女大》，套红刊登了赵朴初题写的"西安培华女子大学"八个大字。

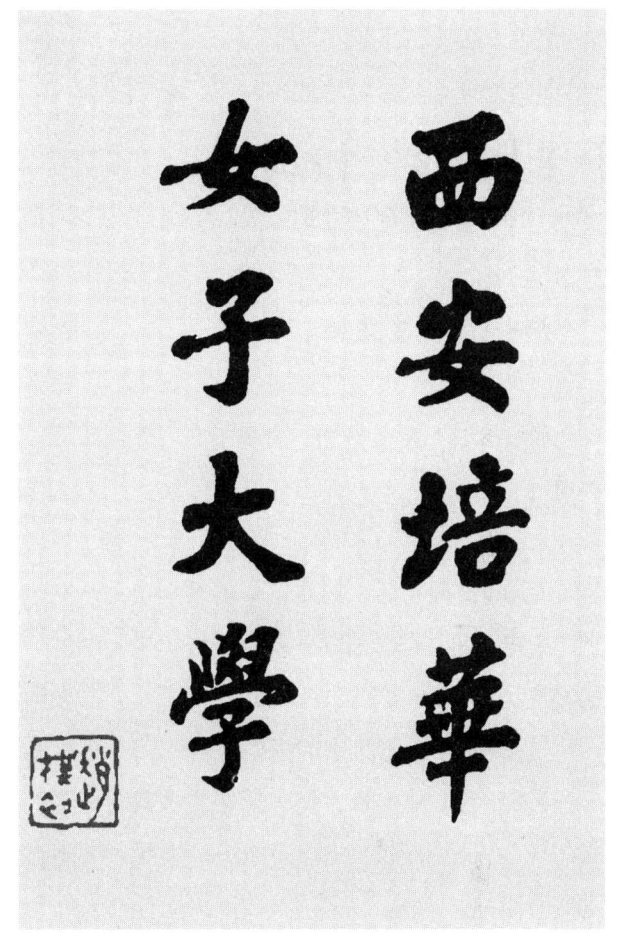

时任全国政协副主席、中国佛教协会会长赵朴初为西安培华女子大学题写校名。1985 年 9 月 22 日第 4 期《培华女大》校报以整版刊登了赵朴初题写的校名

║ "十六字" 校训 ║

培华的校训是 16 个字——

校誉至上　质量第一　自强不息　开拓前进

至今，这四句话镌刻在培华的教学楼上、校史馆里、纪念册中，以及培华师生的心底。

这 16 个字是怎么来的呢？

1985 年 1 月 4 日，在一篇题为《我是怎样为人民服务的》思想汇报中，姜维之阐述了这则校训的由来。还得从他任西安市第十三中学校长时说起。

"我是 1983 年 10 月 3 日被调到 13 中工作的。到校的前一个时期，13 中的声誉欠佳，部分好教师好学生外流现象时有发生。附近一所小学的班主任竟对学生讲：你要表现不好，就把你分到 13 中。教师们到医院看病也受歧视。这些情景都是和老师谈心中得知的，有的老教师谈到这些有损校誉的事情，真是痛心疾首，情不自禁地掉下了眼泪，同时也指出了问题

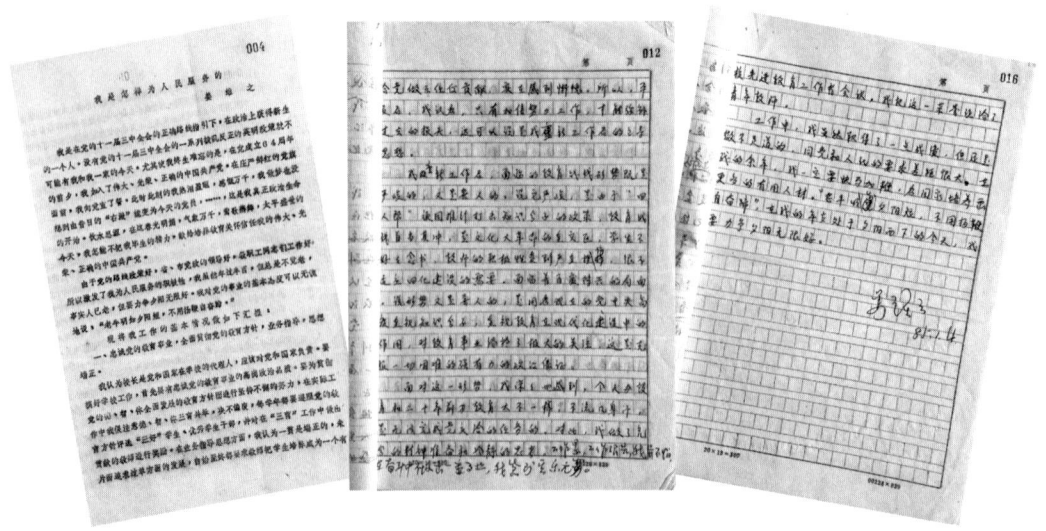

在 1985 年 1 月的这份思想汇报草稿中，姜维之补充写道："工作累，工作艰苦，我并不怕。在奋斗中做出一番事业，我感到其乐无穷。"

的症结所在。

"从这些情况看来，我们 13 中的老师同样具有中国知识分子的特点，他们热爱祖国，有自尊心，有荣誉感，他们对周围对于学校的不良反映是很不安的。

"于是，我在统一师生认识的基础上，提出了打翻身仗的号召，并拟定了两句口号：校誉至上，质量第一；自强不息，开拓前进。作为我们的行动准则。"

这 16 个字，并非仅仅从十三中的工作中总结提炼而出。作为一个继承老培华精神风骨的老教师，一个执着办学、历经 20 年坎坷磨难无怨无悔的知识分子，姜维之对"质量第一、自强不息"等 16 个字，有着一种刻骨的体验和深切的感知。于是，1984 年，西安培华女子大学恢复重建后，全力投身于女大工作的姜维之，即以这 16 个字的要求作为工作目标。但在当时，并没有明确提出以这四句话作为校训，颇有些"先做不说"的样子。

1987 年夏季，培华女大首届毕业生分配的过程中，一些用人单位委婉地向女大提出，学生专业面"过窄"，建议拓宽学生的知识结构，以利于更好地适应工作。姜维之敏感地重视到这一反馈。

在此后的几次会议上，姜维之直面学生专业及教学中存在的"只专不广，知识面窄"的问题。为引起师生重视，姜维之讲了一个小故事。1987 年 4 月，国家教委职教司副司长闻友信来培华视察工作时，姜维之向其汇报工作，提到"我们的治学标准是——校誉至上，质量第一，自强不息，开拓前进"。闻友信大为赞赏。

于是，这 16 个字，正式作为培华的办学理念，亦即校训，向全校师生公布，沿用至今，激励师生形成良好的校风。

1987 年 4 月 14 日，国家教委职教司副司长闻友信来培华视察工作。时任培华女大常务副校长姜维之在汇报工作时，第一次提出培华校训："校誉至上，质量第一，自强不息，开拓前进"

　　1987年10月,培华女大师生在大学南路校区举行庆祝建国38周年纪念活动。校园主席台背景墙上写着二十世纪八十年代的流行标语"五讲":讲文明、讲礼貌、讲卫生、讲秩序、讲道德

什么火、市场需要什么人才，就设什么专业、开什么课

培华女大创校初期的几大专业，都是当时市场最为需要的人才培养专业。比如中文秘书专业，在改革开放初期，不仅行政企事业单位需要这方面的人才，于二十世纪八十年代中期兴起的合资企业也大量需要文秘人才，再加上女子大学生源的特点，该专业成为培华女大办学初期的首选专业。

除了国家计划中的中文秘书、工业会计、计算机技术等一些专业正常教学以外，培华女大并未"满足"，还开拓了多种办学形式。什么火、市场需要什么人才、什么人才就业反馈好，就设什么专业、开什么课、办什么班。这在那个年代，尤为显眼，体现出培华女大较之一般老牌大学更为灵活、不拘一格的鲜明特点。

1989 年 8 月 7 日至 26

红粉笔在黑板上写四个大字，再画点儿花，就是所有的装饰了。同学们落座，与校长、老师们面对面——培华女大在二十世纪八十年代初期的开学典礼简朴而不失庄重

这张老照片也是二十世纪八十年代的一次开学典礼。四张红纸上写四个大字，开学典礼就开始了。姜维之身后有一台彩电，是用来收看教学节目的。那个年代，电视机并不普及，还很"金贵"，所以平时都罩着一个绣花的条绒布罩子

1993 级新生开学典礼。桌上摆放的盆景是九〇届毕业生送的"母校留念"

1993 级新生

到了二十世纪九十年代中期,培华女大搬到高新校区。新校区建有大会议室,开学典礼、毕业典礼以及平时开大会就在这里举行。红布横幅上的字,是用白纸剪成、别上去的,什么主题就剪什么字

日,受陕西省政府办公厅委托,女大开办全省政府系统第一期文秘人员培训班。当时,正值国务院办公厅发布《国家行政机关公文处理办法》、省政府办公厅印发《陕西省国家行政机关公文处理实施细则》,以期强化文秘工作,提高业务素质。

要说这次培训还是挺难的:参加培训的91名学员,来自陕西省政府各职能部门和直属机构,还有10个地市,30个县、区,以及铁路、交通、水利部门的4个驻陕单位。培训对象年龄最大的50岁,年纪轻的只有22岁;工龄有30年的,也有刚工作半年的;60%以上是大专学历,30%高中、中专;有处长、工程师,也有无职务、无职称的。

而开办这样的培训班,培华女大尚属首次,为此全力以赴投入。好在专业"对口",文秘是学校的"拿手好戏"。最终,省政府办公厅对培训结果非常满意,认为通过资格考试,提高

1995 级新生开学典礼

1996 级新生开学典礼

培华女大 1996 级的一名新生发言。尽管学校条件还很简陋，但当时培华女大的专业设置多为市场最"火"的，比如中文秘书、计算机技术，市场需要什么人才、什么人才就业反馈最好，就设什么专业、开什么课、办什么班。这在那个年代体现出培华女大较之一般老牌大学更为灵活、不拘一格的鲜明特点

培华女大注重设置市场需要的专业，紧抓教学质量，也很注重美育、德育的培养。这一切，都是为了黑板上方的那几个字——振兴培华

了政府部门文秘人员的整体水平。培华女大也觉得收获颇丰，积累了办学经验，扩大了学校影响。

不久，陕西省人民银行找上门来，委托培华女大举办该系统第一期文秘人员短期培训班。这又是一次检验办学美誉度的好机会。这一回，女大已是熟能生巧了。文秘培训班开设公文处理、公文种类及写作、公文立卷三门课程，理论授课与实际操作相结合，邀请经验丰富的一线工作人员介绍公文写作技巧，举办办公自动化专业讲座，还组织课堂讨论与答疑。结业座谈时，学员们都说，学与不学，大不一样；培华女大，名不虚传。陕西省人民银行送给培华女大一面锦旗，上书"桃蹊"，寓意桃李不言，下自成蹊。

1990 年 7 月 5 日,培华女大 88 级财务班毕业典礼。这是培华为新疆喀什地区定向培养的财务人才。财务班毕业生为学校送题为"花开天山 桃李芬芳"的锦旗

"不速之客" 赠送的小汽车和图书馆

培华成立初期，得到社会各界的关注。常常会有不速之客"闯"进校园，有的是参观，有的是谈事。有一天，就来了这么一位。他自称受香港一家公司委托，要给培华女大赠送几辆小汽车。

还有这样的好事？不几天，陕西省侨联证实了此事。原来，培华女大成立的消息也传到了港岛。香港德义企业贸易公司是一家从事汽车贸易的中型企业，公司董事长李伟闻讯当即给陕西省侨联写信，又委托专人到培华女大接头，转达了为大陆民办教育机构赠送交通工具的愿望。

后来，人们才知道，李伟系国民党将领李宗仁将军嫡孙。他在 1985 年 4 月 13 日的信中称："振兴中华教育事业，为祖国培养出更多的人才，是本人多年的夙愿。多次回国探亲访友，耳闻目睹，深感交通工具之不便。为此，本人愿捐赠丰田十二座面包汽车一辆和丰田小轿车两辆给西安培华女子大学，为培养出女性高级人才尽绵薄之力。"

陕西省侨联报请省政府同意接受捐赠，并于当年 7 月 1 日，以"〔1985〕陕政函字 118 号"文件发深圳海关免税放行。9 月 22 日，培华女大在西安市政府礼堂举行隆重的接车仪式。西安市顾问委员会副主任丛一平、市委常委韩同吉出席接车仪式并剪彩。

此后多年，这些车辆一直用于接送教师，为教学一线服务，给培华女大发展初期提供了交通便利。

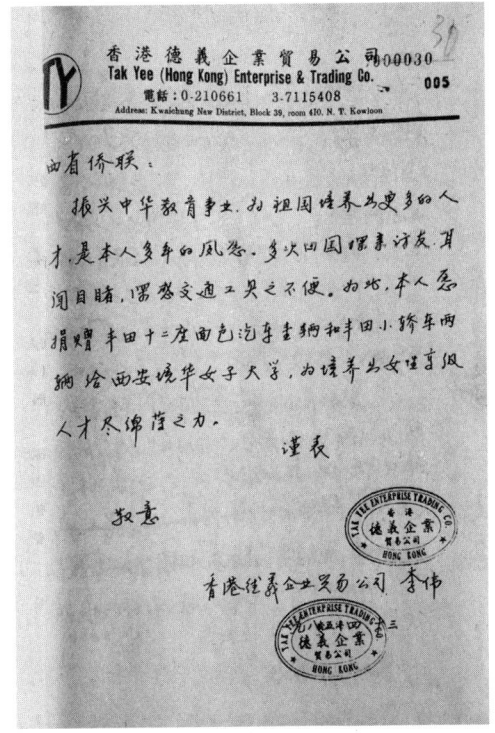

香港德义企业贸易公司董事长李伟致信陕西省侨联，表达捐助大陆教育事业的愿望

1985年9月22日,培华女大在西安市政府礼堂举行隆重的接车仪式

小轿车在那个年代还是稀罕物,从海关接车回来,驶向市委礼堂仪式现场时,沿路群众围观

停放在西安市委大院的受赠车辆,横幅上写着"衷心感谢港澳爱国同胞支持祖国教育事业"

香港德义企业贸易公司捐赠给培华女大的车辆,车身上喷印了日期"1985.7"及捐赠方、受赠方相关字样

喜事多多,好事连连。1985年7月,培华女大董事会副董事长、陕西省妇联副主任房玲向学校推荐了一个国际援助项目。

经过申请、洽谈,加拿大驻华使馆向培华资助了3万元经费,购置图书架10个、自然科学类图书5500册、社会科学类图书5000册、外语类图书近300册,其他图书3000册。培华女大图书馆的图书拥有量从零一下增至13800册,满足了当时教学与学习的需要,女大师生都很高兴。这是全国妇联成立以来首次获得的外国政府资助项目,具有里程碑意义。

姜维之是个细心人,他安排工作人员制作了一块大理石纪念牌匾,摆放在图书馆醒目位置,纪念加拿大驻华使馆的捐助,使后来人了解和珍惜中加人民的友谊。

加拿大驻华使馆捐赠培华女大的图书架

外宾在培华女大图书馆参观

培华女大学生在图书馆阅读

看起来还有些简陋的图书馆，图书拥有量突破了"0"，一下增至 13800 册

为纪念这一友好捐赠,培华女大制作了一块大理石纪念牌匾,摆放在图书馆醒目位置,只要进入图书馆就能看到

"123 校"磕碰出的矛盾催生了 "第一个五年计划"

培华女大创建之初的校舍系借用西安市第十三中学的，校址在西安南郊含光门外的大学南路 2 号。"大学南路"的"大学"指的是西北大学。培华女大与西大紧挨着，仅仅一墙之隔。

一墙之隔，办学条件却有天壤之别。还很简陋的培华，看重的正是周边高校的办学条件。附近还有西北工业大学、西安体育学院、陕西省团校、陕西省财贸干部学院等院校，文化氛围浓郁，师资及硬件设备利用比较方便。比如，开大会，常在团校礼堂；授课教师，有些从西工大聘请；学生的计算机上机课，也到周边一些高校去。

十三中不大，面积只有 12000 平方米。可这里容纳了三个不同时期建立的不同性质的学校。十三中是 1956 年由西安市政府设立的市属中学，当时已连续多年招生不理想。1983 年，也就是培华女大成立一年前，姜维之到十三中任校长。当年有个口号叫作"创新求变"。姜维之一看，中学招生不理想，那就顺势转型，成立了同属西安市教育局管辖的"培华高级职业中学"。那时候，创办高职是中学教育改革的方向，招生状况一下有了好转。一年后，新成立的民办培华女大又借用前楼教学。从此，小小的十三中形成"三校并立"的局面。校园里，有中学生、高职生，还有大学生，加起来近千人。有段时间，人们将此称为"123 校"——一套班子、两种体制、三块牌子。

三块牌子挤在一处，难免磕磕碰碰。

从培华女大这张老照片上，约略可以看出当时借居十三中的办学环境：平房、小操场……

陕西省、西安市教育主管部门对此也看法不一。陕西省教育厅一直将培华女大视为独立的办学实体。女大董事会也坚持校级领导班子是独立的，教师必须高标准，不能由中学教师来讲授大学课程。西安市教育局则一度强调十三中、高职、女大"三位一体"，主张教师可以给高职、女大都代课，缓解女大缺教师的问题。而且，有一种观点认为，在十三中基础上发展起来的高职，是中学改革的方向，不能因为女大影响高职的发展，不能以大学"挤"高职。这样，三校之间的主次、侧重等诸多矛盾，一时爆发。

而培华女大自身发展的一些问题，也逐年出现。比如，最初设立的三个专业，电子计算机、工业会计、中文秘书，能否持续办好，涉及教材的成熟、自有教师的稳定，以及毕业生就业状况等问题。相关课程的专业教师急缺，教学质量、教学研究、开展课外活动都受到很大影响。校舍条件差，教室、实验室不足，作为一所高校必需的硬件、软件设施都很不完备。教师办公室也拥挤，没有家属宿舍，影响教职工积极性。诸如此类，千头万绪，亟待解决。

1987 年，培华女大冬季越野赛，就在陵园路即现在的含光路北段——大马路上举行。姜维之和师生们一样，戴着帽子、穿着厚厚的大衣，站在马路边加油助阵

路边两棵梧桐树上系一根绳子，挂起"西安培华女子大学元旦越野赛"十几块红纸黄字，运动会就算开始了

1994 年，培华女大冬季越野赛。这张老照片上可以看到如今含光路北段中间的松树绿化带

1990 年，培华女大冬季越野赛

1994 年，培华女大冬季越野赛。发令枪响，大家就这样跑起来

会议室的长条椅搬到马路上摆成终点的隔离跑道，师生在两边助阵加油。如今看来很新鲜的事，有着那个时代的痕迹

西安市教育局党委召开扩大会议，培华女大董事会也多次开会研究。客观地说，女大成立初期得到了培华高职在场地、人力、物资等多方面的大力支持，而女大的壮大发展，对同时期成长的高职的确也有一定影响。一个校园里，"三校"并存，近千名学生"挤"在一处，教学、生活，相互干扰。长此以往，谁的发展都难免受限，甚至影响教学质量。培华女大发展势头良好，大家都有美好的预期，可这种状况，何谈规模效益？一个不得不有所突破的严峻现实，愈发紧迫地逼近。

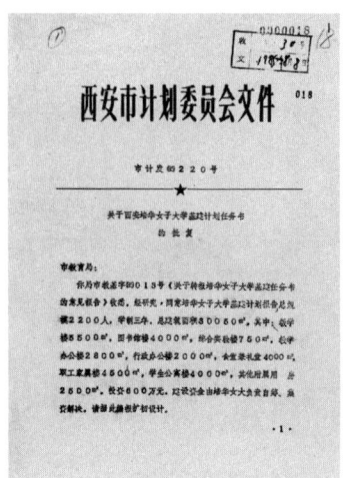
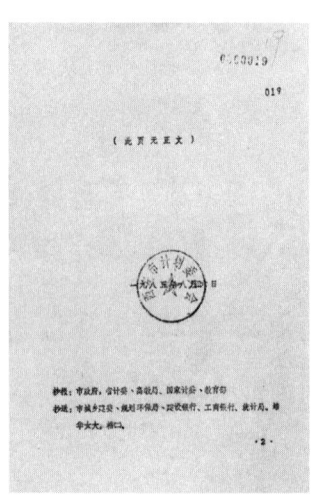

1985年8月6日，西安市计委同意培华女大建设新校园的"市计发〔1985〕220号"文件，这是陕西省民办高校的第一份"基建任务书"

必须马上酝酿建立新校——在培华女大创建尚不足一年的时候，这件大事就被磕磕碰碰的种种矛盾倒逼出来，最终提上了议事日程。

1985年5月，培华女大召集多次会议研讨，最终确立建设新校的计划。6月，培华通过西安市教育局向西安市计划委员会报告了建设新校园的意见书。8月6日，西安市计委"市计发〔1985〕220号"文件批复同意培华女大建设新校园，10年内规模为2200人，建筑总面积30050平方米，总投资600万元，建设资金由培华女大负责自筹、集资解决。

这份文件被培华视为落实"天字一号"文件的第一个子文件，也是陕西省民办高校的第一份基建任务书，它比二十世纪九十年代中期之后才兴起的民办院校建校高潮早了10年，从政府政策上突破了陕西民办高校租借房舍办校的历史。

但要真的建校，谈何容易。资金从何而来？"天字一号"文件明确说，"基建经费由办学董事会筹集资金和捐助解决"。姜维之带着同事到学校周边单位挨个求助，反复宣传女子教育的重要性，还去找昔日的学生"化缘"。这些学生看着老师头发花白，晚年还有这么高的创业热情，都出资给予支持，终于集资38万元——建校可不是这点钱就能撑起来。

大家想了很多辙。通过省高教局向教育部申请教育基金，费尽周折，未果；求助有关方面接办公司，中途作罢。历经种种挫折之后，姜维之冒出一个大胆的念头："化缘"终究是权宜之计，只有学校自己办企业，才能解决办学所需的长期稳定的资金来源。

这不是没有先例。历史上许多著名的私立学校都是由实业家创办的，学校背后有雄厚的实业支撑。民国时期的培华也是这样，边办学、边生产、边销售，挣的钱又反哺教育，形成循环，学校才得以正常运转，逐渐壮大。

1985 年 4 月，在很短的时间内，培华女大开办了培华实业公司，聘请经验丰富的行家担任经理，购销货物获利，积累建校资金。后来，还在北院门办起了培华招待所。真是把各种办法都想到了，各种方式都大胆地试过了。

但这还不算最大胆。

当时，适逢改革开放，中共中央、国务院召开第一次全国教育工作会议。1985 年 5 月 27 日，《中共中央关于教育体制改革的决定》发表。其中，明确提出要"鼓励集体、个人和其他社会力量办学"，鼓舞人心。1985 年 10 月，校长王宏基提议、

1985 年 5 月 27 日，影响深远的《中共中央关于教育体制改革的决定》发表

副校长姜维之主持，按照市计委"市计发〔1985〕220 号"文件精神，制订了培华发展的第一个五年计划。其主要内容有——

学校五年内学生人数达到 1000 人，专业由目前的 3 个增加到 6 个；

征地 60 亩作为基建用地，建设教学楼、教学办公楼、行政办公楼、图书馆楼、综合实验楼、职工家属楼、学生公寓楼、学生餐厅、体育活动场地及其他建筑，合计 18910 平方米，总造价 500 万元；

教职工暂定 295 人，其中教学人员150 人；

配齐能容纳一个班学生使用的电子计算机及全套附件的计算机房，能容纳 40人上课的外语语音教学设备，一套完整的电化教学设备；

每年增加 10000 册图书，馆藏图书达到 78000 册；

…………

这些数字，在当时的社会发展背景中，属于敢想敢为的宏大计划。可是董事会一些观念较传统的董事认为，这个规划还是太夸张了。有人提出，学校经商办企业，也"超越了文化人的能力范围"。结果，这一规划几经修改，在董事会研究了两次，勉强通过。

前路漫漫。看上去飘忽渺茫。

别忘了有个成语——事在人为。还有一句——为者常成，行者常至。

征地沙井村

建校。筹钱。制订计划。

建校要征地、筹钱。筹钱得多想办法。而制订的庞大计划，只有一一落实才能实现目标。

姜维之带着办公室雷福云等几名工作人员，开始为新校园的选址四处奔波。一连跑了两个月，在西安东郊沙坡、南郊烈士陵园南侧等处看了好几个地方，有的有现成的房子足可利用，可附近高校少，文化环境一般；有的距离市区很近，可地方太小，发展空间受限；只有西南郊的沙井村地段不错，附近将要开建高新技术产业开发区、电子城，潜力很大。董事会一研究，那就沙井村吧！征地，建新校！

事非经过不知难。

1985年12月18日，学校董事会以全体董事的名义致信时任陕西省委书记白纪年、副书记周雅光，汇报建校一年多的工作及问题。按照白纪年此前的嘱咐，信中报告了女大计划选址建新校的"重要事情"，寻求从上边批示解决最关键的土地和资金问题。

这封信很快得到白纪年、周雅光和主管教育的副省长林季周的批示。由于原信中提及私立培华女职学校等问题，林季周要求陕西省教育厅对此进行调查了解。

陕西省教育厅派专人查阅陕西省档案馆、西安市档案馆、西安市房地局的有关档案资料，还走访了相关单位及原私立培华女职的老教师、学生，形成了一份专题调查报告。这份报告厘清了早期培华的来龙去脉，确定了邵力子先生的贡献，认定

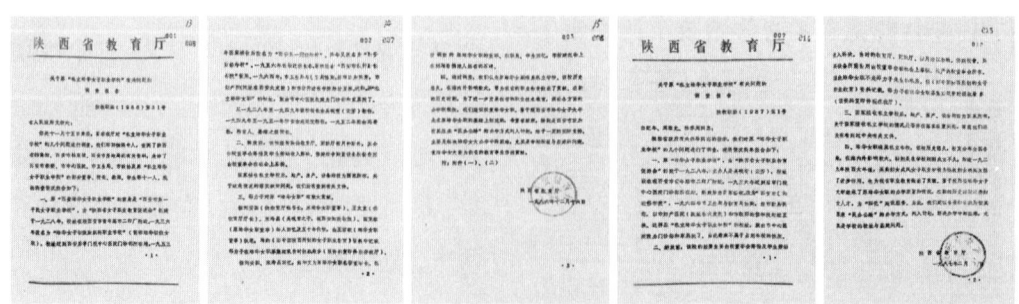

1986年12月16日，陕西省教育厅"陕教职函〔1986〕第31号"《关于原"私立培华女子职业学校"有关问题的调查报告》。1987年2月，陕西省教育厅以"陕教职函〔1987〕第1号"文件报告给省委领导白纪年、周雅光，省政府领导林季周

培华"历史悠久，在海内外影响较大"。

这份调查报告最后有一段"建议"，被培华赞为"神来之笔"："鉴于现在西安培华女子大学是在原培华女职的基础上创建的，希望省政府，特别是西安市政府按其原来'民办公助'的办学方式列入计划，给予一定的实际支持，主要是解决培华女大办学中的困难，尤其是学校校址与基建的问题，使培华女大能为我省的教育事业做出贡献。"

陕西省教育厅于1987年2月以"陕教职函〔1987〕第1号"文件报告给白纪年、周雅光、林季周。姜维之拿到这份报告和省委书记白纪年的批示，蹬着自行车，挨个造访政府职能部门，请求尽快批准征地、减免学校建设用地相关费用。

1986年12月，陕西省委副书记、西安市委书记董继昌询问培华女大征地基建进展情况。鉴于培华是陕西首所民办高校，是党的"多形式、多层次办学"的早期实践者，对陕西尤其是西安地区民办教育的发展具有重要的引导和推动作用，为扶持学校，使其在短期内得以成长和发展，董继昌批示将征地过程中的相关费用按政策予以减免，并批示有关部门给予征地工作的协助。

于是，西安市计委、规划局、征地办的负责人、具体办事机构的工作人员积极工作，使得征地的前期工作准备就绪，为建校奠定了基础。

1987年8月25日，陕西省人民政府以"陕地字〔1987〕第132号"审批土地件，批复西安市土地管理局"市建征字〔1986〕434号"报告，同意西安培华女子大学建设新校区。

西安培华女子大学建设新校址，规模为2200人，建筑面积30050平方米，征用西安市雁塔区山门口乡（后改为电子城街道办事处）沙井村委会鱼塘，第六、七村民小组菜地111.283亩。

地，终于征到了。

钱在哪？一时没有着落。

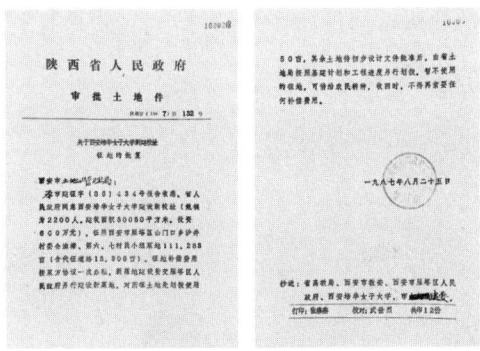

沙井村征地批复文件

1986年9月9日，培华女大名誉董事长傅学文为培华申请基建款项事宜所写的便笺

记者眼中的姜维之
——从有些失望到油然而生的敬意

办学这么难，困难这么多，为何还要干？是什么力量支撑着？姜维之的劲头何在？培华的信念何在？

只有一个答案：那一辈人有一种精神，一种投身热爱的事业再苦再累无怨无悔的执着精神，有一种坚持到底就是胜利的坚定信念。

姜维之的劲头何在？培华的信念何在？只有一个答案——投身热爱的教育事业，再苦再累，无怨无悔

当时，《科技·人才·市场》杂志的一名记者，听了陕西省教委主任刘炳琦大力推荐："到培华女大去，采访校长姜维之——那可是位有故事的老人！"记者慕名而去，"然而一见面不免有些失望：姜校长既没有国办大学校长之儒雅，更缺乏大多名人之倜傥。他的左眼已完全失明，右眼也仅有 0.4 的视力"。

可是，转变就发生在短暂的寒暄之后，"姜校长开始陪同我们参观学校，从学生宿舍到学生食堂，从微机室到图书馆，从赵朴初题写校名到社会各界对培华的支持"，这一路走下来，记者眼中的姜维之"几乎找不到老人的痕迹，他声音洪亮，思路清晰，侃侃而谈，如数家珍"。

"看得出，这位老校长对培华充满了感情。在陪同我们参观的过程中，他更多地是描述着培华的发展历程，而很少提及个人的遭遇和创业的艰辛——这不禁让我们对他的敬意油然而生。"

平时，姜维之总是一副乐呵呵的表情。从外表看，似乎看不出他遭遇过命运的折磨。他只是在一份题为《我是怎样为人民服务的》思想汇报中，语言平实又葆有真情地陈述了人生经历——

1956年夏，国家决定西安财经学校迁到长春。当时一些领导都不愿意去，嫌东北气候冷，离家远，生活条件不如西安。我就带了全家六口人和三位老师，第一批赴长春，进行建校工作。当时，我的四个孩子，大孩子九岁，小孩子才一岁多。到了东北，用了不到三个月，就将学校建立起来，秋季开了学。

我深深感到，今天办教育和二十多年前办教育大不一样，不流几身汗，是无法完成党交给的任务的。对此，我做了充分的精神准备和冷静思考。工作累，工作艰苦，我并不怕，在奋斗中做出一番事业，我感到其乐无穷。

沉浸在事业奋斗中的姜维之，在言及命运的浮沉时，只写了简简单单几句话："反右"时，被划为"右派"，劳动改造；"文革"，又被遣送原籍继续监督劳动。如此而已。

姜维之是不向命运低头的人。置身困境，毫不气馁。他在东北、在河南老家，白天劳动，晚上读马克思的《资本论》、读"毛选"，居然写了4万字的读书笔记和5万字的"劳改日记"。有一节日记是这样写的："学习毛选，使我切肤感受到知识分子改造的艰巨性和长期性。这使我想起了周总理说的他要'学到老、改造到老'的至理名言和伟大人格。谈起知识分子改造，这又使我想起苏联作家托尔斯泰在他的名著《苦难的历程》里的一段话：'在清水里泡三次，在血水里浴三次，在碱水里煮三次'，这形象地说明旧知识分子思想改造的艰巨性。我一定向这些伟人、名人学习，认真劳改，加倍磨砺，早日把自己锻炼成一块有用的钢铁。"

培华老校友、西安市人民检察院原检察长、西安市人大常委会原副主任魏毓博曾于2008年回忆，"文革"期间有一天，魏毓博在西安小寨遇到了姜维之老师，只见他穿着一身蓝色劳动布的工作服，胳膊下还夹了一把瓦刀，看上去精神还不错。魏毓博感慨，筹办培华女大时，姜维之已经58岁了，按照时下官场流行的套路，"四十七八，等着提拔；五十七八，等着回家"，"可他却反其道而行之，不遗余力，到处找他当年的学生，联络社会贤达，筹措经费，聘请教师，筹建学校"。

1989年10月，培华女大师生举行"祖国颂"歌咏比赛，庆祝建国40周年

1990年10月,培华女大举行"祖国颂"校园歌手、诗歌朗诵比赛,庆祝建国41周年

1992年10月,培华女大举行庆祝建国43周年纪念活动,姜维之为获奖者颁奖

经历了"清水""血水""碱水"整整20年的泡、浴、煮,姜维之也早该被锻造成一块"钢铁"了吧。就像他的学生亲眼见证的那样,姜维之以极大的热情重新投身教育事业,忘我地工作,仿佛要夺回白白流逝的那些时光。他言传身教,每逢建党纪念日、国庆纪念日,早早就筹备纪念活动。平日,更是重视学生的思想教育工作。

西安培华学院档案馆馆藏档案号为"1985MR1"的《培华女大姜维之校长

1989年冬,培华女大教职员工召开"学习《关于社会主义若干问题学习纲要》心得交流会"

1982至1997年各种级别的会议、报纸、评先事迹介绍材料》中,有一份铅印的《姜维之同志先进事迹简介》,有些先进事迹的字里行间被画上了淡蓝色的钢笔墨水横线,而在纸页空白处,还批注着一些圆珠笔字迹:"当时财校迁东北,其他领导不愿意去,我第一批带领家属去创办","工作累,我并不可怕","我们不能误人子弟"——这是姜维之真实的内心独白。

在这份《姜维之同志先进事迹简介》中,还讲述了一些具体的事例:创办培华女大时,条件艰苦,为了避免教职工上街排队,每逢节日,姜维之早早叮嘱总务处、工会为教职工集体采购肉、油、蛋,还有黄花、木耳、瓜果等副食品,冬季把蜂窝煤送到各办公室、教研组,夏季把竹帘子逐个给挂起来。解决教职工吃用生活问题,解决职工的后顾之忧,目的是一切为教学服务。

后来,姜维之又发起动议办了校办企业,也使教职工待业子女有了工作。调整姜维之笔迹："当时财校迁东北，其他领导不愿意去，我第一批带领家属去创办"，"工作累，我并不可怕"，"我们不能误人子弟"——这是姜维之真实的内心独白

教职工的住房，从 9 平方米调整到 18 平方米，又调到 27 平方米。对离退休教师、职工也给予关怀。姜维之说，不能人走茶凉，而要问寒问暖。他常说做到"三个一样"：在政治上和在职职工一样关怀，在生活上和在职职工一样关心，在应该享受的福利上和在职职工一样待遇。退休教职工很感动。离休教师薛晓春身体不好，但只要学校有事找他，他从不推辞。退休教师曹祥云毫不保留地把自己几十年的教学教案供青年教师学习参考。退休职工张芳利用暑假帮助学校整理图书，乐此不疲。"学校这样关心我们，我们也要为学校献余热。"

姜维之见了普通教工，首先打招呼。老师们都说，过去，人与人之间的关系冷冰冰，现在，热腾腾！大家对姜维之的评价是："勇挑重担，任劳任怨，工作第一，他人第一，平易近人，治学有方，是我们的好校长。"

1985 年 6 月，姜维之加入了中国共产党。这一年，他 59 岁了。在一份《我是怎样为人民服务的》思想汇报中，这位老人如此表明心迹："在党的长期教育培养下，我一贯坚持三个基本观点：一是坚决贯彻党的教育方针，不辜负上级对我的期望；二是坚决依靠广大教职工办学，变教工的离心力为向心力，甘心情愿做师生的服务员；三是坚持言传身教的原则，严于律己，把'己身不正，焉能正人'这句话作为自己的座右铭。

"没有党的十一届三中全会的一系列拨乱反正的英明政策，就不可能有我和我一家的今天。尤其使我终生难忘的是，在党成立 64 周年的前夕，我加入了中国共产党。在庄严的党旗面前，我向党宣了誓。此时此刻的我热泪盈眶，感慨万千。做梦也没有想到，昔日的'右派'能变为今天的党员……饮水思源，我怎么能不把我毕生的精力献给培养教育关怀信任我的伟大光荣正确的中国共产党。"

岁月的磨难摧垮了姜维之的身体，尤其是眼疾，很重。他在《我是怎样为人民服务的》思想汇报中说："近一年来，我

由于只顾工作，忽视健康，致使左眼耽误治病而失明。但是我为能干出一番事业，感到其乐无穷。"

大家都关心姜维之的健康。培华女大名誉董事长傅学文老人每次来信，都要询问他的眼疾。1988 年 6 月 2 日的信中说："临别时，我曾嘱你应及时进医院，诊治眼疾，这对你今后的事业和生活，关系非常重要。不知你已否住院治疗，进展情况如何，我放心不下，特写此信，盼即示复。"同年 8 月 20 日，傅学文又来信："姜副校长的眼疾已治愈否？念念！并请代为问候！"

一度，姜维之的眼疾有好转的迹象。傅学文在同年 9 月 12 日的信中说："知道你的眼疾已将痊愈，我心中放下一块石头，我认为这件事比什么都重要，因为学校你负着千斤重担，如目疾不愈，就对学

姜维之说："我做梦也没有想到，昔日的'右派'能变为今天的党员……饮水思源，我怎么能不把我毕生的精力献给培养教育关怀信任我的伟大光荣正确的中国共产党。"

校是大大的阻碍，祝你身体健康，眼力早日恢复。"

可是，整天趴在工作上，为培华的发展奔波，姜维之的病情耽误得太久了，最终，左眼失明了。姜维之还是坚持工作，直到生命的最后。

1994 年 10 月，培华女大举行庆祝建国 45 周年歌咏比赛，姜维之登台参加合唱《没有共产党就没有新中国》

‖ 首届毕业典礼 ‖

就在沙井村征地基建紧锣密鼓推进的时候，培华女大的第一届学生毕业了。

尽管是民办高校，但培华自创建之初，就抓紧教学质量毫不放松。《西安晚报》当时有篇报道，称赞培华女大学生在实习中显现出平时的教学质量，学生还没毕业，就有二十多个单位预订。这篇报道介绍了培华女大采取淘汰制和学分制，三门课不及格不予升级，并以八四级工业会计为例，计算技术课学习结束后，经省珠算协会测定，合格率达 100%。中文秘书专业学生在西安市信访局实习，学生的思想素质和办事能力均受到好评。

从严治校，这是培华的根本。1986年中，有一次，副校长姜维之去北京向名誉董事长傅学文汇报学校教学、学生政治思想工作及学习情况。傅学文特别对培华从严治校给予了肯定。她对姜维之说："教学质量可是关系到学校生命、前途至关重要的问题。眼看明年第一届学生就要毕业了，要继续狠抓教育质量，加强政治思想工作。希望学生不辜负党的培养，服从祖国需要，到艰苦的地方去。"

虽说当初明文"不包分配"，但对于当年这所陕西唯一的民办高校的首届毕业生，各方面均非常重视。西安市政府要求计委、教委、人事局联合发文，向市级及各区县的委、办、局，推荐培华女大毕业生。陕西省劳动人事厅也很重视女大首届毕业生，会同西安市人事局对其三个专业 245 名

培华女大学生风采

姜维之与培华女大学生

毕业生在全省范围内进行安置。培华女大当时也出台规定,毕业生学习成绩排在前三名者,可以挑选工作单位,其他学生结合志愿按成绩排名次序分配。

最终,首届毕业生全部达到毕业要求,领取大专文凭,被妥善分配安置。其中,省直单位机械厅、石化厅各7人,经贸委3人,电子厅、冶金厅、纺织工业公司、供销总社、建筑总公司、医药局、出版社各1人,中央

培华女大首届毕业典礼会场。时任西安晚报记者王世梅(前排左2)采访了这场活动。2018年6月,王世梅回忆30多年前的往事:"当时,姜维之先生不仅仅把我当作记者,更是当朋友一样,交流沟通办培华女大的事,一些情景至今历历在目。"

驻陕单位国防工办6人,兵器工业局12人,煤炭厅5人,西北电管局、总后工厂管理局各3人,邮电十所、省公安厅各1人,西安市市级委、办、局53人,西安市当时的7区6县66人,还有3名学生留校……首届毕业生分配工作,基本达到了社会、学生、家长"三满意"。

1987年7月11日下午,陕西省团校礼堂。西安培华女大首届毕业典礼隆重举行。陕西省委副书记、西安市委书记董继昌,省人大常委会副主任刘力贞,省政协副主席刘刚民、胡景儒,省委组织部副部长习正宁,省委统战部副部长白海兰,西安市政协副主席权秉华等省市领导及各界来宾、培华师生共500余人参加大会。

引人注目的是毕业典礼会场的几副对联,颇为符合一所高校的气质和文化内涵。其中一副是——

撷终南风骨渭水精神民族道
范现代文明铸三秦闺秀之魂魄
　　仗国家扶持政协提倡社会集
资同行协助创千年不朽之业绩

　　另一副对联是——

　　三载走读栉风沐雨无懈意
　　一朝出嫁经国安邦有奇才

　　常务副校长姜维之首先宣读
全国政协常委、培华女大名誉董
事长傅学文老人的贺信："特请
维之同志代我向首届毕业诸同学
表达我的热烈祝贺之忱。希望她
们出校以后，为祖国统一、振兴
中华做出贡献，不负老师们的辛
苦教导。请代向老师们的夙夜勤
劳，表达我的衷心感谢之忱！"
　　培华女大校长王宏基教授做
工作报告。之后，应届毕业生中
秘84级学生朗读了致大会的献
词。《培华女大》校刊1987年7
月20日第9期报道了致献词及
毕业典礼上的其他环节。几十年
后再读这些文字，一幕幕场景如
在眼前。
　　"这些姑娘们神采奕奕，精
神抖擞地走上主席台，以她们充
满青春的活力和热情的诗的语
言，感情充沛地向培育她们的这

培华女大首届毕业典礼主席台，陕西省委副书
记、西安市委书记董继昌，省人大常委会副主任刘力
贞，省政协副主席刘刚民、胡景儒，省委组织部副部
长习正宁，省委统战部副部长白海兰，西安市政协副
主席权秉华等省市领导出席典礼

常务副校长姜维之(左1)宣读全国政协常委、培
华女大名誉董事长傅学文老人的贺信

　　1987 年 7 月 11 日下午，陕西省团校礼堂。培华女大校长王宏基在首届毕业典礼上做工作报告

　　1987 年 7 月 11 日，培华女大首届毕业生合影

个摇篮表达了无限热爱和眷恋之情。

"校长王宏基、副校长沈慧俐向毕业生颁发了毕业证书。学生们捧着绿色烫金的毕业证书时显示出她们内心的喜悦和激动。她们深深地懂得,这是党对女青年的关怀,是老师辛勤教诲的结晶。她们高举毕业证书向台上台下表示谢忱,同时也表示了她们献身四化的决心。

"大会期间,记者专门采访了立志赴边远地区奉献自己青春的应届毕业生郑琳琦等同学。"

毕业典礼的最后一项,是"毕业生代表向大会表决心"。《培华女大》校刊上刊载了这篇"决心书"——

"三年前,当我们怀着激动和喜悦的心情跨进女大的校门时,迎接我们的只是简单的教学设备和艰苦的学习环境,然而,我们没有灰心,更没有沮丧,我们明白作为一个新成立的学校的第一批学员,我们的身上肩负着'第一炮'的重任。忘不了年过花甲的老校长,忘不了为了我们的成长而四处奔波、辛勤操劳的每一位领导、每一位老师……

"三年来的刻苦攻读、孜孜求索,使我们掌握了较深的知识,取得了优良的学习成绩。回想起来,学习条件虽然艰苦,但我们却创造了良好的学风和校风,不断探索,一步步地前进,为第一炮打得响打下了坚实的基础。

"我们渴望早日成才,渴望能早日投身于火热的'四化'建设中去,早日报效祖国。不要因为我们是女儿,女儿更有女儿志。我们虽不敢说我们能够做多少惊人的宏伟大业,但我们有信心有能力为祖国的建设尽我们最大的努力贡献我们的聪明才智。

"愿我们的母校腾飞!"

毕业生合影 一九八七年七月十一日

1988年7月30日,培华女大举行1988届毕业典礼。典礼是借用陕西省团校会议室召开的,当时毕业生不多,一间小小的会议室就坐满了

毕业典礼来宾级别都很高。这位老前辈是陕西省政协原副主席、培华女大第二名誉董事长范明

培华女大当时隶属于西安市,副市长陈怀孝也来参加毕业典礼,祝贺培华女大学子成才

领导来宾坐在课桌拼成的"主席台"中间,而培华女大校长王宏基(左1)、副校长姜维之(左2)坐在一侧

绿色封面的毕业证一摞摞厚厚地摆放着,即将发给台下的毕业生们。注意到了吗——毕业生坐的椅子上有"团省委"字样

马上就要领到毕业证书了,培华女大1988届的毕业生有些激动

1989 届毕业典礼，沉甸甸的毕业证书

1990 年，培华女大毕业典礼

1990 届毕业典礼，沉甸甸的毕业证书

1992 届毕业典礼，毕业生给母校送了一面风景画镜框作为留念，落款是"八九级全体毕业生"

1993 年，培华女大毕业典礼。引人注意的是，主持讲话的副校长姜维之面前，还放着他的黑色公文包；桌上还摆着可口可乐易拉罐饮料，那时刚刚流行起来

1993 届毕业典礼，毕业生给母校送了一面立式镜子作为留念

西安培华女子大学八九届毕业生合影留念 1989.7.12

西安培华女子大学一九九〇届毕业生合影 一九九〇年七月

西安培华女子大学九三届毕业生留念 九三年七月

这是二十世纪八十年代初期至九十年代初期的培华女大毕业生合影:学生越来越多,从全都是女生到渐渐出现男生,照片款识体现出专业设置的市场化

"姊妹学校"派出赴日留学生

二十世纪八十年代初期,中国的国门刚刚打开,"老外"还是个罕见的"事物"。大街上如果出现金黄头发、蓝绿眼珠、大鼻子的外宾,肯定会被围观。

可在当年的培华女大,这真不是什么稀罕事,隔三岔五有外宾来访。仅在成立短短一年时间内,就有国外的7个代表团前来访问,以教育界、妇女界居多——

1984年8月,日本私立大学协会代表团来访;

同月,世界银行访华团来访;

9月,日本滋贺大学吉田贞夫教授来访;

10月,法国妇女权利部部长依韦特·鲁蒂夫人来访;

1985年4月,联邦德国德中友协妇女代表团来访;

…………

此后,国外代表团来访交流更为频密。其中,日本成安女子短期大学和培华女大的交往最为深入。

成安女子短期大学是日本京都的一所

1984年8月17日,世界银行访华团彼德斯·沙以德先生(左)访问培华女大,与副校长姜维之(中)交谈

培华女大恢复创建初期,捷共中央妇女代表团来培华参观。校长王宏基(右)、副校长姜维之(左)介绍培华女大的情况。刚刚恢复创建的女大,校园氛围恰如教室黑板横幅上的书法作品——"壮志凌云"

1984年10月12日，法国妇女权利部部长依韦特·鲁蒂夫人访问培华女大

1989年，日本京都橘女子大学访问培华女大，培华赠送了一面"友谊长存"的锦旗

培华女大恢复创建初期，隔三岔五就有外宾来访，要见姜维之，听他说说民办教育的事情

1991年3月2日，日本京都橘女子大学师生一行50人访问培华女大，并与培华师生联欢

"友谊万古长青"

私立大学。西安和京都，早在 1974 年 5 月即结为友好城市，官方及民间的交往都很多。1987 年初，西安市外事办公室向培华女大介绍了这所学校。原来，成安女大提出想与西安相同类型的学校建立友好交流关系。培华女大认为，两所学校"在争取妇女权益、提高妇女社会地位的事业中，有共同特点"，因此，通过市外办向成安转达愿与其结为"姊妹学校"的诚意，并发出邀请。当年 9 月 7 日，日本京都成安女子短期大学访问团一行 6 人，在成安学园理事长井筒奥兵卫先生带领下，来西安培华女大访问。

1987 年 9 月 7 日，日本京都成安女子短期大学访问团团长、成安学园理事长井筒奥兵卫先生(左 2)到访，培华女大副校长姜维之还穿着中山装，一看就是那个时代的衣着

看当时的老照片，培华女大在大学南路 2 号的校园还很简陋，但欢迎仪式不失热烈。师生们在校门口鼓掌迎接。日本客人身着西装，而副校长姜维之等中方人员都还穿着中山装，一看就是那个时代的衣着。

姜维之在致辞中表达了愿与成安女大开展互惠交流的意愿，以促进西安和京都两座古都的友好交往。他介绍了培华女大的学制、专业、管理等工作，也谈了学校近期发展的设想，拟增设工艺美术、服装设计专业，弥补西安地区这方面人才的不足。而这几个拟设的专业，正是成安女大的强项。在友好融洽的氛围中，姜维之与成安理事长井筒奥兵卫先生、学长大森正一先生就两校结为"姊妹学校"很快达成共识。

1987 年 9 月 8 日，西安培华女子大学与日本京都成安女子短期大学在西安人民大厦举行《友好交流协议》签字仪式。协议要点是——

双方交流教学及学校管理等方面的经验，交换图书、教材、学术研究资料。

两校为互派留学生而努力。条件成熟时，双方将各自接受对方的留学生。名额每年不超过 4 人。

两校将根据需要，为互派教师讲学或进修而努力。

为推进两校友好关系的发展，双方还将进行其他有益的交流合作。

日本友人在西安访问期间,受到西安市副市长陈怀孝接见。此后,培华女大与成安女大交流更为频繁,信件常来常往。

1988年7月,姜维之受邀回访日本,收获颇丰。在1987年《友好交流协议》的基础上,两校就互派留学生事宜签订补充协议——

从1991年起,培华女大向成安女大派遣留学生,学习服装设计专业和工艺美术专业,各两名,学制两年。成安待双方条件成熟时,也将根据自己学校的需要,向培华派出同样人数的留学生。

往返路费由派出学校负担。留学期间的学杂、食宿、医疗保健以及该专业必需的实习、考察、学习用具、图书资料等费用,均由接受学校供给。留学生的生活零用费用,也由接受学校以奖学金名义按月发给。两校议定,成安每月发给每名留学生三万日元。培华待成安正式选派留学生时,再议定所发的具体费用。

1987年9月8日,培华女大与日本京都成安女子短期大学在西安人民大厦举行《友好交流协议》签字仪式。成安学园理事长井筒奥兵衛先生(前左)与姜维之代表各自学校签字

日本《京都新闻》的报道

1988年7月,姜维之访问日本京都成安女子大学,签订《互派留学生的补充协议》

补充协议还就住宿、安全、假期考察等方面进行了细致的议定。中日两国的两所私立大学，为了学生学习发展，为了给国家培养人才，心态诚恳，都愿做出精神与物质的付出。

1990年10月，按照成安女大"学生入学资格"条件和日语学习能力，经过两轮严格选拔，培华女大从服装设计专业选出4名学生作为首批赴日留学生，并于1992年赴日留学。

此后至2001年，除1997年为保证派遣质量，未挑出符合的合格学生外，培华女大每年都向成安派出留学生。他们是——

1992年，贾红燕、李鸿敏、李果、江东红；

1993年，贺欣、段红、张宁、陈波；

1994年，邵璐、王海毅、石睿、姬蓓蓓；

1995年，孙青、雷耀琴、刘迎、李丽娟；

培华女大赴日留学生与校长姜维之在培华校门前

1996年，郭蕾、王丽娜；

1998年，俞磊、任培培；

1999年，杨寒、赵春宁；

2000年，杨璐、肖航；

2001年，罗琦。

这些留学生大多按照约定留学期满回国，其中贺欣、段红、张宁、邵璐、王海毅、石睿、姬蓓蓓、李丽娟、郭蕾、王丽娜先后回校任教，为学校建设和发展做出应有的贡献。

2000年4月，因日方的推辞及成安大学的并校更名，这段友好交流历史暂告一段落。

1992年，培华女大留学生在日本成安女子短期大学

一个老人的遗嘱与"力学奖学金"

1989 年春，一封来自北京红霞公寓的信笺寄到了西安大学南路 2 号培华女大。信是写给"维之副校长"的，蓝色的圆珠笔写就，只有一页半。姜维之读着读着，心头阵阵暖热。

维之副校长：

你好！我们自京都话别后，忽忽半年多了，不知你的眼疾有无变化，深以为念。

培华女大全体师生，在你的指导下，想必逐步发展。我因路隔千里之外，不能帮你分劳，确感有愧。现在我想为培华女大成立一个奖学基金委员会，定名"力学"，将基金每年存款的利息取出，作奖励前十名优秀学生的助学金之用，为国培养人才，以了我一生为教育事业做出一点力所能及的心愿。

培华是民办公助学校，经费来源有困难。我将解放以来，每年所储蓄的工资，待我死后全部捐赠培华女校，作"力学奖学基金"。如你赞同，请先筹划聘请几位基金委员会委员，说明不要他们出钱，仅请他们管理这笔基金，将它用在刀刃上，使培华女大的学生苗壮成才。

我今推荐谈维煦、刘良湛、杨拯英三人为基金会委员，你是当然委员，其他人请你就近物色，增添若干。

请便中为"力学奖学基金"，拟个计划，定个宗旨，以便我对海外亲朋呼吁，为基金添砖加瓦。

此祝

近安！

傅学文

1989 年 4 月 14 日

姜维之感动不已，遂回信说："培华有傅老的名望已经十分荣幸了，哪敢让老人捐款……"傅学文于当年 4 月 28 日再来信催促，称此事系慎重考虑，坚持捐出积蓄，设立奖学基金。

维之同志：

你好！寄来培华女大 88（1988）年工作总结及 89（1989）年工作计划都收到，请勿念。感谢你领导全校师生在校舍简陋、师资紧缺、设备不全、经济严重不足的极其艰苦的条件下，结合学校的具体情况，迎着困难坚定不移地走教育改革的道路，在政治思想、学校管理及教学工作都取得显著的成绩。在事实面前，不但学

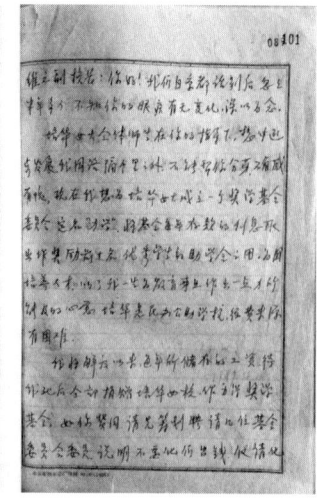
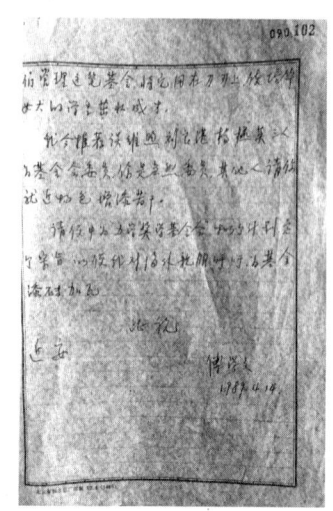

傅学文女士1989年4月14日致信姜维之,首次提出设立力学奖学金事宜

生和家长感到满意,而且还得到社会上的支持,这是难能可贵的。没有全心全意为人民服务的精神,是不可能做到这样的,全校师生们的干劲,使我十分感动。

谢谢你和其他有关同志商量一下,为培华"力学"奖学金基金会拟个宗旨及计划。这也是我能为鼓励学生勤奋好学、积极向上,培养人才,所尽之微力。请多保重。

祝

安好!

傅学文

1989年4月28日

姜维之明白,奖学基金名为"力学",正是邵力子先生与傅学文女士名字中各取了一个字。姜维之注意到,傅学文甚至在"为培华'力学'奖学金基金会拟个宗旨及计划"一行字下,还着重画了一条线。字里行间,尤显老人一片赤子之心和对培华的殷切希望。

事关重大,恭敬不如从命。姜维之郑重地在这封信上写了一行字:"请抓紧拟订'力学'奖学金宗旨及计划。姜2/5。"按照傅老的嘱托,培华女大起草了《力学奖学基金章程(草案)》,并寄往北京请傅老审阅。

西安培华学院档案室珍藏着十数封傅学文与姜维之的往来信件。这份《力学奖学基金章程(草案)》,附在1989年8月27日的一封信之后。《力学奖学基金章程(草案)》明确设立力学奖学金的宗旨是:"促进培华女大学生的学习意志,鼓励她们为实现四化、振兴中华而勤奋学习,积极向上,努力进取,立志成才。"

傅学文女士当年已86岁高龄。就在提议设立力学奖学金的这一年年末,她在预立遗嘱中也郑重地写了这件事——

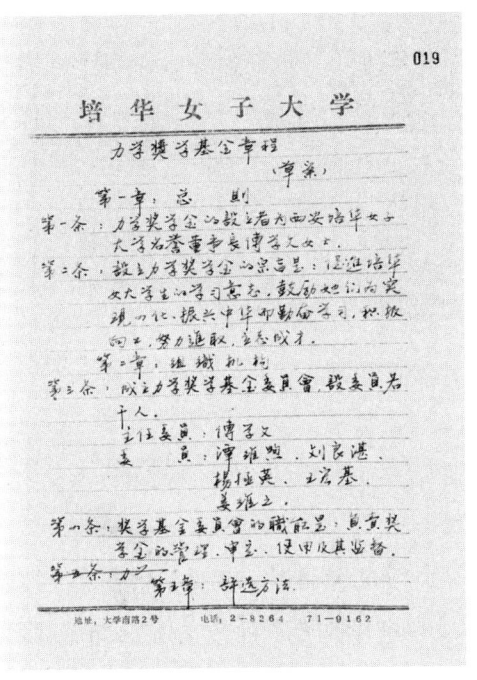

《力学奖学基金章程（草案）》

落地风扇、洗衣机、收音机等，一并送给北京老人乐园之用。

5. 其他家具，床、沙发、书柜、桌椅等物，都给士英女与刘阿姨为要。另我已替刘阿姨存五千元养老金，早交她保管，这是给她晚年的生活零用钱，因她陪伴我几十年了。

6. 我死后不用开追悼会。人生总有一死，把骨灰撒在江湖里，让鱼虾饱餐一顿。恳请民革中央照办，至为感谢。

傅学文

1989 年 12 月 4 日写

恭请沈求我和张千伊二位作证明人。

三百余字的遗嘱，感人至深。

我今年已八十六岁，身体尚健康，唯脑力目力日感衰退，决定早把遗言写下为好。

1. 我如得不治之症而死，请将我躯体交给医生解剖研究，作为我对医学上的最后贡献。

2. 我的全部书籍捐赠江苏省宜兴市图书馆，以供群众阅览，方便读者查考资料之用，这是我多年的夙愿。

3. 我工作数十年，勤俭节约所积存之款，全部捐赠陕西省西安市培华女子大学，做"力学"基金委员会奖学基金，为促进学生努力奋斗，培养更多优秀人才，振兴中华，这是我生平心愿。

4. 关于家用电器，电视机、冰箱、

傅学文遗嘱

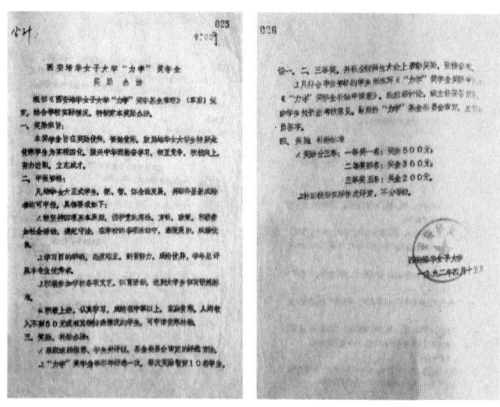

《"力学"奖学金奖励办法》及当年媒体的报道

傅学文老人写下遗嘱之后的几年，身体状况大不如前，唯豁达开朗一如既往。

1991年春节过后，姜维之到北京红霞公寓看望傅学文老人。傅老88岁了，身染重病，精神尚佳。她听了学校发展近况，心情很好，拉着姜维之的双手，说："我一生都想着为祖国的教育事业多做点事，现在机会不多了，将来你们多辛苦。咱们以前说好的捐款的事，要赶快办，我的日子不多了。"老人略作沉思："今天就办！"

傅学文当即打电话请来民革中央机关的沈求我、张千伊二位作为见证人，亲自把包括利息在内的65341.1元的存款，交给了姜维之。傅老叮嘱道："这是我对培华最后的心意！今后就按'章程'来办。希望学校好好发展，希望学子早日成才！"

1992年4月15日，培华女大按照《力学奖学基金章程》，制定公布了《"力学"奖学金奖励办法》。当年6月、7月，进行了奖学金评选工作，9月，举行首次力学奖学金颁奖大会。4名学生获奖。一等奖学金1名，奖金500元；二等奖学金1名，奖金300元；三等奖学金2名，奖金各200元。

遗憾的是，傅学文老人没能亲临颁奖大会。那时，她已经病得很重了。两个月后，1992年11月19日，傅学文老人在北京逝世，终年90岁。

傅学文女士的一生，两度与培华结缘。在生命的最后，她仍然关注着培华的发展。她激励培华学子刻苦求学、立志成才的精神，以力学奖学金的高尚形式在培华生根、发扬、传承。

首届力学奖学金获奖学生

姜维之在颁奖大会上讲述"力学
奖学金"的由来，勉力培华学子奋发
向上

1992 年 9 月，培华女大首届力学奖学金颁奖大会举行。遗憾的是，病重的傅学文老人没
能亲临颁奖大会

面临险境与突破徘徊

（1991—1994）

　　培华恢复创建初期，虽然白手起家，条件简陋，遭遇各种未曾预料的困难，但却呈现出那个时代的向上气息，也可谓天时、地利、人和：政府支持，贤达云集，从无到有，声誉日隆。尤其是专业设置对路、教学质量颇高，初期培养的数千名合格专才，是绝好的口碑，为培华的继续发展，也为陕西地区民办教育的迅速崛起，提供经验、独具示范，成绩巨大。

　　只是，成绩一旦取得，也就成为过去，而机遇稍纵即逝，即便一时抓住，也不能永远当饭吃。培华越向前走，遇到的难点越多：政府协调、资金筹措、专家型董事会应对困难缺乏经验……面临一个又一个险境，似乎只能踟蹰徘徊。

　　好在做出了抉择。及时，又正确。

　　时过境迁，回望来路，就会清晰地发现，在紧要关头，这是多么重要，多么难得。

吃到一张红牌！

任何事物的发展都不可能总是一帆风顺。有努力，有收获，有成绩，还会有意料不到的困难。由于资金迟迟未能筹措到位，培华女大第一个五年计划中的新校园建设，一度停滞。而国家教育主管部门开始严查高校的办学条件，整顿高校招生秩序，一旦有未达标项目，就要限制学校招生。这可是一个"杀手锏"。培华女大感受到一种无形的压力。

其实，培华女大在学校的各项建设中很努力了。1987年，学校并未因新校建设暂时搁浅影响其他工作，而是及时调整工作重点，强化并改革内部管理，尽全力迎接国家教委整顿部分高校验收关口。1990年，在一次西安市教委对培华女大的专项检查验收中，16项指标，除"校舍面积"由于资金缺乏未能如期完成外，其他指标培华女大全部符合要求。

但发展中的困扰还是突如其来。

1988年11月，西安市根据市属高校当时的状况，提出拟将几所大学合并，发出了"并校"讨论方案。这份方案认为，"市属几所高校办学条件差、规模小、专业设置重复、师资力量分散、办学经费不足"，因此，"拟将西安师专、西安大学、培华女大三所高校合并为一所综合大学"，以便"统一管理和投资，集中精力管好和办好这一所大学"。看起来，这是一个通过整合谋求更好发展的方案。

女大董事会对此非常重视，召开会议专题讨论。结果，持

二十世纪八十年代初期，培华女大恢复创建时，办学条件极为艰苦——一块黑板、几根粉笔，就开课了

赞成与反对两种意见的都大有人在。赞成者认为，学校建立到今天，出现了很多困扰发展的问题，合并不失为一个好办法，可一举突破难关。反对者认为，女大是党的"多层次、多形式办学"的新生事物，应继续存在。一时有困难，应想办法解决，渡过难关，前景一定光明。两派意见，难分伯仲。

姜维之是个不服输的人，不畏困难。他多次找主管教育工作的副市长，阐明培华作为陕西省、西安市教育界改革开放的一面窗户，在国内外的影响，请求政府维护学校的民办性质和办学独立性。而且，培华女大当时已经征到沙井村的一百多亩土地，正在建设新校，具备继续发展的基础。姜维之说："培华目前的困难，我们自己克服，学校一定会取得发展。"

持续了两个多月，搞得人心惶惶沸沸扬扬的"并校风波"终于在1989年元月尘埃落定。市长办公会研究决定，培华女大不参与合并，"维持现状"，"培华下一步是如何办好的问题"。

但困难仍然悬而未决。培华当时的老员工回忆，那个时期，学校的会议明显减少，能上会讨论的问题也不多了，几个老问题始终得不到解决，大家心里都着急。办法也想了、试了，能真正实施有效果的不多。

受当时大环境的影响，在"预报1991年招生计划"时，女大根据办学能力，缩减了招生计划，英语专业停招，仅有服

培华女大恢复创建时，办学条件极为简陋。大部分是走读生，少数住校生就把教室当宿舍，前后都有一块大黑板，课桌拼起来当床，白天就围着床铺讨论学业。虽然条件艰苦，但学习劲头十足

装、汉语言文学、会计学三个专业计划各招50人。

要命的事情马上来了。1990年10月，国家教委在上海召开全国高等学校招生计划工作布置会。会后没过几天，陕西省教委通报了一个情况：上海招生计划会给全国十几所高校1991年招生亮了"红牌"，其中包括培华女大！

"红牌"，就是"停止招生"的代名词！

1991年7月23日,姜维之到服装班查看教学进展。他与富有经验的老教师交流,还鼓励学生,条件艰苦是一时的,总会想办法改善,但是学习不能因此放松,要把知识学到手,早日成才

雪上加霜!连续几年,女大招生指标已经被减少,在校生数量明显下降。如今,"红牌"亮起,这是将学校置于绝境。

姜维之又一次急赴北京。他直接找到国家教委相关部门负责人,当面陈情。自1987年陕西省政府批准培华女大征地建设新校区,基建"拓荒"工作始终没停。这正是需要"鼓气"的节骨眼上,怎么反倒给学校"泄气"呢?民办学校的发展就这么难吗?姜维之动之以情,希望教育主管部门能理解为教育改革寻求发展新路的创业者的苦衷,允许培华继续招生,支持全国最早创建的民办高校,把这项实验搞下去!搞成功!

国家教委相关部门负责人听完汇报,对姜维之说,暂停招生不是学校停办,这丝毫不是压你们。培华是全国第一批民办大学,陕西省和西安市都替你们说话,这

样做,只是想敦促你们赶快上基建,提升办学条件。末了,这位负责人说:"只要你们有行动,给教委打报告,马上批准你们招生!"

姜维之听到这句话,马上告辞,返回西安。此时距1991年招生只剩半年时间了。无论如何,都必须恢复招生。姜维之找来了几位培华财校的老校友,委托他们设法融资;与一家建筑工程公司签约,争取开春动工;又与沙井村谈圈地进场动工意向。两个月时间,基建工作的几个重要环节都有所推进。西安市教委特事快办,用了3天起草《关于培华女大1991年继续招生的请示》文件,迅速上报国家教委。

1991年3月,国家教委同意女大继续招生,但名额限制为100名。女大只好"砍掉"汉语言文学专业招生计划,只招收财会和服装设计两专业各50人。

第一张"红牌",有惊无险,算是暂时解决了。

谁料想,喘息未定,第二张"红牌",接踵而至。

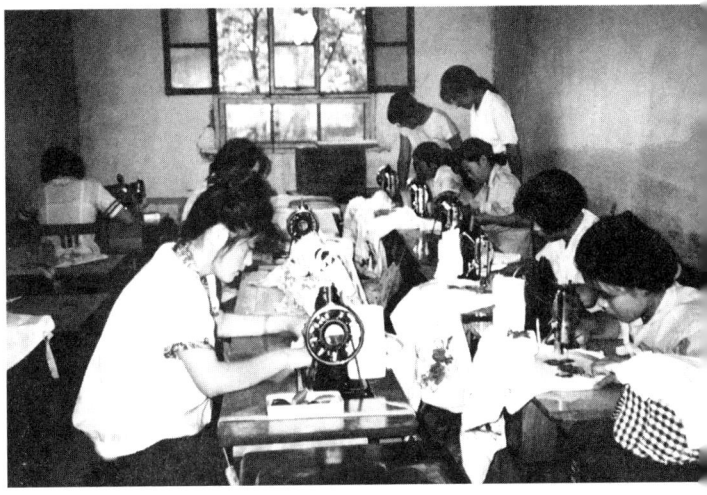

当时，培华女大的办学条件确实艰苦：教室很简陋，天花板是苇席搭成的，照明不过是一盏昏暗的灯泡，但从学生的表情能看出什么——学习的动力，以及那个年代特有的气质

日本友人参观培华女大服装裁剪班，感慨尽管条件艰苦，学业依然精进

又吃一张红牌！

第二张"红牌"，是国家教委在沈阳召开的全国招生计划会上传来的坏消息：1992年，培华女大，停止招生。

这一次，任凭陕西省、西安市以及培华多方求情，阐明利害，都无济于事。教委说什么也不再通融，明确指出："不见新楼，不恢复招生。"

1992年，培华女大没有招生。这是自建校以来，培华办学最艰难的岁月。

紧接着，西安市土地局告知，新批土地已超过三年未动工，不再办理延期手续，限期动工，否则收回土地。

另外，上级主管部门对学校实施限制措施，公助拨款部分实行"总额控制"，教职工"只出不进"，以致教职工的情绪受到很大影响。

还有更糟的：培华女大一直借用十三中、培华高职的前楼办学，此时，培华高职提出，高职扩大规模需要使用前楼，女大必须限期搬出。

屋漏偏逢连夜雨，船迟又遇打头风。

这么短的时间里，所有的厄运一个接一个地袭来，打击得培华喘不过气来，人人都感受到一种无法承受的压抑。

校长姜维之的内心应该也很苦，但他悠悠地吟出两句诗——

山重水复疑无路，
柳暗花明又一村。

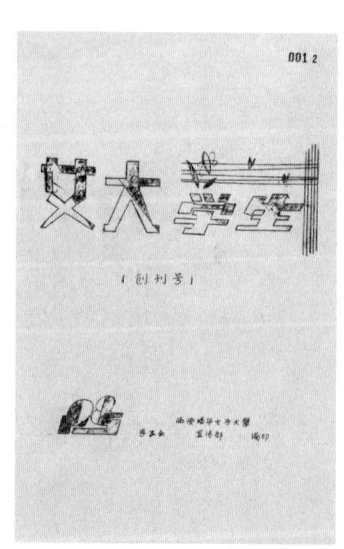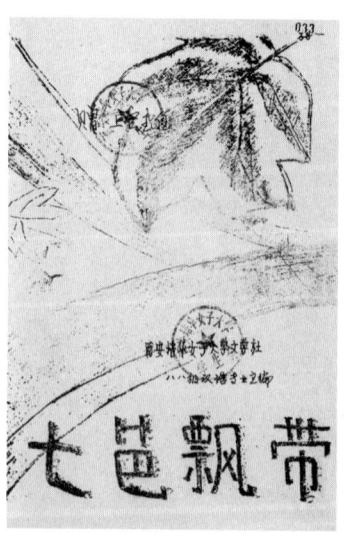

简陋的条件——刻印蜡版、油印的培华女大学生刊物，是学生奋发的写照

办学条件再艰苦，学业也不能因此懈怠。1992 年暑假，在经费非常困难的情况下，培华女大安排学生赴云南进行社会实践

培华女大学生赴云南社会实践归来的苗族服饰展

第二届董事会改组，马文瑞受聘名誉董事长

就在连续"吃"到两张"红牌"的中间，培华女大董事会进行了改组。

第一届董事会自1984年恢复建校成立，到1990年，已组建7年。首届董事会是"专家董事会"，可谓各路贤达云集，社会知名度高，对教育事业的热情高，大家齐心协力，克服困难，坚持自主办学，紧抓教学质量，为社会培养了数千名合格人才，成绩巨大。

但董事总体观念比较传统，应变能力不足。当然，当时的整体形势也比较复杂，民办高校是新生事物，谁也没有经验，以致在应对诸如政府协调、资金筹措等需要突破的难点问题时，往往是一介文人一筹莫展。

到这届董事会的后几年，培华女大遭遇诸多困难，发展缓慢，一些董事渐渐对培华的前景失去信心，有的表示无暇顾及，借故隐身。而姜维之一如既往，不遗余力地四处奔波，信心不减。

1990年，已从原工作单位西北工业大学退休的王宏基教授，准备回老家上海定居休养，遂提出辞去培华董事长及校长的职务。王宏基教授在离开前，与董事会董事一一沟通，建议调整改组，推举新的掌门人。

在第二届董事会筹备阶段，按照王宏基的安排，董事会工作暂由刘良湛和姜维

培华女大首任校长王宏基教授在一次会议上讲话。王宏基先生1990年辞去培华董事长及校长职务，回老家定居休养，于1996年12月10日在上海病逝

之共同负责。紧接着，就发生了"吃红牌"停止招生的紧急情况。姜维之急赴北京，费尽口舌陈情，终于化险为夷。

1991年5月下旬，副董事长刘良湛主持董事会会议。副董事长、常务副校长姜维之汇报接到第一张"红牌"后的北京之行、争取重新批准招生的经过，以及学校发展的基建等问题。刘良湛对姜维之的汇报大为赞赏，说："王老离开西安时说了几句至关重要的话，其中谈到改组董事会。我的理解就是吸收年轻一些具有开拓精神、能办实事的人。姜维之为学校出了很大力，我们大家很佩服！他热心为教育，他的学生也来资助，我们不行啊……建议董事长人选推举一位年轻点的，校长一职就请姜维之干，以他为主组成学校领导班子，没有人能吃这个现成饭呀！"

1991年6月7日，培华女大董事会在陕西省邮电招待所召开第二届董事会议。会议选举通过第二届董事会组成人员和新的学校领导班子。名单如下——

刘良湛（1911—2002），江西泰和人。1929年考入上海交通大学土木工程专业。1933年毕业，保送到美国康奈尔大学留学。次年，获土木工程硕士学位。1935年底回国，参加修建粤汉、成渝、京赣、湖桂、天成等铁路，主持修建康青、川康和南疆公路。1949年9月，与陶峙岳将军等联名通电起义。历任西北军政委员会交通部副部长、西北行政委员会交通局局长、中央交通部技术局副局长等职。1958年，任西安公路学院副院长。民革第五、六届中央委员，陕西省委第五届副主委、陕西省第六届政协副主席。2002年7月21日逝世，享年91岁。

西安培华女子大学第二届董事会

名誉董事长：	傅学文	范 明	蒋锡白	沈尚贤	任希禹	沈慧俐
董 事 长：	刘良湛					
副董事长：	姜维之（常务）	刘 刚	党川贵	房 玲	张富洲	
董 事：	游兆泳	康继昌	傅正阳	丁芙英	朱楚珠	刘世爵
	马蕊然	曹湘茹	刘甫生	刘汉中	樊保善	杨定中
	刘俊明	熊则男				
秘 书 长：	张富洲（兼）					

西安培华女子大学领导成员名单

顾　　　问：刘良湛　沈尚贤　刘　刚

名 誉 校 长：王宏基

校　　　长：姜维之

副 校 长：张富洲

第二届董事会确立了姜维之在董事会和学校工作中的主要领导地位，把培华发展的希望和困难，一起压在他的肩上。

1993 年 5 月下旬，培华女大校长姜维之去北京联系工作期间，受到刚刚卸任的全国政协副主席马文瑞的接见。

1984 年，培华女大建校时，马文瑞时任陕西省委第一书记。此次在京接见姜维之，马文瑞详细询问了培华的发展状况。谈话持续了一个多小时，气氛融洽。马文瑞建议学校"取消公助部分，彻底实行民办，成为全国民办高校的典型"。

姜维之此次北京之行有件重要的事情，就是聘请马文瑞担任学校的名誉董事长。马文瑞说，之前有几个单位都来聘请他出任名誉职务，他没应允。"培华是教育事业，可以考虑。"半个月后，1993 年6 月初，马文瑞让秘书打电话给姜维之，"决定接受培华女大的聘请，担任学校董事会名誉董事长"。

马文瑞是培华女大历史上迄今职级最高的领导干部。

1992 年，姜维之（左）在培华女大第二届董事会换届选举会上

1991 年，姜维之被培华女大董事会任命为校长

1993 年 5 月，全国政协原副主席马文瑞接见培华女大校长姜维之

　　马文瑞（1912—2004），陕西子洲人。1926 年参加革命工作，加入共青团。1928 年，转为中共党员。西北革命根据地的主要领导人之一。曾任中共中央西北局副书记兼组织部部长，国家计委副主任，中共中央党校副校长，陕西省委第一书记、省人大常委会主任，第六、七届全国政协副主席。2004 年 1 月 3 日，在北京逝世，享年 92 岁。

▌ 高新校区开工典礼 ▌

成功的人，是做足了准备，抓住了机遇。尤其是在一筹莫展的困境中，不放弃，不颓废，而是敏锐地察觉机遇，抓住最为有利的时机。

就在培华女大屡遭打击，一时陷入困境的时候，中国发生了一件影响深远的大事。1992年春，邓小平到南方视察时，发表一系列谈话，阐明改革开放、加快发展

1992年3月26日《深圳特区报》一版头条《东方风来满眼春》记录了邓小平在深圳视察时所做的重要谈话

的思路。中国社会各阶层各领域受到启发，新一轮改革席卷全国。

姜维之豁然开朗。他很激动，把《东方风来满眼春》和中央文件读了又读，对同事们说："这就对了！培华女大的发展机遇来了，我们要抓住！可不要放过去！"

其实，发展停滞的困难，并不是培华一家的遭遇。培华的个案，多少折射出当时大环境的问题。在一定程度上说明国家教育本身不够强，亟须提高、加速发展的现状。当年11月，全国高等教育工作会议明确提出高等教育的发展方针："规模要有较大发展，质量要上新的台阶，效益要有明显提高，结构要更加合理。"

面对这一即将发生的转变机遇，姜维之此时的作为，凸显出他在培华生存的关键时刻对重大问题的敏锐判断与掌控能力。

姜维之迅速召集全校中层干部召开会议，宣布几项重要的工作方案，以期女大走出困境。其中的举措有：扩大非学历教育规模，加强培训部工作力度，弥补停招减少的学生数量和经济损失；开展职业技术教育，完善学校多层次办学体制；坚定"两条腿走路"的办学思路，走出"以产

养教，产教结合"的办学新路；完善内部机制改革，加强教学；挖掘教学潜力，为外省培养人才。最重要的一条：姜维之决定亲自抓基建，集中精力突破资金难关，与建筑单位联建新校，各取所需，实现双赢。

1992 年秋，姜维之又一次去北京，向名誉董事长傅学文女士汇报女大建设进展及工作方案。傅老给当年莫斯科中山大学的老同学、时任国家主席杨尚昆打电话，争取对培华女大的关照。杨尚昆特别关心教育，听完电话，即向国家教委授意派员去培华实地察看，尽可能在政策范围内支持民办高校的发展。随后，国家教委相关司局负责人与培华联系，约定于 1993 年春季开学后，来校察看办学条件改善情况。

眼看国家教委要来察看，总不能摊着一堆困难吧。怎么行动起来，有所改善，姜维之犯了愁。

一开始，沙井村新征地的基建工作进展得不太顺利。1989 年春节后，姜维之、基建负责人到沙井村商议，试图开春后在被征土地上圈建围墙。一个多小时的谈话，没结果。村里始终坚持要把余款交清，才能圈地，没有回旋余地。最终错过了开春基建的时机。此后一段时间，学校维护稳定，进行清理整顿，一下就到了 1992 年，各行业都在新一轮发展机遇中寻求突破。培华发展的突破口，正是如何建设新校区。

1992 年初，一个偶然的机会来了。

当时，校长姜维之委托其长子姜哲想

1992 年 11 月，加拿大驻华使馆官员来培华女大参观，全国妇联外联部主任安保琴女士同行。从外表看，姜维之还是那样乐呵呵的，看不出他其实承担着巨大的压力

办法筹资。姜哲是西安市广播电台记者，培华建校时的一些报道，就是他采写广为传播的。

有一天，姜哲经友人介绍，结识了香港商人李幼广。闲谈中，姜哲聊起了培华女大，说到他的父亲姜维之先生，都快70岁了，还在四处奔波，痴心办学。李幼广一听，大为感动，当即表示愿为培华建设出资出力。

李幼广在香港经营着一家不大不小的企业——香港太阳汽车贸易公司，在大陆有其"代言人"西安新汇房地产开发公司。李幼广表示，捐赠200万元人民币给培华，作为图书馆的建设资金；新汇公司还可垫资建设新校区。

就这样，似乎在不经意间，培华新校区基建工作一下有了眉目。历时半年，几经商议，双方顺利敲定《西安培华女子大学新校区建设方案》，共同组建的"基建办公室"于当年11月下旬进驻现场。姜维之构想的"用开发换校园"计划开始实施。

1993年1月8日，瑞雪纷飞。西安南郊沙井村北一片旷野上却是热闹欢腾。"西安培华女大新校区奠基暨香港爱国人士李幼广先生捐资仪式"隆重举行。陕西省、西安市的党委、政府、人大、政协领导到场祝贺。校长姜维之对李幼广先生爱国捐助教育的义举表示感谢。西安市公证处现场对李幼广捐赠过程进行法律公证。

姜维之长子姜哲是西安市广播电台记者

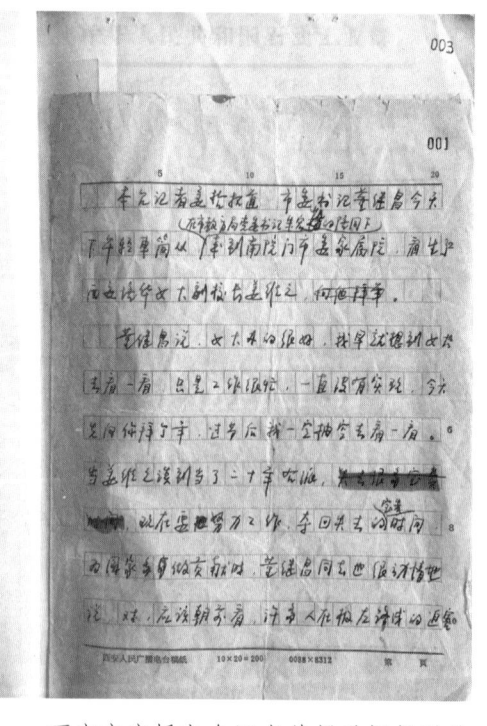

西安市广播电台记者姜哲采播报道的文字稿（西安市委书记董继昌春节看望培华女大副校长姜维之）

1993年1月，西安市副市长姜信真（右）接见香港爱国人士李幼广（中），培华女大校长姜维之（左）感谢李幼广爱国捐助教育的义举

天寒地冻的旷野上热闹欢腾——西安南郊沙井村北培华女大新校区奠基暨香港爱国人士李幼广先生捐资仪式

各界来宾与捐资教育的香港爱国人士李幼广（左3）及培华女大校长姜维之（右）一起铲土奠基

挖掘机、装载机系着红绸红花，马上开工

数十台大型挖掘机、装载机系着红绸红花，在现场400余人的热烈掌声中启动、轰鸣。建筑公司的一名副经理操纵一台挖掘机挖起了新校园高新校区建设的第一铲土。沙井村100多名村民装扮起来的锣鼓秧歌队，也敲起锣、打起鼓，载歌载舞，热烈喜庆。

十几家新闻媒体报道了培华女大高新校区建设的消息。这是陕西省乃至西部地区第一个用自有资金建设的民办大学校园。

1993年4月初，国家教委高教司负责人如约来西安，察看培华女大高新校区建设情况。在热火朝天的建设工地，目睹女大办学条件的建设、改善，又现场征求陕西省、西安市主管部门负责人的意见后，北京来员当场表态，要将培华的实际

沙井村百余村民组织锣鼓秧歌队前来舞狮助兴

情况向国家教委领导汇报，争取恢复培华女大当年的招生资格。

同年7月，国家教委高教司负责人再次专程来西安察看培华女大高新校区建设进度，当场拍板，恢复培华招生。于是，1993年秋季，在停招一年后，培华女大绝处逢生，国家教委当年下达招生指标50名。

终于，连"吃"两张"红牌"警告、一年停招的波折风停雨住。培华又一次渡过劫难，转危为安，可以向着新的办学目标前进了。

送走国家教委的客人，姜维之没有回家，他又回到办公室，说他想要静静坐一会儿。结果，姜维之疲惫地坐着睡着了。

一片旷野，孕育着明天

培华师生与姜维之（右4）、李幼广（左4）留影，大家都满怀憧憬

1994年5月5日，80岁高龄的日本社会党京都本部原高级顾问水上七雄先生（左3）受培华女大校长姜维之（左4）邀请来培华访问。水上先生是西安与京都缔结为友好城市的牵线人

建公司、开银行，"以产养教"大手笔

姜维之当年说过一些话，在教育界很轰动——

在中国，要成为一个合格的大学校长，首先要能筹得到办学经费。

办学不是经商，但办学必须有钱。

公办大学有国家拨款，民办大学就得靠自己赚。民办大学比公办大学多一件事，创业。

此前，为筹措新校区的基建资金，姜维之多次往北京跑。常常是刚从国家教委出来，又进了国家计委的大门，要不然就一头扎进全国妇联，还有科委，几乎能想到的国家部委和机构都跑遍了，陈情、诉说，希望获得支持帮助，得到的仅是杯水车薪。有一次，培华女大内部开会，姜维之回顾筹款办学的艰难历程，颇为感慨地说："那一年，全国记者采访团来我们学校，我说过一句话，民办学校要有'自

强不息，开拓前进'的精神，不然什么事情也办不成。看来，今后一定要坚持这一点。"

培华女大"第一个五年计划"执行的前三年，基建筹资计划执行得非常不理想，设想的几个筹资渠道都行不通。有的校办企业非但没有给办学提供资金，还差点把学校拖进泥潭。培华实业公司因此停办。学校"以商养校"的建校设想中途流产。资金缺口太大，地款支付不了，基建计划无法推进，一拖好几年。

香港爱国人士的捐赠支持，终于推动高新校区基建，但这毕竟是可遇不可求的事情。学校发展，总有资金问题，将来就

1992 年，培华女大联合其他建设单位共建新校址高新校区

不一定能碰到这样的好事。而"好事"也不见得真好。高新校区基建进程中，建设公司擅自发布售楼告示，企图"发教育财"，非法侵占培华女大的利益。费尽周折，最终女大成功维权，可耗费了精力不说，还耽搁半年多时间，延误了工期。培华高职偏偏又在此时下了"驱逐令"，最终勉强同意女大再"客居"一年，条件是必须全部搬到第三层楼，让出一、二层。堂堂一所大学，屈居在一层楼里，经历了"排挤"的老培华人，难忘艰难。

新校区建设维权之难，老校区寄人篱下之辱，从这些事中，姜维之愈发清晰地感受到陶行知先生那句话——

滴自己的汗，
吃自己的饭，
自己的事自己干。
靠人，
靠天，
靠祖上，
不算是英雄好汉。

姜维之吸取以往有些盲目的办企业的教训，修改"以商养学"的目标，采取"以需建

培华校办企业西安通达房地产开发公司开业典礼，姜维之任总经理

通达房地产开发公司是为建设培华高新校区而成立的，图为高新校区沙盘

姜维之校长（右2）与夫人侯惠芝、大森正一先生（左2）、姜哲先生（左1）

企、以企解困"的方法，走"以产养教"的建校道路。很快，培华女大连续成立两个校产企业——西安通达房地产开发公司、西安培华科工贸公司。紧接着，按照当时的政策，申请成立西安培华城市信用社。

西安通达房地产开发公司，即为建设高新校区而成立。姜维之任总经理把握全局，聘请精通管理的工程师姜哲任副总经理，主管公司业务，负责高新校区工程的全面建设。

西安培华科工贸公司，是为高新校区建设提供物资材料及配备教学设施的校办企业。姜维之任总经理，另聘他人管理日常业务。

西安培华城市信用社，是经正式批准设立的民间股份金融机构，也是新中国成立后唯一一所由教育机构出资兴办的金融机构。业务管理归中国人民银行西安市分行，日常经营由市分行指派主任全面负责，其大股份由培华女大参股、控股。姜维之任董事长。培华城市信用社是西安市批准成立的最后一个城市金融机构，两年后，国家整顿金融市场，它被并入西安市合作银行（相继更名为西安市商业银行、西安

银行），培华的身份由"东家"变成"股东"，失去对信用社的实际控制权。但就在这短短的一年多时间，培华城市信用社为高新校区建设融资起到至关重要的作用。

通达地产公司直接承建高新校区的十余万平方米建设项目，运用西安培华城市信用社和相关建设单位的大量融资，几年内就建成校园主要建筑和生活区几栋住宅楼，为培华女大的发展奠定了坚实的基础。

后来，在总结高新校区的建设经验时，有这样一种评价："培华女大建成的高新校区，是陕西普通高等学校发展史上第一个依靠学校自身力量融资建起的大学校园。姜维之创造性地建立三个校办企业，运用市场杠杆和项目优势，链接成校园建设的三大要素，支撑了整个建设过程的每一环节，在竞争十分激烈的社会有限资源分配过程中，先入为主，抢占先机，游刃有余，坦然前进，将办学人的自身能力发挥到极致，可谓高明之举。"

姜维之与培华闯出的"以产养学，产教结合""用办经济实体的方法来维系学校运行"的办学模式，成为民办高校发展的成功范例，被誉为大手笔、大魄力的"培华模式"。

推行聘任制，拒绝"大锅饭"，
思想政治课也不放松

培华女大创建初期，教职工大多由主管上级公派，按当时的说法，身份是"全民"，工资福利待遇与国家事业单位公职人员等同。此后一段时间，学校人事"冻结"，人员只出不进，以致有些教职工调离，有的则选择停薪留职，员工总数迅速减少。对此，女大进行内部改革，推行聘任制，拒绝大锅饭。

当时，正是计划经济体制转型到市场经济体制的时期。女大以拥有"自主用人权"的"三定、两聘"方式，"定编、定岗、定任务"，"校、处两级聘任"，打破传统的"官本位"，同时，向社会公开招聘一批有能力、有经验、愿奉献的管理人员，学校管理效率得以提高。

推行聘任制以后，配套的分配制度改革也提上日程。培华女大提出"勤绩挂钩，拉开差距，突出重点，奖罚分明，逐步提高"的分配原则，建立全新的国家工资和校内津贴双规运行的"结构工资制"，把个人利益与学校效益连在一起。这一分配制度，责、权、利充分结合，融入竞争、激励机制，克服平均主义，调动教职工的工作热情。培华女大还建立考核、考

1994年11月12日，培华女大举办了一次特别的爱国主义教育演讲大赛——大赛是在仍在建设中的高新校区操场上露天举行的，演讲者充满激情，学生倾听得很投入，评委老师也极为认真，就连远处建筑材料沙堆上干活的工人，也被培华学子的爱国激情所吸引

培华女大94会计班学生狄琳演讲

勤等各项制度，保证相关制度顺利推行。

在这一系列内部机制改革的同时，培华女大推进理论教育课与思想品德修养课"两课"教学的实践，以加强课程改革。1989年9月，女大成立马列主义教研室，傅正阳任主任。

培华女大校长姜维之非常重视思想理论政治课。

1990年，姜维之在一次教职工大会上明确提出，学校一定要把德育教育放在第一位，旗帜鲜明地进行马列主义教育，广泛深入地进行爱国主义教育。

每年假期，培华女大都组织学生到延安老区，聆听老红军、老区人民的故事，实地进行革命传统教育。学校还组织服装专业学生到陕南及甘肃、云南等地采风，开阔学生的眼界，锻炼学生适应社会的能力，学生、家长、学校三方都很满意。

培华女大自1984年创建至1994年搬到高新校区，在大学南路2号持续了十年，"两课"教学始终如一。

1991年7月,培华女大召开座谈会纪念中国共产党成立七十周年

培华女大 1989 级汉语语言班赴延安参观学习,在王家坪革命纪念馆前合影

培华女大 1989 级汉语语言班在延安听老红军鲍李信做革命传统教育报告

培华女大邀请英模来校演讲"学雷锋、讲奉献"

1995年4月29日,培华女大盐城服装班赴延安进行社会实践

培华女大盐城服装班在延安齐唱《东方红》

培华女大盐城服装班在延安革命纪念馆前留影

1992年5月,作家贾平凹(右2)受邀在培华女大纪念《毛泽东在延安文艺座谈会上的讲话》发表50周年活动中演讲

迁入新校，老校长请大伙吃了一顿羊肉泡馍

1994 年 7 月，培华女大高新校区主楼终于建成交工。持续几年的基建也发生了一些故事，比如因建筑资质的问题，中途合同终止，更换建筑公司。好在新校园终于建成，就要交付使用了。

此前一个月，中国教育界又有一件大事。1994 年 6 月中旬，全国教育工作会议在北京召开。这是改革开放以来，第二次由中共中央、国务院召开的全国教育工作会议。会议动员全社会实施《中国教育和改革纲要》，确立教育优先发展的地位，教育事业走上快车道，进入一个迅速发展的时期。

人逢喜事，好事成双。培华女大决定，7 月 20 日开始，有序迁校。办公室、总务处拟订了详细的搬运计划，对重要事项做了细致入微的安排。档案资料、机要文件，还有财务室、实验室，均做到安全搬迁，万无一失。培华女大的教职工全员参与，有些员工家属也来帮忙，虽然很辛苦，天正热，但大家热热闹闹，高高兴兴。

搬校进行到第 7 天，1994 年 7 月 26 日，一大早，姜维之还像往常那样，带着公事包来到校长室。他找来校办副主任王永军、后勤处副处长董光复，说："今天，是个特别的日子……"

1994 年 7 月，培华女大高新校区主楼终于建成交工

高新校区俯瞰

1994 年 7 月 20 日，培华女大从借居十年的大学南路"搬家"，迁往高新校区

培华女大教职工全员参与迁校，有的员工家属也来帮忙

很辛苦，天正热，但大家热热闹闹，高高兴兴

培华女大在此借居十年，再见了，大学南路

忙着搬迁工作的王、董二人一时回不过神来，面面相觑，只见老校长表情有些凝重。

姜维之缓缓地说："十年前的今天，培华女大向社会宣布恢复成立。今天，是大学十岁生日。"

王永军和董光复一下"啊"地叫出声来。哎呀，忙着搬校，竟把这么重要的日子都给忘了！这可怎么办！按说，今天应该举行校庆，放鞭炮、敲锣鼓、唱歌、跳舞、演节目！

可老校长的神情里看不出丝毫的兴奋。

要离开老校区了，十年的风雨都刻在这里。成绩，欣喜，困难，挫折，屈辱，不懈，抗争，奋发……太多太多的记忆，历历在目。

就要搬进新校园了，未来的憧憬将在那里实现。还会遭遇可以想见的问题、需要突破的瓶颈，可能还有意料不到的挫折……老校长的心情怎能轻松。

姜维之环顾办公室，默默地道别。他走出大楼，振作精神，对着正在搬运物品的教职工大声说："同志们，天气这么热，搬家干活非常辛苦！今天是什么日子啊？是咱们培华恢复建校十周年的纪念日，咱们得庆祝一下！中午聚餐，我请大家品尝羊肉泡馍！一来算作校庆纪念，二来感谢大家在炎炎烈日下的劳动！"

别开生面的"羊肉泡馍校庆纪念"遗憾地没有留下照片。这张照片是 1996 年 9 月，培华女大召开的教师节座谈会：黑板上写上几个字以示主题，桌上摆些苹果、瓜子——"羊肉泡馍校庆纪念"也大抵如此吧

掌声响起来。喜悦的欢呼声回荡在大学南路 2 号的老校园里。

那天中午,姜维之和当天参加搬迁的二十几名员工共进午餐,每个人心中的愉悦和欢快,都写在脸上。

一人一份普通的羊肉泡馍——这样的聚餐,恐怕是中国民办大学最别致、最难忘的"校庆仪式"吧。

新校区开启新的大学生活

从一枝独秀到名列前茅

（1994—2000）

告别了大学南路 2 号，培华女大搬迁到高新校区。从此，有了一个新的门牌号码：白沙路南段 2 号。

摆脱了"红牌"阴影，又一步步建设新校园，结束十年借地办学的历史，在属于自己的校园中学习、生活，培华师生志气满满，学校面貌焕然一新。

而就在这一时期，陕西民办教育如雨后春笋，在短短几年间讯猛发展。培华"一枝独秀"的局面被打破，竞争态势迅速形成，形势极具挑战。

培华有自己的章法节奏。即便"一枝独秀"被打破，也不能慌，更不能盲目发展。新校园，新气象，新故事。培华女大在高新校区按部就班：建设自主产权的校园，搞好专业和教学质量，逐渐扩大招生，理顺管理关系，完完全全"民办"，然后——去实现更高的目标。

培华，厚积薄发，沿着既定路线前进。

一所民办大学校长的"办公厅"

学校从大学南路搬到白沙路，姜维之的办公室自然也搬到了高新校区。按说，有了新校园，盖了楼，又是堂堂一个大学校长，他应该有一间大大的办公室。可以想见，办公室里有一张宽大的"老板台"、真皮靠背沙发椅，椅子背后立着整整一面墙那么宽的玻璃书柜，"老板台"前，是一圈会客沙发，以及绿色植物，赏心悦目，庄重典雅。

姜维之在高新校区的"办公厅"一角。这个角落，就是一个大学校长的办公室。偏居一隅的姜维之不以为意，只要能办学，条件简陋不算什么

可是，没有。没有这些想象中的"阔气"的办公用具，因为他根本就没有属于自己的独立的房间。新校园的办公用房一开始挺紧张，姜维之四下转了转，在一楼一间作为会议室的教室站定，指着最里边的一角，说："就这儿。"

一张老式五斗桌，一把靠背椅，桌前还有一把椅子，方便教职工来报告工作、面对面谈话，墙角一个普通板式书柜——就这"老四样"，摆在教室一角。桌上还

是那部用了多年的黑色电话机。姜维之视力不好，桌上有一个小台灯。还有一个小宜兴壶、一个烟灰缸。其他的，就是堆满案头的各种文件。对了，还有那个硕大的黑色公事包。唯一特殊的，是座椅的靠背比较软。

这么一个角落，就是一个大学校长的办公室。不是亲眼见，谁也不相信。姜维之不以为然，他乐呵呵地说："这里多好，谁都能找到我。开会方便，不用多走路，转身就可以。"又伸直了胳膊，挥着手，往教室里指："这么大一个房间，得叫'办公厅'。大学校长有'办公厅'的可不多！"

培华女大高新校区位于西安市高新技术产业开发区和电子城交汇处，在二十世纪九十年代初期，是西安市城市规划发展的一块黄金地段。如今，高新区已然非常繁华了，但在当时还是一片旷野。

女大高新校区就在这片旷野中，分东西两院，中间一条规划路。东区是公寓和学生宿舍，称为生活区。图书馆临时设在一栋平房里，地方不大，没有阅览室，借了书，得拿回教室或宿舍看。旁边是临时食堂、开水房，都很简陋，倒也干净。

西区是教学区，路边刚刚盖起一栋两层小楼，充当过渡时期的教室。建筑面积近 2000 平方米，一层行政办公，二层 8 间大教室、1 间语音实验室、1 间形体训练室。临时操场也在西区，灰土结构，还算平整。旁边有 2 个篮球场、4 个羽毛球场、8 张乒乓球台，还有单双杠、沙坑之类的体育设施。剩下的地方就都是荒地了，中间是几个开挖的深坑。

说是终于有了自己的校园，最初的样子也如此简陋。但这还不是最困难的。刚搬到这里时，周边的高新区、电子城也才开建，对于当时的西安老城区来说，这里属城乡接合部，基础设施都不到位。

头一个，道路不畅。离校区最近的公

培华女大高新校区大门

主楼建成交工，环境尚待改善

培华女大学生在高新校区的主教学楼

高新校区食堂外一角。每天,伙管科在小黑板上公布当日供应的菜品及价格。就餐时间,师生在小窗口前排队打饭

当时,教学与基建同时进行——教学是学校的中心工作,基建进度对发展也很重要。左右为难,一个也不能放弃。可校园空间小,基建的噪声干扰教学;工地人员与师生还经常发生一些小摩擦。有人编了个顺口溜,描述高新校区建设时期的困难情景——

一所学校两个院,三座村庄围周边;
四面高墙挡不住,五个工队搞基建。
闲杂人员满院窜,进出校门难分辨;
工地万音响一片,老师讲课听不见!

交车站远在徐家庄,周围没有大路,步行到学校要穿过农地,只有三米宽,三四百米长,路还不直,是"之"字形。晴天灰不断,雨天烂泥潭。再一个,邮路不通。原本就是农田,如今光秃秃只有培华女大,没别的单位,地图上都找不到标注。很长一段时间,上级文件、师生信件都是寄到大学南路,再取回来。还有几个大难题:农网供电不正常,说停就停,夜晚校园里漆黑一片,毫无生机;自来水也不通,多年都是自备井水。

安全更是个大问题。新校区地域偏僻,人文环境与大学南路相比当然差距很大。校园外是农田,白天常有"闲人"在周边转悠,晚上草丛里也时有不速之客"埋伏",伺机翻墙而入,图谋不轨,失窃事件时有发生。校卫队几个保安员经常整夜被折腾得人疲马乏。

1994年8月29日,搬到高新校区开学后的第二天,培华女大召开新学年第一次工作会议,要求校办、总务处、基建处各部门迅速与政府职能部门接洽,抓紧办理与教学、管理相关的基础设施工作。

困难一个接一个得到解决。

9月初,电子城邮局同意内设"培华信箱",以"沙井村800号"为临时地址收取邮件。10月,西安市地名办、辖区街道办及派出所实地勘察,最终确定女大高新校区为"白沙路南段2号"。11月初,正式通邮。

10月下旬,在周边沙井村、徐家庄的支持配合下,门前便道拓宽、取直,铺上煤渣,才算改善了进校的"大路"。此后,西斜七路即现在的科技路修通,又历经一年多的申请,1996年11月,西安市公交公司将从唐都医院始发的中巴508路

终点定为"培华女大站"，这才解决了学校两年不通公交的问题。

1995、1996年，连续两年，电子城电信部分铺设了两条线缆，给女大安装了 40 余部工作电话、千余部"201"校园卡电话，解决通讯困难。1996 年 11 月，校园用电从农网转为公网，用电稳定了。1995 年 3 月，获准成立医务室；同年 8 月，浴室建成。凡此种种，高新校区的基础设施，终于逐步完善。

1991 年 1 月，培华女大师生元旦联欢

1992 年 5 月，培华女大第二届迎五四文艺汇演

在一步步解决这些实际困难的同时，校长姜维之也很注重师生的精神生活和校园文化建设。1994 年的中秋节与建国 45 周年纪念日相隔只有 10 天，这是培华女大迁入高新校区的第一个"双节"。姜维之提议，师生一起联欢，喜庆喜庆。他"设计"了好几场文体活动：中秋舞会、卡拉 OK 演唱会、篮球大赛、象棋赛、爱国主义歌曲歌咏大赛……从 9 月 20 日一连举办到 10 月 1 日，大家欢聚一堂，跳啊唱啊，那种欢乐的情景是多年没有过的。

校园还很简陋，初来乍到难免感觉"荒凉"，但校园的精神气质已经为之一振。

即便"一枝独秀"被打破，也要减少"盲目性"、放弃"跨越式"发展

迁入高新校区的时候，正值《中国教育改革和发展纲要》发布不久，教育部在高教领域提出并实施"211 工程"，即面向 21 世纪、重点建设 100 所左右的高等学校和一批重点学科的建设工程，被誉为"1949 年以来，由国家立项在高等教育领域进行的规模最大、层次最高的重点建设工作，是中国政府实施'科教兴国'战略的重大举措、中华民族面对世纪之交的中国国内外形势而做出的发展高等教育的重大决策"。

在这种教育大发展的形势中，一个如雨后春笋般的情形出现了——1993 年至 1994 年间，陕西的民办教育迅速膨大。从此，培华"一枝独秀"的局面被打破，竞争态势迅速形成，形势发展对培华极具挑战性。

培华女大服装设计专业的一次展示活动。教室里的展板上，高新校区的蓝图正在加紧实施建设，"美好的未来"就在眼前

这张照片是培华女大服装设计专业的女大学生展示其设计的作品，有意思的是，背景是正在建设中的高新校区主教学楼的脚手架——高楼在建设、学生在进步

1995 年 4 月，在北京召开的全国民办高等教育委员会第一届年会上，培华女大校长姜维之被推选为民办高教委员会副主任；同月，被推举为陕西省高等教育学会常务理事。

直到二十世纪末，培华女大一直是陕西省唯一具有颁发学历文凭资格的民办高校。如何保持领先，怎样继续壮大，作为培华掌舵人的姜维之悉心研判国家教育形势和陕西教育领域的变化，成立专门班子制定"九五"发展规划，决定加快学校建设步伐，改善办学条件，扩大办学规模，提高管理水平和教学质量，为开办本科教育打好基础。

建校初期，女大的专业数量少、学生人数少，教务、教学工作均由教务处统管。历经十年艰辛，搬迁到高新校区，发展壮大的时机到了，于是在 1994 年 8 月，设立系级管理机构：中文系、财经系、艺术系、基础部、培训部，称为"三系两部"。将教务、教学管理分离，摆脱"一揽子"粗放管理模式，理顺教学工作。管理机构以学科、专业门类来设立，更为清晰，明确培养学生的目的、将来的就业方向。各系在教师调配、专业调整以及教学、实验等方面均可发挥自主性，为下一步深化教学改革奠定基础。

1988 年，培华女大学生参加陕西省高教局主办的陕西省大学生艺术体操比赛，获得第二名、第四名

1990 年，培华女大学生参加陕西省大学生艺术体操比赛

培华女大学生在户外写生

95 级服装专业的风景写生展海报

培华女大学生在西安植物园写生

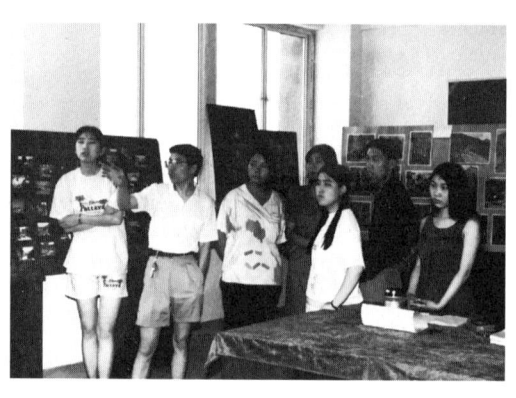

写生归来，作品展出，老师点评

"九五"发展规划的要点：在基本建设方面，每年约 500 万元建设计划，建设主教学楼、图书实验楼、学生公寓、学生食堂、多功能大会堂及配套设施；在学校管理上，全面推行聘任制，教学一线配备懂管理、高职称的内行；在招生计划中，每年递增 200 人的幅度，争取到 2000 年在校生人数达到 2000 人。

尤其值得称道的，是在规模发展上，女大明确提出"减少盲目性，放弃'跨越式'发展策略"，一步一个脚印，主张"规模、结构、质量、效益并重"的思路，采取"渐进式"发展策略。

"所谓大学者，非谓有大楼之谓也，有大师之谓也。"大师做什么？在大楼里教学。而教学，培养学生成才，是一切工作的归宿。

培华女大迁到高新校区后，教学工作面临"三缺乏"——教学实验设备缺乏，学科带头人缺乏，教学管理人才缺乏。

解决之道是"教改"。

培华女大公开招聘教学管理人才、教师，制订分专业教学计划，修订全部课程的教学大纲，实施考、教分离，完善教学规章制度。

这一切，是为将来更大的发展目标，奠定坚实的基础。

1987年，培华女大参加陕西省大学生田径运动会

校园趣味运动会丰富大学生活

1999年，培华女大学生文化艺术节文艺汇演

历时 5 年建成陕西民办高校 首个法人自主产权校园

奠定基础的头一项，就是新校区最大的"硬件"——基建工作。一方面，工程庞大、工期紧促，另一方面却又是资金储备少，融资渠道尚需开拓。两方面的矛盾，需要有相当能力的人担当基建大任。校长姜维之经过再三思考，选调了在校办企业任副总经理的姜哲，担任高新校区基建负责人，总体筹划协调、推进基建工作。同时，还聘请了在基建一线的多名工程师配合姜哲工作，落实各基建项目的实施。

建设中的高新校区主教学楼

教学楼建成投入教学时，还未装饰外立面

1995 年 3 月，教学主楼再次开工。承建公司"三班倒"，昼夜不停施工抓进度，半年后，主体工程封顶，第 2、3、4 层交付使用，实现了当年建设、当年使用的计划。这一年 9 月，日本京都成安造型短期大学访华团来访时，培华女大就在新楼接待了日本客人。秋季开学时，全体学生搬入新教学楼。

这一年，工程能够顺利进行，是由于资金基本到位。可是，到了 1996 年，国家开展金融秩序整顿，按照相关政策，培华城市信用社被重组进入商业银行，学校融资的主要渠道被截，导致原计划开工建设的项目被迫停止，全年基建没有大的进展。

1997 年，经不起长时间停工的沉闷，培华女大利用项目优势引资，终于重启基建，陆续开工建设教学主楼西配楼、学生 1 号公寓、东配楼。下半年，2400 平方米的实验图书楼和阶梯教室交付使用。图书馆也从东院临时平房搬进新楼，增加了阅览室和书库，10 月中旬开馆。

1998 年，基建进度加快。教学主楼第 5、6、7 层装修完毕，新增教室 26 个、实验室用房 6 大间，为下半年扩招做足准备。9 月，4530 平方米的学生 1 号公寓完成，这是当时陕西高校中生活设施较好的公寓之一，当年的新生与原来分散住宿的学生全都住进新公寓，学生及家长都很满意。11 月，教学主楼东配楼建成交付使用，200 座的大教室增至 4 个，满足了教学急需。到了年底，2740 平方米的学生餐厅和多功能会堂主体完成，1999 年 3 月启用。

1995 年 9 月，日本成安造型短期大学井筒奥兵卫先生访问正在建设高新校区的培华女大

姜维之(右 3)在建设中的高新校区接待日本客人

培华女大图书馆又新开了第二、第三两个书库

1999 年，基建的所有大工程项目基本完成，开始东大门整修及校园内"收尾"道路、绿化、装饰工程。还在中院修建了大型静态山水盆景，校长姜维之将其命名为"抹月"。

至此，历时 5 年，在边教学、边建设的艰苦条件下，培华女大高新校区完成 3.3 万平方米的一期建设工程，终于建成陕西省民办高校中第一个拥有法人自主产权的校园。

教学楼、图书馆、公寓等"硬件"办学条件改善，后勤配套服务也得跟上。

1995 年秋季开学后不久，姜维之召集总务处、基建处、办公室及食堂负责

正在建设中的"抹月"山水盆景

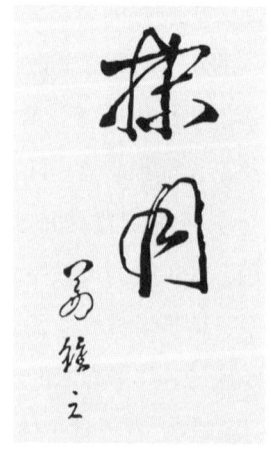

姜维之先生手书"抹月"

人，逐一查看师生集中反映的伙食、饮水、洗漱、如厕问题，并召开现场会：伙食量少价高，服务态度和卫生均不到位；工地开工后，饮水量加大，开水供应不足，学生喝不到热水；工人和学生共用厕所，女厕所少。

姜维之说，这些后勤的事，不是小事，后勤工作是学校总体工作的保障，为教学和基建两大中心工作服务，为广大教职工和学生服务，非常重要，万万忽视不得。他要求加快整改，尤其是伙食问题，"民以食为天"，一定要搞好。很快，这个"天大"的问题得以改善，"素菜浓香可口，荤菜肉足量饱"。新锅炉房也建起来，也逐渐启用水厕。

随着主体工程的建设完工，这些问题不再愁人。

只是，操劳过度的姜维之一天天老了。他须发皆白，愈发矍铄。

培华高新校区基建负责人姜哲（左3）与同事坐在正修建的高新校园盆景前小憩

培华女大餐厅一角。姜维之很重视后勤工作，"尤其是伙食问题"，他要求"素菜浓香可口，荤菜肉足量饱"

1987年9月，姜维之与日方友好学校签订互派留学生交流协议。这一年，姜维之61岁，其发尚黑

1999年6月，姜维之在友好外事活动上签字。他已经73岁，十余年来，为培华的发展壮大操劳奔波，鬓发苍苍

从 383 到 3262：在校生人数从全省垫底升至 42 所高校中的第 29 位

1995 年，培华女大在校生 383 人，恐怕是陕西省在校生人数最少的大学了。

1996 年，女大向主管部门汇报办学条件改善的情况，提出增设专业、增加招生名额、扩大招生范围的"两增一扩"申请。陕西省教育厅现场考察办学条件，破例大开绿灯，给了女大历史上最多的招生指标——250 名，比上年度增加 100 名。这在当时已经是最大限度了。

这一年，女大恢复英语专业招生，实际招生 306 人，在校学生达 582 人，是建校以来在校学生人数最多的一年。第一次脱离了陕西省高校在校生人数"垫底"的位置。

1997 年，经陕西省教委审批，培华女大新开设经济法、物业管理、广告艺术设计专业，特别增加 50 人的招生名额。当年招生人数达到 397 名，在往年招生基数上又有大幅增加。而且，女大终于突破"走读"和不能招收"农业户口"生源的限制，将生源范围延伸到西安当时的七区六县，并扩展到农户考生，学校有了"农转非"政策的落户指标。

到了 1998 年，基建加快完成，办学

培华女大广告设计专业学生在绘画。此时，培华已恢复创建十余年了，不只是招收女生，也有男生了

　　培华女大的计算机室和语音室。随着办学条件改善，1996 年，陕西省教育厅现场考察，破例大开绿灯，给了培华女大历史上最多的招生指标——250 名，比上年度增加 100 名

条件大大改善，陕西省教委同意女大面向除榆林地区以外的全省九地市招生。当年所招 896 名学生，大部分来自关中地区，还有少量安康、商洛、汉中、延安地区的学生。尽管比例很小，但"走出西安，面向全省"的步子终于迈出去了。

　　1999 年、2000 年，培华女大争取到的国家计划指标都是 1000 名，招生范围放宽到全省十地市。截至 2000 年，培华女大的"九五"发展规划预定目标基本完成，学校在校生人数达 3262 人，在校生规模在全省 42 所普通高校中居第 29 位。

二十世纪九十年代,每到七月高考结束,培华女大举办的招生咨询引人关注

家长和考生咨询培华女大报考情况

完完全全的"民办"

培华女大创建初期，教师大多由一些高级知识分子担任。西安地区一些老牌大学的退休老教授都给女大代过课。学校的管理人员，则以借用西安市十三中学人员为主。自1986年后，当时的主管上级西安市教委，为解决女大师资短缺的问题，连续4年，选派教师、职工达60余人，每年划拨工资和少量补贴经费。此外，学校还聘用了一些人员，工资及待遇由学校解决。

这种用人机制、人员结构被称为"一校两制"。在女大创办初期规模小、效益不明显的情况下，发挥其独特功能，不可替代。随着学校发展，这种用人机制的弊端逐渐显现，"管理苍白"时有发生。一些"公职"人员纪律观念薄弱，而学校对其不具备实质性的管理权，导致管理效率不高，管理成本很高；而"公职"与聘用这两类人员，长期存在工资、福利待遇方面的不统一、不公平的问题，学校难以做出调整。这两大矛盾，既不符合国家对民办学校管理方式的政策规定，也不利于学校管理自主权的发挥，常常出现"不合拍"的现象，影响整体发展。

1996年底，陕西省人代会通过《陕西省社会力量办学条例》，在全国第一个通过立法对社会力量办学进行规范。1997年10月，国务院发布《社会力量办学条例》，明确规定：社会力量所办学校"自主聘任教师和其他教育工作者"。

上述矛盾的破解，因此有了明确的政策依据。西安市政府及教育主管部门遂决

培华女大创建初期，西安地区一些老牌大学的退休老教授作为外聘教师给女大代课

1995年4月,中央电视台《新闻联播》节目主持人李瑞英应邀到培华女大讲座,被聘为中文系客座教授

1999年11月,培华女大中文系客座教授、央视高级记者李瑞英再次受邀来培华讲课

定对培华女大的"公职"人员进行"分流",明确提出,"让培华女大彻底'民办'",按照《社会力量办学条例》自主发展。

1997年9月,西安市教委出台"公职"人员合理"分流"的机制改革方案,实行去、留双向选择的原则。愿意留在女大继续工作的,经学校同意聘用留校,个人档案、人事关系转人才交流中心管理,工资由学校聘用面议约定,医疗、养老按国家社保执行。愿意离开女大者,由西安市教委重新安排工作。退休人员暂由学校代管,待市教委妥善安排。

西安市教委向西安市政府报告了分流安排意见,并代市政府承诺,"此前若干年,教委对培华的'公助'拨款,不要求返还"。

"分流"工作持续了近两年时间。1998年8月,大多数"全民"身份的教职工选择由西安市教委重新安排工作,个别人员经培华女大同意留校任职任教。至1999年6月,这一工作全部结束。下半年,女大全面实行聘任制。

2001 年 7 月 28 日，培华女大"三下乡"小分队到蓝田县大寨村进行文化扶贫

这项工作在当时的西安市教育界，引起一定的震动，对培华女大的发展有着特殊而重要的意义，即完完全全成为"民办"。

有一种评价认为："这是一种回归，也是一种前进，是民办院校发展过程中的历史必然。"从培华此后多年的发展历程来看，"分流"是一种解脱，发展步伐得以提速。

1999 年，培华女大出台《专职教师聘任办法》，连续 3 年，从当年毕业的大学应届毕业生中选聘优秀者为专业课教师，补充"分流"后教师人数减少的缺额，师资队伍逐渐壮大。1999 年，培华女大教职工总数为 298 人，教职工与学生人数比为 1∶29。

自 1999 年 9 月后，培华女大着手进行管理体制改革，完善各种规章制度，从"人为管理"走向制度管理。两年多时间，制定并完善 11 类 50 余项行政规章制度，包括——

办公行政制度

教学管理工作制度

人事工作制度

外事工作管理制度

学校安全管理制度

学生管理制度

图书阅览与管理制度

后勤工作制度

基建工作制度

财务管理制度

网络管理行政制度

这些制度的出台与执行，使得培华女大的行政工作效率大大提高。

1997 年 3 月 13 日,日本广岛女子大学 23 名学生在培华女大访问

‖ 承前启后的第三届董事会，又来了个年轻人 ‖

自 1984 年参与创建培华女大，十余年来，刘良湛先生先后担任第一届董事会副董事长、第二届董事会董事长，亲眼见证学校历经艰难发展壮大的全过程，也感受到副董事长、校长姜维之在培华师生心目中的分量和民办教育领域的声望，非常认同姜维之对培华女大发展的总体思路和具体措施，因此，他平时只是有时到学校看看，不多过问和干预，全力支持姜维之的工作。

2000 年，刘良湛已 89 岁高龄。7 月中旬，在一次与姜维之的谈话中，刘良湛明确表态，在培华近年来的发展中，他个人所起的作用有限，不便继续担任董事长。同时，部分董事年事已高，参与具体工作及社会活动精力不济，对学校发展的作用已不明显。加之女大建设工作紧张繁忙，董事会活动不多，急需改组，增加新的力量。刘良湛致电多位董事，逐一相谈他的上述观点，并征询董事长新人选意见。大多数董事同意推举姜维之担任新一届董事会董事长。10 月中旬，刘良湛再一次致电姜维之，通报征询意见结果，请姜维之"遵循有利于参与议事、有利于维护学校声誉、有利于学校发展"的原则，组建精干务实、朝气蓬勃的新一届董事会。

姜维之按照这一意见，于 11 月初将建议名单送到刘良湛家中，请其过目。刘良湛表示完全同意，建议召开第三届董事会，并表示因身体原因，不能出席会议，嘱托姜维之代其说几句话。

2000 年 11 月 22 日。西安培华女子

第二届培华女大董事会董事长刘良湛（左 2）

大学第三届董事会成立，举行第一次会议。出席会议者有——

姜维之　康继昌　傅正阳　刘汉中
朱楚珠（女）　赵经训　姜波

会议一致推举姜维之任第三届董事会董事长。姜维之转达了刘良湛关于第二届董事会工作的三点总结：选对了校长、支持了工作、看到了发展；对新一届董事会的期望：按照已经确立的办学思路，继续努力，让培华走向全国。

第三届董事会成员中，保留了这些年一如既往支持培华教育事业并为其发展做出突出贡献的几位老董事，也增加了将为学校进一步壮大和持续发展担当重任的新董事。

新任董事姜波，是培华女大历届董事会最年轻的成员，时年 27 岁，尚在日本读博，系姜维之嫡孙。1997 年 10 月，即开始为培华工作。

新任董事赵经训，时任西安高新技术产业开发区顾问、建筑设计总公司总经理。此后，在培华长安校区规划、设计方面，出力颇多。

第三届董事会完成了"专家董事会"的历史使命，是历届成员最少、务实精干的领导机构。

2000 年 11 月，姜维之任培华女大第三届董事会董事长

2000 年，时年 27 岁的姜波是培华女大历届董事会最年轻的成员，正在日本读博

培华女大第三届董事会成员，左起依次为：刘汉中、傅正阳、康继昌、姜维之、朱楚珠、赵经训、姜波（缺席）

"升本"前的准备
——暑假里的渭水园会议

第三届董事会上,姜维之工作报告的题目直白而醒目:《围绕升本目标,推动学校工作向更高层次迈进》。"升本",在高新校区第一期基建基本完成之后,立即成为培华女大这一时期发展的中心工作。

这与当时陕西高等教育发展的一项工作高度契合。1998 年初,陕西省教委发出《关于普通高校试行浮动学制有关问题的通知》,即"优秀专科生转入本科学习,某些本科生转入专科学习"。这项政策是给予专科院校优秀学生的一种勉励、"补憾"的措施。对学校而言,是展示教学效果的极佳时机。如果将专升本学生的数量、比例,在同类学校中做一横向比较,就能直接向社会展示教学质量的优劣。所以,"专升本",不仅是给专科生提供的一个进修深造的机会,也是对专科院校教学质量的一种"考核"

与激励。

培华女大是获准实行"浮动学制"的首批学校,也是获得这一资格的唯一一所民办高校。

第一年的"专升本"比例数量,陕西省教委有严格限制,规定只能在"本年级在校生的 20％以内",超过比例的申报,一律不受理。因此,培华女大 1998 年报名"专升本"的 79 名学生中,只通过了 18 名进入陕西师范大学、西安统计学院等学校本科班学习。

1999 年,陕西省教委根据上年试行

教学工作会议是培华女大的重要会议之一,"教学质量,狠抓落实"

情况，取消在学校内部限制录取比例的规定，将符合条件的全部纳入，统一按成绩录取。这一下，培华女大有53名学生被录取，进入陕西师范大学、西安统计学院、西安纺织工学院、西安外国语学院、西安工业学院学习，占当年毕业生总数的27.6%。培华成为当年陕西专升本学生录取比例最高的学校。

2000年，培华女大继续获得"专升本录取率最高院校"的口碑，85名学生顺利"升本"。2001年，又有83名学生被西安地区17所高校本科专业录取。其中多个专业的录取率居全省前列，会计学专业48%，英语专业42%，计算机专业37%，可见培华女大的教学质量之高、学生成绩之优异。

2002年、2003年，分别有149、240名学生"升本"。其中，2002年，"大学英语"成绩及格率高达89%，是全省历年考试中少见的；电子系首次参加"专升本"统一考试，上线率高达54%。

"专升本"实践了6年，培华女大共有628名学生"升本"。学生得以深造，学校教学质量的声誉被广泛传扬。

在抓教学质量的同时，培华女大的教学硬件设施建设也没放松。经过近两年的检查、评估，1999年7月，按照教育部的评估标准，陕西省教委批准西安培华女大计算机实验室为合格实验室。这是陕西乃至西北地区民办高校的第一个合格实验室。2002年8月，在陕西省首批高职高专教学改革试点中，培华女大计算机应用专业被列入第一批试点专业之一，成功通过验收。

"升本"工作紧锣密鼓。紧张到刚放暑假，也不休息，马上就开会研究的地步——1999年7月18至19日，培华女大在西安北郊渭水园召开了具有历史意义的发展工作研讨会。

校长姜维之主持会议。参加会议的有新任副校长王天木教授、社科部主任李文诠教授、基础部主任王朝杰教授、中文系主任刘建勋教授、计算机系主任席德生教授、外语系主任谢子枫教授、财经系主任高立勋教授、艺术系主任周玉昆教授、教务处处长肖吟棣、校办副主任王永军及部分工作人员。

一个月前，中共中央、国务院召开全国教育工作会议。这是改革开放以来的第三次全国教育工作会议。在总结广大教育工作者实践经验的基础上，中央提出全面推进素质教育，这是二十一世纪中国教育改革和发展的方向。

姜维之说，具体到培华女大，该如何落实会议精神、推进素质教育呢？这就是此次会议要解决的一个当务之急——扩大办学规模、扩大招生，这是为下一步学校"升本"、全面推进素质教育必须完成的基础工作。

当时，国家连年扩大高等教育的受教育面。姜维之认为，这是国家的大设想，必须跟上。一所高校的规模如果达到四五

在培华发展史上，"渭水园会议"是一次重要会议，会议提出的设想为培华"升本"打下基础

千学生，才会出效益，才能良性发展。而培华女大当时只有两千多学生，规模太小，学校连"温饱"都谈不上，必须"扩招"。"扩招"有两大途径，一是在原专业上扩大招生，二是开办新专业。

连续两天的讨论，会议集思广益，提出拟办新闻、法学、美术教育、电子应用技术等专业，并形成具体的增设专业、扩大招生的工作方案。姜维之评价这次会议很成功，尤其是大家提出进一步办本科的想法，与培华女大将来的发展目标一致。

经陕西省教育厅批准，1999 年秋，培华女大开设法学专业班，并设立法学系，首任系主任为西北地区法学界颇有名气的王天木教授。2000 年，又开设新闻、电子应用技术和经济法专业。此后，设立电子系，首任系主任是高如云教授。

"渭水园会议"提出的设想全部实现，为培华升格本科打下基础。

升 格 本 科

（2000—2003）

自 1984 年恢复建校，到步入二十一世纪，培华女大走过长达 15 年的专科办学历程，在陕西民办教育界一枝独秀，在全国同类院校中名列前茅。

2000 年前，中国的民办高校都是专科院校，没有举办本科教育的。但 2000 年以后，东部发达地区的几所民办大学已经率先申请升格为本科教育。这些大学与培华几乎同时建校，西部地区眼看就要落后了。

"升本"——培华女大向着更高的办学层次行动起来。这不仅是培华自身发展的目标，更是陕西乃至西部地区民办高等教育发展的期望。

"升本总动员"

——老校长按捺不住的一次讲话

事到如今，不是到了眼下才想"升本"的。早在 1996 年的"九五"发展规划中，培华女大就将举办本科教育的设想列为发展目标了。那时候，高新校区教学主楼只交工了几层，别的建筑还在建设中。宏大的目标，始终在心底谋划。不是有句名言么——只要敢想、敢梦，万事皆有可能！

1999 年 1 月 1 日，《高等教育法》正式实施。"升本"的冲动再一次被激发。一有机会，培华女大校长姜维之就与陕西省教育主管部门负责人沟通，表达"升格"的愿望。得到的反馈很积极，全都说支持培华"升本"。

2000 年初，在一次全校教职工大会上，姜维之终于按捺不住，第一次在公开场合透露了他的设想。姜维之说——

新世纪即将到来，对 2000 年及其以后几年学校的发展思路，我有一些考虑，和大家谈谈。

元旦前后，参加了两个会，一是省科技大会，一是高校党委书记会。从这两个会上的信息看，高等教育形势令人振奋，

机遇与挑战并存，培华的发展还需要付出新的努力。

国家对高等教育继续支持和投入，一些城市，包括西安，建立高校科技园，还打算建大学城，这说明各地都在重视高校发展。

目前，全国具有颁发国家学历证书资格的民办普通高等学校有十几所，西北五省就咱们培华一家。但今后已有挑战者了：翻译、外事，还有欧亚、西京，势头不小，据说都在申请办学历教育。到那时候，我校在西北唯一的位置，就会受到挑战，十几年的格局就会被打破。以前，曾有形容，我校是"一枝红杏出墙来"，也有说是"另辟蹊径"。现在看来都可能变。变，才是唯物主义，才是事物发展的规律和动力。变，才会不断前进。

怎么面对呢？我考虑有两点：

第一点，学校办学 15 年，一直是专科层次，从长远看，必须向本科层次发展。这是目标，是学校发展的出路。但这不是一蹴而就的事。上次我去北京，探了一下路。目前，全国民办大学还没有本科。教育部的观念很明确，希望我们从

1999年夏，培华女大服装设计毕业展示会上，校长姜维之讲话。在这一时期，他心底谋划着一桩大事：要将培华"升本"的宏大目标付诸实施

硬件上再提高，对照《普通高等学校设置暂行条例》的要求逐项推进，先接受省上验收。

所谓硬件，有几个硬指标：高职比、生均教学仪器设备值、生均宿舍面积，还有图书、校园面积等。最近，我想很快盖起第二教学楼，以适应扩招的需要。还要增加图书，增加仪器设备。既然搞，就把硬件搞得硬硬邦邦。

师资队伍建设和高级管理人员引进也必须重视。要聘请一些高级职称人员搞教学，每个学科都要有知名教授和学科带头人，再聘请一批有经验的管理人员加强管理。管理上去了，教学质量才能提高，学校声誉才能提高。

申办本科教育可以分两步走。第一步，先申请办几个本科专业，积累一些办本科专业的经验，尤其是本科教学质量要达到要求。第二步，再过渡到本科院校。

第二点，除了良好的师资和管理，规模也很重要。没有规模谈不到效益，效益上不去，学也办不好。有信息说今年全国招生预计扩招近20%，我校得抓住这个机遇，必须扩招。今年下半年在校生预计可达4000人，按这个扩招规模，再过几年在校生就有6000人以上，这就是咱们的目标。学校收入上去了，各方面投入就能大幅度增加，教学质量就能进一步保证，也才可能由"温饱"走向"小康"。

没有发展就没有突破，就是这个道

理！必须保持培华在陕西民办高校实质性的领先地位。21世纪即将到来，大家打起精神，团结一致，共图发展，本科实现后，我设宴给大家庆功。

姜维之的讲话如同一支"强心剂"，培华全校振奋。

说干就干！2000年1月12日，培华女大向陕西省教委正式呈报《关于西安培华女子大学申办本科院校的请示》。

"升本"目标全面启动，进入攻坚落实阶段。

2000年1月12日，培华女大向陕西省教委正式呈报《关于西安培华女子大学申办本科院校的请示》

"升本" 省审与 "十五" 规划

"升本" 报告递上去了，具体工作还需一件件落实。姜维之深知此事 "艰难"，标准之高、要求之严，必须全力以赴，谨慎对待。听说有的学校准备了好几年，依然达不到要求，又被 "复审"。与其经受来回 "折腾"，不如一鼓作气，一举成功。

可一举成功何其难。姜维之多方咨询教育专家，听取意见、建议，找到破解的两个 "抓手"：一是抓人才，二是建校园。

培华办学十几年，此前规模较小、学生有限，校级领导实际就姜维之一人，各部门中层负责人向校长报告工作。姜维之的工作量相当大，管理难度也很大。1999 年 5 月，培华女大聘请西北政法学院原院长王天木教授任副校长。接着，又聘请高如云教授、郗政民教授为副校长，主持教学和升本准备工作。尚在日本读博的姜波，也被聘为校长助理，全面负责培华在国外的相关事务。此后，2001 年 8 月，得知西安联合大学副校长韩靖寇教授、西北建筑工程学院教务处长刘希林教授即将离任，姜维之即刻与两人联系，分别任命韩靖寇为主管思想教育和学生工作的副校长、刘希林为主管教学工作的副校长。精心选聘的多名副校长都是在高校一线打拼多年的行家里手，在学生管理、教学管理及新校区建设等重要工作中，有着丰富的学识和实践管理经验，"升本" 工作如虎添翼。

聘请名校原任负责人为培华副校级领导的同时，还制定了《引进高层次人才的若干意见》，面向社会公开招聘具有硕士、博士学位的高层次教学、管理人才。这是培华建校以来最大规模的一次招聘活动，一批优秀人才充实到各岗位，优化教师队伍结构，提高教学与科研质量。

另一个重要 "抓手" 是建校园。搬到高新校区还不到 6 年，占地一百多亩的校园，与教育部对本科院校校园面积的要求还有不小差距。当年，在沙井村征地建校时，培华女大是进驻此地的第一个单位，周围全是麦地。而如今，四处已是高楼林立，俨然繁华都市，校园再无扩展余地。只能走出去，再建新校园。于是，培华在西安南郊长安区征地、基建。初步规划征地 856 亩，投资 1.7 亿元，一期建设建筑面积 7.5 万平方米，计划 2003 年上半年完成建设任务。这次规模庞大的建设，对培华 "升本" 非常重要。

"升本"，是培华女大每个人的事。从

1999年,培华女大毕业生服装设计展,向公众展示培华女大的教学质量

校长姜维之在毕业生服装设计展现场

2002 年 7 月，培华女大艺术系服装毕业展示会现场

校领导力量的配备到校园扩建，从基础设施到校容校貌改善，从仪器设备添置到教学规范管理，从教师队伍充实到馆藏图书增加，每个环节都在努力提高、不断完善。

2000 年 7 月，"升本"工作进入"省审"阶段。陕西省教委组成高校设置评估专家组，对培华女大申报本科院校的准备工作进行了两天实地考察。专家组由陕西省高教研究所所长、省教委原主任戴居仁任组长，成员有刘舜康、张绍槐、李钟善、闵宗陶、赵长伶。

专家组实地考察培华女大的校园、教学、生活设施以及实习、实验室、教学仪器、图书资料，听取培华的专题汇报，审

《西安培华女子大学行政管理文件汇编》

培华"升本"申报材料

阅论证报告及 40 余份基础材料，最终形成考察结论。要点有：

——培华女大是在八十年代初，经省政府批准，原国家教委备案的专科层次的普通高等学校，也是建国后第一所民办女子大学。学校成立 15 年来，贯彻党的教育方针，坚持社会主义办学方向，不断发展壮大，在培养和开发女性人才资源方面做出了重要贡献。

——学校办学规模由 1984 年建校初的 3 个专业发展到现在 7 个系 20 个专业，一个成人教育学院和一个职业技术学校，各类在校学生近 5000 人。学校教学管理严格，教学改革力度大，教学质量不断提高。并从 1996 年开始，进行了专升本的试点，统考成绩领先于其他院校，为学校的发展和升格奠定了基础。

——逐步形成了一支热爱民办高等教育事业的管理队伍。校长姜维之虽年过七旬，忠诚党的教育事业，为办好培华女大执着追求，呕心沥血，多次受到报刊和新闻媒体的专访和表扬，是学校凝聚力的核心。

——教师队伍建设，采取"兼专结合、以兼为主"，逐步向"专兼结合、以专为主"过渡，已形成了一支素质较高，老、中、青三结合的队伍。现有专兼职教师 202 人，有高级职称的 67 人，占 33%，其中专职教师 120 人，年龄在 35 岁以下的 46 人。

——办学条件逐步得到改善。现学校

占地 400 亩，校舍建筑面积 7.59 万平方米。固定资产总值达 2.5 亿元，其中用于教育的资产达 1.8 亿元，教学仪器总值达 800 万元。其中，计算机室已被评为省普通高等学校基础课教学合格实验室。图书馆藏书 7.2 万册。

——多渠道筹措经费能力增强，办学经费有了稳定来源。学校开办初期，办学经费实行民办公助方式，西安市财政提供少量事业费，学校通过社会捐资、收学费等逐步扩大自筹经费能力。从 1993 年起，学校相继开办了三个经济实体，实行了"以产养校、产校结合"的办学方针，使学校的办学经费有了稳定可靠来源。

——15 年来，学校先后与日本、美国、德国、加拿大等 30 多个国家和地区开展友好交往和文化交流，还与日本京都成安造型短期女子大学和京都立命馆亚洲太平洋大学结为友好学校，互派留学生，并先后派出 7 批留学生。

在考察结论的最后，"专家组一致认为：西安培华女子大学办学条件和教育质量明显提高，做出了显著成绩，晋升本科院校的条件已经基本具备……尽快提高培华女大的办学层次，申办本科院校十分必要"。

专家组明确表态："同意培华女大申报本科院校。"还针对需要抓紧做好的工作，提出了一些具体建议。

"省审"通过评估，培华并未懈怠，在制定学校 2000—2005 年发展规划，即

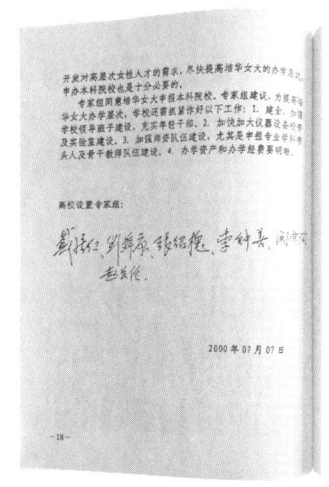

陕西省教委高校设置评估专家组签名同意培华女大申报本科院校

"十五"规划时，尤其侧重于本科教学的具体要求。在现有的中文系、财经系、艺术系、计算机系、外语系、法学系、电子系 7 系基础上，筹建经济系；同时，将开设新闻学、法学、电子信息工程、通信工程、工商管理、市场营销、国际经济与贸易、金融学等本科专业。在师资队伍建设方面，提出逐步改变"两头大、中间小"的年龄结构，每年选派青年教师进修或在职攻读硕士学位。实验室及图书资料建设每年都有数字要求，与新校区一期工程建设相配套。在办学规模方面，规划 2005 年在校本科生达到 5000 人，专科生 3000 人，成人教育学生 2000 人，在校各类学生达到万人，远景规模达到两万人。

2001 年，培华是在一系列有针对性的充实中开展"升本"工作的。得到加强的学校领导班子，综合管理水平迅速提

陕西省高校图书馆专家组到培华女大考察

高。图书和电子读物继续充实，3年购进图书资料15万册，专业参考书籍在万册以上，有的热览书籍复本达30册，达到本科教学要求。这一年，又投资1800万元，按计划建成文秘实习训练室、财会电算化实验室；此后建成的服装设计多媒体实验室、外语学习小型无线电台、电子实验室、模拟信号实验室，使培华女大的各类实验、实习室达到31个，全校计算机总装机量达1100台，超额完成"十五"规划目标。

教师队伍也按本科教育的要求壮大，提高一线教学能力。截至2002年，培华女大专任教师增至303人，另聘兼职教师110人，副高以上职称者184人，高级职称比达44%，其中有研究生学历者25人。

2001年7月中旬，又是一个暑假。针对"升本"准备工作及"十五"规划的落实，培华召开教学工作研讨大会，提出开展"教学质量年"，"以高质量的工作迎接考察"。

抓课堂教学质量，收到了明显效果。过去被学生评议为中下游的教师，大部分有了提高，纷纷重视课堂教学。部分不合格的教师被学校解聘。一名被婉言解聘的教师离开计算机系时感慨地说了这样一句话："以前听说培华没有'铁饭碗'，现在，我实实在在地感受到了！"

神禾塬上，开建 856 亩新校园

培华女大创建初期，借用大学南路的十三中作校址。后来，在沙井村征地建新校区。如今，高新校区作为"新校区"没几年，这一定义再次刷新——2001 年，培华女大决定在西安市长安区的"长安大学园"征地，建设新校园，作为主教学区，称为培华"长安校区"。

扩建第二校园的计划得到陕西省教育厅、陕西省发展计划委员会批准。陕西省教育厅"陕教发〔2001〕69 号"批复，"同意你校新征土地 500 亩，主要用于教学、科研等设施的建设"；陕西省发计委"陕计社会〔2001〕747 号"批复，"根据第 11 次省长办公会议纪要精神，经研究，同意你校在西安市长安县征地建设新校区"。

在培华"十五"发展规划中，新校区规划征地 856 亩，工程总投资 3 亿元人民币，其中教学区投资 1.8 亿元，生活区投资 1.2 亿元。建筑总面积 26 万平方米，分一期、二期工程逐步完成。学校办学规模可达两万人，固定资产累计可达 5 亿元。

校长姜维之聘已在中层岗位工作两年、主管高新校区后期建设工作的姜朗为校长助理，协助其管理基建工作。姜朗系陕西省环保局环境科技咨询中心原副主任，在职教育经济与管理硕士研究生毕业。

2001 年 4 月初，为加快长安新校区建设，姜维之正式任命已在长安校区建设中负责前期工作的姜哲，为长安校区建设指挥部副总指挥，统揽征地和规划建设工作。两年后，长安校区一期工程 11.8 万平方米的建筑基本完成，建起教学 1 号楼、教学 2 号楼、学生公寓、食堂、大学生活动中心、体育场、教工宿舍，校舍总面积增至 19.8 万平方米，如期达到国家《普通高等学校设置标准》。

陕西省教育厅、陕西省发展计划委员会同意培华征地建设长安校区的批复文件

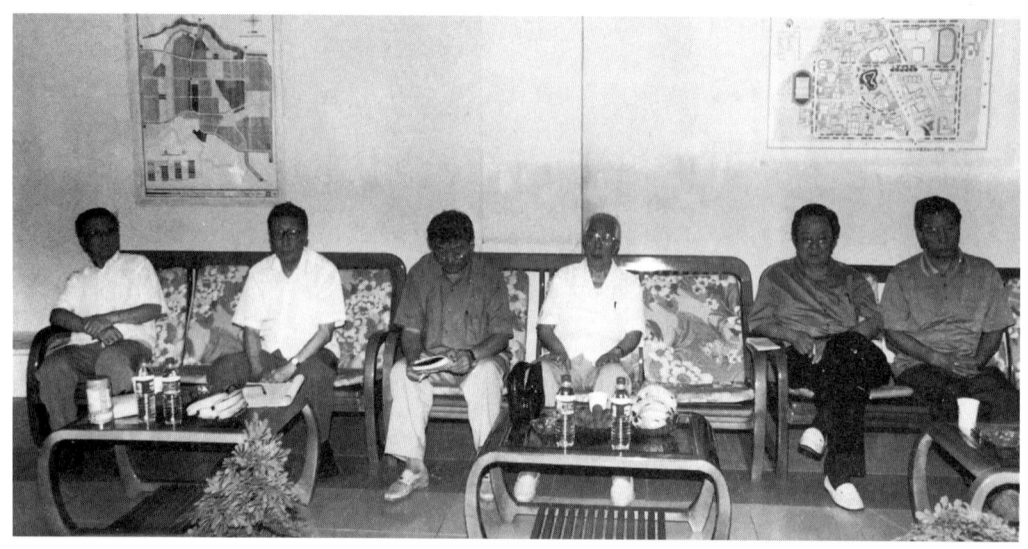

2001年夏,姜维之(右3)在长安新校区建设规划会上,墙上张贴着"培华大学新校区规划"示意图

2002年8月,培华长安校区所在的神禾塬原貌  　　　　地质勘查

2003 年 10 月，培华长安校区新建教学楼

姜哲——西安培华学院建设发展的重要奠基人

二十世纪八十年代末，姜哲为支持父亲的教育事业，毅然牺牲自己半生拼搏、半生心血所取得的成就，辞去广播电台的"金饭碗"，踏上民办教育拓荒之路。在姜维之"以产养教"理念的影响下，为培华发展壮大献计献策，任校办企业西安市通达房地产有限公司总经理。其经营的房地产公司为培华女大的基础建设、资

姜哲(1946—2015)，河南镇平人，中共党员。姜维之先生长子。早年毕业于西安市第三中学。1956 年 7 月，姜维之组建国家统计局长春统计学校，姜哲随父母从西安迁往东北。1958 年，因姜维之被错划为"右派"受到牵连，高中毕业没有资格参加高考。此后，只能弃学择业，在西安市房屋修缮公司、西安市第一建筑工程公司当工人。1982 年秋，姜哲以优异成绩考入西安市广播电视大学，两年后毕业，分配至西安市广播电视台任新闻记者，成为一名优秀新闻工作人员。所采写的大量新闻报道成为中央和省级报刊媒体的头条新闻，所培养提携的青年新闻工作者，后来成为新闻媒体领域的专家或领导干部。

金保障等方面提供了有力支撑。

作为培华高新校区征地、建设、规划的总负责人，姜哲统揽建设工程事宜，为培华奠定坚实的硬件基础，使培华女大从租赁办学转变为陕西第一所拥有自主产权校园的民办大学。

在培华提出"升本"的重大决策后，姜哲又全身心投入征地、建设长安校区，吃住在工地活动板房，重视建筑工程质量，一期建设的每栋教学楼都留下他的身影，两次累倒住院，为培华事业倾注了心血。终于在 2004 年 8 月，培华由高新校区迁入长安校区，学校发展进入一个新时代。

姜哲为支持父亲姜维之的教育事业，无私奉献，两次主持培华的高新、长安校区建设。在建设培华、学校取得跨越式发展之后，退出管理层，置身幕后支持培华发展。姜哲一生坎坷，劳碌成疾，晚年被病痛所折磨，可谓为培华的建设发展献出了健康乃至生命，被培华师生誉为西安培华学院建设发展的重要奠基人。

陕西省委、省政府全力支持培华"升本"

2001年4月，陕西省教育厅向陕西省政府呈报《关于西安培华女子大学升格为本科院校的请示》，发文号为"陕教字〔2001〕29号"，明确提出：提高培华女大办学层次"是我省经济建设社会发展以及实施西部大开发的实际需要，对开发女性专门人才具有重大的现实意义"，认为培华女大"已经具备提高办学层次的良好办学条件，具有较好的办学行为规范和管理机制"，"经省教育厅厅务会议研究，同意提高办学层次，升格为民办普通本科院校"。

陕西省政府接教育厅文件后，对培华"升本"工作十分关注。2001年5月6日，主管教育的副省长陈宗兴到培华女大视察。校长姜维之就学校教学、基本建设和学校管理、申请"升本"情况做了详尽汇报。陪同的陕西省教育厅副厅长薛耀瑄评价说，培华起步扎实，与其他学校相比，管理有特色，十几年来稳步发展，没有大起大落，省厅的态度很明确，大力支持培华"升本"。

副省长陈宗兴明确表态："省上各方面目标都是一致的，即支持培华女大向更高层次上发展。"陈宗兴说："培华女大发展早，稳定发展、有序发展，这是校领导抓得紧的结果。你们为陕西发展做了很大贡献，输送了很多人才，感谢培华女大为陕西发展做出的贡献。希望培华早日升格为本科院校，提高陕西民办高等教育的办学层次。"

2001年5月6日，陕西省副省长陈宗兴到培华女大视察，盛赞培华"为陕西发展输送了很多人才"，"支持培华女大早日升格为本科院校"

陈宗兴查看了学校部分实验室，了解学生学习、生活情况，并欣然题词"培华女大 高教之花"。

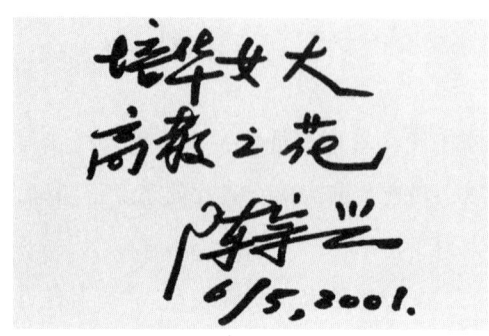

陈宗兴题词"培华女大 高教之花"

陈宗兴此行表明陕西省政府对培华"升本"的态度与期望，强有力地推动了这项工作。一个星期后，2001年5月14日，陕西省人民政府向教育部发出《关于申请将西安培华女子大学升格为本科院校的函》，发文号为"陕政函〔2001〕129号"。此后，陕西省教育厅按教育部要求，先后两次会同培华和有关专家论证，形成6000字的《西安培华女子大学升格为本科院校论证报告》上报。

2002年，"升本"工作进入关键时期。陕西省第一所民办高校能否顺利"升本"，引起省委领导高度重视。3月1日，中共陕西省委副书记袁纯清专程来培华了解学校"升本"工作。省委副秘书长王改民、省委教育工委书记陈存根、省社管中心副主任李维民陪同。

袁纯清一进校园就说："我是首次踏入民办高校的土地。我想先看看校园。"遂到学生食堂、公寓、体育场、教学楼等

教育部原副部长周远清(右)视察培华高新校区

处查看，并在课余进教室与学生交谈。

在听取汇报后，袁纯清很感慨："培华女大不仅是陕西省第一所民办高校，也是全国第一所女子普通高校，开了办学之先河！能办到今天的程度，是因为以姜维之校长为首的一批职业教育家有一种现代的教育理念，有一种对教育的热忱，有一种对民族振兴的理想、胆识和气魄。"

袁纯清说："省委、省政府把民办高等学校作为陕西的一大特色，作为建设西部经济强省，培养强大的人力资源的一个重要渠道、培养人才的重要基地来看待。作为整个陕西省的一个品牌，把它推进发展。"袁纯清就陕西民办高等教育今后的发展提出，要办好、办大、办强，第一，质量是根本，"我看你们抓得很紧，质量第一，质量立校"。第二，是特色，就是品牌，"你们是女子学校，这本身是个品牌"。第三，是规模，要继续扩大规模。"就像骑自行车一样，停不得，脚还是要狠狠蹬。学生少，不行，招十个学生养不起学校，靠规模效应。办五千人不如办一万人，办一万人肯定比五千人好办，就是规模效应呀！明年能不能搞到一万人？当然搞到一万人更好！"第四，加强管理。"民办高等学校不加强管理，就是'皮包'学校，万一人跑了，你也找不着了，成为一个不安定因素来闹事。"

袁纯清最后表态说："培华经过十多年的艰苦奋斗，现在已是卓有影响了，而且有一万多个毕业生了，也是成果卓然、桃李满天下了。下一步发展前景也很好，希望你们继续按照你们的办学指导思路，把这个学校越办越大，越办越好，越办越强。期待你们为陕西经济发展做出大的贡献！"

"咱们学校晋升为本科院校啦！赶快鸣炮祝贺！"

2002 年 4 月 3 日，培华女大成立申办本科院校工作领导小组，校长姜维之任组长，刘希林、韩靖寇、姜波任副组长，成员有姜朗、王福存、王永军、齐义生、许全斌、杨开发。从相关论证材料的进一步修改、补充，到行政、教学、管理各项规章制度的修订、完善；从硬件设施建设的督促、落实，到校园环境、卫生状况的清理、检查……事无巨细，逐一推进。

"升本"工作紧锣密鼓一天天推进，教育部高校设置专家组的考察日期也在一天天倒计时。

终于到了 11 月 1 日，教育部普通高校设置评议委员会专家组来了！他们此行，是对陕西省政府申报的培华女大"升本"工作进行考察验收。

教育部普通高校设置评议委员会专家组
组长　全国普通高校设置评议委员会委员、江汉大学校长李进才
成员　河北省教委原副主任、河北省教育考试院院长何长法
　　　重庆工商大学校长周万钧
　　　西南交通大学高教研究所原所长徐文龙
　　　教育部发展规划司高校设置处副处长韩筠

陕西省参加考察汇报会的人员有 12 人——
陕西省政府副秘书长薛汉军
陕西省教育厅副厅长薛耀瑄
陕西省教育厅发展规划处处长曹普选、副处长李明富
西安市教育局局长李尚俭、副局长门忠民、高校师范处处长邓耀斌
西安培华女子大学校长姜维之，副校长刘希林、韩靖寇，校长助理姜波、姜朗

2002 年 11 月 1 日，教育部普通高校设置评议委员会专家组赴陕高校考察工作留影

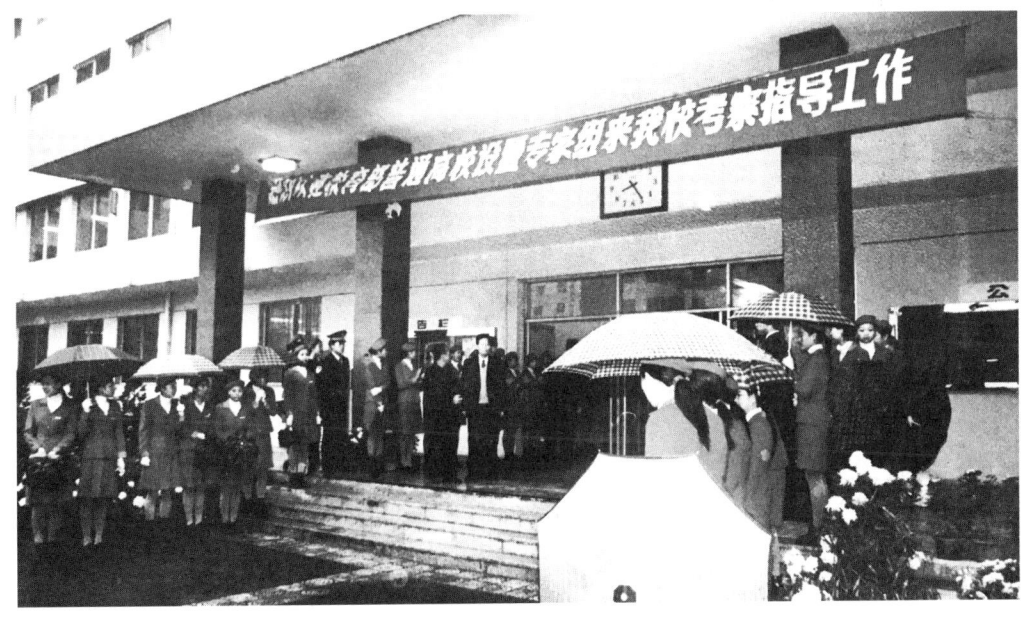

2002 年 11 月 1 日，培华女大师生欢迎教育部普通高校设置评议委员会专家组来培华考察"升本"工作

教育部普通高校设置评议委员会专家组考察培华"升本"工作

教育部普通高校设置评议委员会专家组听取汇报。专家组组长为全国普通高校设置评议委员会委员、江汉大学校长李进才(前排右3)

在图书馆电子阅览室,培华女大学生为专家组进行现场操作

中文系主任刘建勋(右)向专家组介绍办公自动化实验室概况

专家组参观培华女大艺术系服装工艺室,校长助理姜波(左2)介绍情况

在高新校区会议室,培华女大相关负责人向专家组汇报学校创立的历史背景、办学层次与专业设置、师资队伍、教学仪器设备与实践基地、图书资料等基本情况,对学校近期发展规划、升格为本科院校的必要性和可行性做了详细说明,还就专家提出的办学特色、学校定位、办学途径、经费来源等问题做了阐述、解答。

之后,专家组实地考察23个专业

实验室及图书馆等场所。专家组成员对培华女大拥有如此规模的专业实验室表现出极大的兴趣。

当日下午，专家组成员来到地处长安神禾塬的培华新校区。856亩的新校区一期工程建设正在紧张进行。新校区建设副总指挥姜哲介绍，2003年7月底，一期工程将有10万平方米完工，可容纳五六千名学子学习生活。专家组成员由衷地称赞培华人的这种工作精神和思维方式。周万钧教授对培华校长姜维之建新校区的气魄表示钦佩。

有一种评论认为：教育部派遣专家组对培华的实地考察，体现了四个"一次"——

对中国西部地区第一所民办普通高校的第一次视察，对培华女大创建18年教育工作的一次全面检阅，对改革开放后民办教育历史的一次溯源，对陕西民办教育在全国所处地位的一次验证。

四个"一次"，是教育部对西部民办高等教育的肯定和支持。这次考察已载入陕西民办教育乃至中国民办教育史册。

2003年3月，教育部高校设置评议委员会全体委员大会在厦门召开。"北方片"专家组就所考察的"升本"院校和"改名"院校的总体情况，向大会提交了考察报告。在委员投票评议中，培华以其悠久的办学历程和优异的办学条件顺利获

专家组到"西部大学城"的培华新校区建设工地考察

856亩的新校址使专家组成员感慨不已

专家组听取培华长安新校区建设副总指挥姜哲（左3）介绍建设进度，期望在短期内顺利完成一期工程，为尽早步入本科层次教育打下坚实基础

培华长安新校区建设副总指挥姜哲总工程师（左3）介绍，一期工程完工，可容纳五六千名学子学习生活，专家组成员闻讯也很兴奋

得通过。

培华，成为西部地区第一所民办本科普通高校。

2003年3月1日上午9:50，姜维之接到电话通知，培华获准升格为本科院校。培华图书馆原副馆长杨开发在一篇回忆文章《难忘的岁月》中记录了那个难忘的时刻：

我正在校办值班，姜校长打来电话，问："谁在值班？"我通报了姓名。姜校长兴冲冲地告诉我："教育部在厦门召开的评审会议，通过了咱们学校晋升为本科院校！你赶快通知校办鸣炮祝贺！"我立即将这个喜讯传递出去。刹那间，学校大门内外，鞭炮轰鸣，震天动地，经久不息。师生们欢呼跳跃。整个校园沉浸在一片欢乐的气氛中。

根据陕西省政府文件精神，"西安培华学院由你厅负责管理"，西安市政府依据市教育局的请示，于2003年10月发出《关于同意将西安培华学院交由省教育厅管理的批复》，自此，培华的行政管

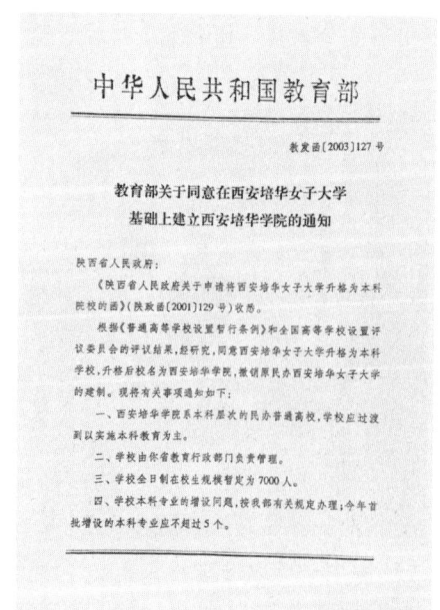

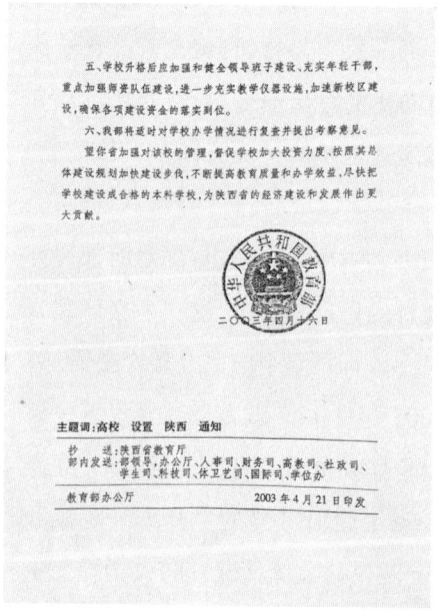

2003年4月16日，教育部"教发函〔2003〕127号"《教育部关于同意在西安培华女子大学基础上建立西安培华学院的通知》，同意培华升格为本科高校

2003 年 5 月 29 日，陕西省人民政府"陕政函〔2003〕111 号"《陕西省人民政府关于同意在西安培华女子大学基础上建立西安培华学院的通知》，同意培华升格为本科高校

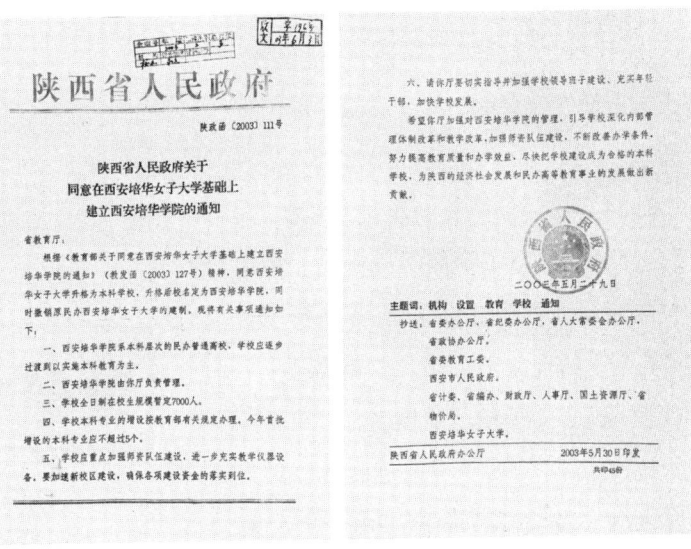

2003 年 10 月 13 日，西安市人民政府"市政发〔2003〕117 号"《西安市人民政府关于同意将西安培华学院交由省教育厅管理的批复》

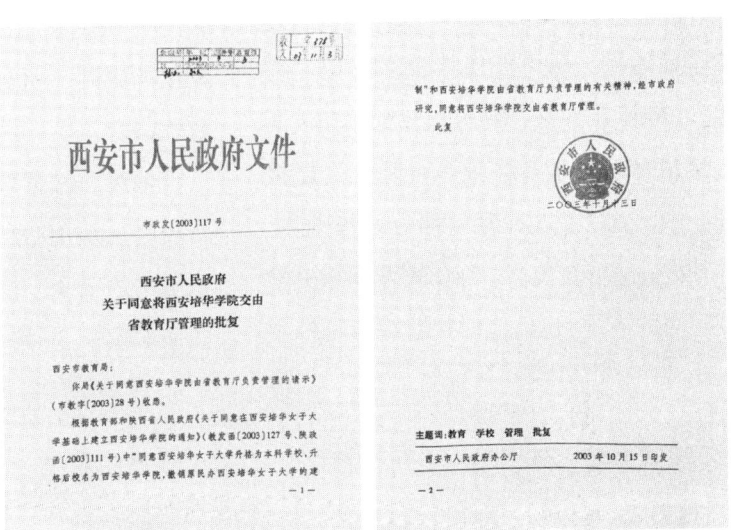

2003 年 3 月 18 日，《培华女大报》头版头条报道《我校获准升格为本科院校》。引题"二十年辛勤耕耘 二十载执着追求"，一语道尽来路甘苦

理正式由地方教育部门移交省教育部门直接管理。

1984 年，培华恢复创建时，称为"大学"。当时，教育主管部门对新建、复建学校的冠名没有严格的规范，各地新校名称"高套"的现象很常见。二十世纪九十年代初，国家着手规范高校名称，专科学校冠以"大学"，属于不规范命名。对于培华女大，主管部门提出"由于情况复杂，正名的条件、时机还不成熟，目前暂不全面整顿，尽可能保持校名的相对稳定"。2001 年 5 月，陕西省教育厅在《西安培华女子大学升格为本科院校论证报告》中，首次提出采用"西安培华学院"的校名。这个新校名，符合教育部相关学校冠名的规定，也适应时代对综合院校生

源的客观要求。虽然取消了"女子"这个词汇的限制，但仍然保留女性人才的特色和优势。

最终，教育部批准"西安培华学院"新校名。从 1928 年的首个校名算起，这是培华的第 9 个校名了。一次次更名，恰如一次次蝶变。培华，进入又一段新航程。

2003 年 8 月 31 日，教育部部长周济(中)与培华校长助理姜波交谈

学校的重大事项，都要先在党支部会上讨论

培华恢复建校初期，学校没有单独设立党组织，党员关系都在西安市十三中学支部。1986 年 9 月，培华女大向上级党组织申请设立支部。直到 1989 年 3 月，西安市委科教工委批转十三中党支部"同意培华女大成立党支部，由姜维之代理书记并负责党支部组建工作"。同年 6 月 26 日，正式成立培华女大党支部，姜维之任支部书记，支部当时有 22 名党员。此后的 1993 年 12 月，培华女大支部进行换届改选，姜维之继续任支部书记。

姜维之作为党支部书记，又负责主持学校的行政工作，始终严格将自己置于党组织监督之下，学校的重大事项在决策之前，都要先拿到党支部会议上讨论研究，取得共识之后再提交校委会决定，保证了决策的民主性和科学性。

培华女大第六期业余党校结业典礼，为结业学员发证

学校的重大事项在决策之前，都要先拿到党支部会议上，讨论研究——这是培华女大党支部书记姜维之确定的一条规则

发展新党员大会

2001 年，三好学生、优秀学生干部、先进班集体表彰

培华女大 2002 年春季田径运动会

团组织在培华建校初期，也归十三中党支部管理。1985 年，经团西安市委组织部批准，培华女大设立团委。1989 年，培华女大党支部成立，培华团委也转为女大党支部领导，连续多年被团西安市委评为先进团委。培华女大团委在学校艰苦创业发展中做出积极贡献，起到了团结青年、教育青年、凝聚青年的作用。

其他各项工作也在加强。2003 年 6 月，陕西省外国专家局、陕西省教育厅外事处一致同意发给培华学院"聘请外国专家单位资格认可证书"。西安培华学院是陕西首所被授予该项证书的民办本科院校，连续多年获年检优等标准。

2000 年前，由于场地所限，培华只能开展小球类活动。全校性的运动项目只有在冬季开展的校外越野比赛。1998 年，培华组队参加陕西省第 21 届大学生田径运动会。2001 年，国务院颁发《学校体育工作条例》，培华将原有体育场扩建改造，修建了 200 米跑道，设了 3 个篮球场、4 个排球场，和一些羽毛球场，达到了验收的良好等次。投资 14 万元，添置 300 余套体育器材，于 2002 年举办了春季田径运动会。

▌ 在校统招生人数首次突破 5000 人大关 ▌

培华升格为本科院校的消息，经《西安晚报》《陕西日报》《华商报》《今早报》等媒体报道，广为人知，社会认可度迅速提高。2003 年 8 月初，陕西省招办传来一个更为直接的反馈：当年报考西安培华学院的各类考生近万人。最终，正式录取第一志愿本科学生 374 名，专科学生 2427 名，共 2801 名。

前几年，全国高校都在扩招，但培华的招生工作一度保守。尽管陕西省教育厅在招生数额上每年都给予关照，但培华有 3 年均未完成招生指标。2001 年，培华领导层充分认识到招生工作对学校发展的重要性。校长助理姜波到任主管招生工作，将这项工作作为全校工作的重中之重，确立"生源是民办院校生命线"的思想，采取"主动出击、扩大宣传"的方法，改变"坐等报考"的招生模式，完善招生方案，学生数量逐年增加，办学规模得以上升，效益自然随之提高。

面对"升本"这一利好消息，培华对 2003 年的招生形势估计挺乐观，可现实情况还是大大超出了预期。招了近 3000 名学生，一下措手不及，现有办学条件经受着一个极大的考验。

2002 年 7 月，培华女大服装设计专业学生进行毕业答辩

按原计划，建设中的长安新校区要在 9 月初，即新生开学之际，投入使用。为此，在"升本"获得审批确定之后，学校的工作焦点集中在长安校区。虽然采取了超常规的施工策略，同期开工项目十多个，工程进度一度惊人，但截至当年 5 月底，还没有一幢主要建筑封顶。1 号教学楼两万余平方米，6 月中旬完成主体建设，可要在两个多月的时间内完成水电工程、内部装修，完成消防设施以及教学设备的安装调试，难度极大。还有，学生公寓、餐厅无法按期交付使用，浴室、校医院、电话、网络、超市、银行、邮局、体育场、道路、绿化……还都没有眉目。

2003年10月21日,尚在建设中的长安校区

学校拟订两套方案:长安校区继续加快建设,力争9月初达到要求,新生及中文等5系迁至新校;高新老校区按不搬迁准备,保证新生接待、按期开学。

倒计时越来越近。最终,多项指标显示搬迁无望,长安新校区届时无法接待新生入住。

怎么办?

高新校区忙活开了。

2003年秋季新学年开学不同寻常。这是"升本"后的第一个新学年,首次有本科学生,客观上各方面都应有变化。"升本"带来的良好效果,使在校生人数一下超过5000人,教学、管理、生活各方面的难度都相应加大。这一年,突如其来的非典型肺炎(SARS)病毒传播,使中国许多地区都处于病毒的严重威胁之下。而学校更是预防"非典"的重点区域。

"大环境"紧张应对,"小环境"只能从容不迫。培华按照早早准备好的预案,一一落实。逐床位核算住宿能力,腾出商品楼满足学生住宿;突击建起2000平方米的"小吃城",扩大食堂接待能力;扩充开水房,延长供应时间,满足学生饮水需要;主教学楼实行"轮转使用",学生班级不固定教室,又在高新校区东区建起11个均可容纳200人的活动板房教室;增聘教师,增加管理人员、辅导员……

培华经历了防控与应急能力的考验。在"抗击非典"期间,学校实行24小时值班制,姜维之任总值班,每天吃住都在学校,每日询问师生身体状况、学生思想状况及各方面预防工作。秋季开学前后,从学校领导到公寓管理员、水电工,人人整日忙个不停。

困难重重。办法总比困难多。

2003年,西安培华学院在校统招生人数首次突破5000人大关,在陕西民办高校中依然领先。

奇树异草，靡不培植。

——《三辅黄图·汉上林苑》

沉浸浓郁，含英咀华。

——[唐] 韩愈《进学解》

第四章

培华学院，神禾明珠

——培华新时代（2004—2018）

"升本"之后再出发

（2004—2007）

　　从 1984 年恢复创建，到 2003 年顺利"升本"，培华走过不平凡的 20 个年头，如今站在新的发展起点前。

　　新起点在古城西安的终南山麓、神禾塬上。神禾塬自古是一片福地，是长安八水滈河、潏河的分水岭。相传此地古时曾有一禾出穗，重达六斤，堪称神奇。又传说唐太宗当年也曾巡游至此，果见一禾生双穗，惊呼"神禾"，遂得名。培华校区恰在此培育英才，如禾结穗，适得其所。

　　传说总是虚无缥缈，新起点却有着坚实的基础：升格为本科，扩大的规模，完善的管理。"升本"之后再出发，第一步，就是教育部"加快建设步伐"、陕西省政府"加速新校区建设"这两项同一个要求，神禾塬上培华长安新校区的建设及规模发展，成为新培华工作的重中之重。

　　从无到有，点滴建设，宛如一颗明珠，焕然一新地出现在秦岭北麓的神禾塬上。

6000 名师生进驻长安校区

在同意"升本"的文件中，教育部与陕西省政府不约而同地向培华提出"加快建设步伐""加速新校区建设"的要求。

2004 年初，西安培华学院重新安排长安校区基建项目的进度。姜维之提出"必备工程优先"的原则，首先抓好教学主楼和学生公寓的收尾工程、内部装饰，逐项落实电力供应、排水排污等配套工程建设工期。姜波助理在 2004 年 4 月至 9 月，一方面抓基建进度，一方面抓招生。在两个月时间内，长安校区突击完成学生餐厅、学生洗浴中心及配电中心、供水锅炉房等工程项目的设备安装、调试、运行检测。其他诸如学校南大门主体建设、教学楼西广场铺设、操场硬化及道路、绿化工作也在短期内进展明显。

经过半年努力，到

2004 年 9 月，长安校区一期基建工程的主要工作基本完成：建筑面积 2.6 万平方米的 1 号教学楼竣工，教学配套设施到位；6 座学生公寓竣工，使用面积达 5000 余平方米，内部装修及设施达到入住要

神禾塬上，南山在望

一座全新的西安培华学院问世

求。一座崭新的校园，可以迎接期待已久的师生了。

好事多磨。就在搬迁入住的前夜，污水管道突发阻塞，这可如何是好！学校立即联系长安区市政管理部门，校方与市政工作人员连夜寻找被堵塞的排水口，清淤排污，忙活了大半夜，终于为按时搬迁解决了最后一个难题。

说起来，上次"搬家"已是10年前了。1994年，从大学南路搬到白沙路的高新校区。忽忽十年过去，又要"搬家"，如同"更上一层楼"。

此前，学校制定详细方案，"部分搬迁，先期运行，逐步完善"。首批进驻长安校区的，有中文系、经济管理学院、外国语学院、法学系、经济系5院系及校办、教务处、学生处、保卫处、就业指导中心等主要行政部门，总计约4000余名师生。

这真是个大工程。

2004年9月2日，星期四，培华学院搬迁工作在新老校区同时展开。院系主任带队，都在炎炎烈日下忙来忙去。有的教师蹬着三轮车一趟趟搬运行李物品。艺术系师生不在首批搬迁之列，也跑来帮助学友拉运行李。尤其是图书馆，几万册图书都是肩扛手提，一本本搬到长安校区，重新上架摆好。

原定4天的搬运计划，用了3天就全部顺利有序完成。

在这一年的9月，长安校区还迎来2004年新录取的1800名新生。2004年，培华新招本科统招生1847人，超计划347人，新招专科学生2557人，录取分数线比上年提高7%。

新的校园，一切都是新的。尽管还有一些地方不够完善，存在一些困难，但都在逐步解决中。2005年，始发站西安南门的323路公交车也终于开通了。这一站，就称为"培华学院"。

培华图书馆一角

新的校园，一切都是新的

新领导班子开启"十一五"规划

"升本"之后，所有工作都在加速。2004年，考虑到发展规模及教学机构设置，院长姜维之聘请第四军医大学原副校长陈胜秋教授、陕西电视台原台长王超担任副院长。2005年4月，出于对学校长远发展的考虑，在原领导班子的基础上，姜维之又聘请已在院长助理岗位上锻炼多年的姜波担任副院长，协助院长，以便进一步熟悉掌握学校发展的各个方面。2005年下半年，聘请西安工程大学杨定君教授担任教学副院长，加强对教学工作的领导。

> **"升本"后的培华学院领导班子**
>
> 院　　长：姜维之
> 副 院 长：王天木　韩靖寇　刘希林
> 　　　　　陈胜秋　王　超　姜　波
> 　　　　　杨定君
> 院长助理：姜　朗

加强的领导班子，头一件重要工作，就是加大总体力度，扩大办学规模，增加招生人数。2005年，培华学院在校生人数达到17600余名，保持陕西省民办高校统招在校生最多的优势。另一项重要工作，即继续建设长安校区。

与此同时，为加强教学管理，进行第二次院系调整，原中文系、艺术系升级为新闻传播学院、艺术设计学院，加上此前设立的经济管理学院、外国语学院、医学院，形成6院3系40个专业的格局。同时，利用应届大学生分配渠道、在职进修渠道及网络招聘渠道，多方聚集人才、引进师资，使教师队伍整体素质得以较大提高。截至2005年底，培华学院有教师876人，其中专任教师587人，兼职教师289人，具有高级职称的达366人，占专任教师总数的41%。

2005年后，长安校区逐步成为培华学院的主教学区。推行多年的各种管理制度日臻完善，一系列改革措施促进教学质量不断提高，师生精神面貌焕然一新。

"十五"规划取得了丰硕成果，培华又走上新征程，开启"十一五"（2006—2010）规划。

这一规划，是在培华"升本"及本科教学取得初步成绩，长安主教学区建设形成规模的情况下制定的。"十一五"规划的特点有：首次明确提出"以本科教学为主干""以经、管为重点"的办学方向，使培华的办学特色更明晰、人才培养方向更具体；同时，对各项办学目标有更高的数字要求，比如到"十一五"末，"各类在校生人数达到 30000 人，其中本科生稳定在 12000 人左右"，"到 2010 年，形成管理学、经济系、法学、文学、工学、医学、女性学七大学科门类，本科专业达 28 个，其中 20 个专业要获得学士学位授予权，争取 2~3 个以上专业联合培养硕士生"……在科研工作、师资队伍建设、改善教学条件等方面也有明确的数字要求。

2006 年 6 月,培华学院签订评估任务责任书大会

培华学院 2006 年教学工作会议

2004 年 3 月 29 日,国际金融公司(IFC)一行 4 人来培华学院考察

本科教育阶段成果的一个证明

——西部民办高校首家获得学士学位授予权

"升本"只是一个目标。实现了目标，如何在本科教育层面开展教学、培养人才，就成为下一个具体目标。

围绕教育部提出的要求，"学校应过渡到以实施本科教育为主"，院长姜维之主持召开两次教学工作会议，提出"保证教学正常运行为重点，开好局，做好各项教学工作"的思路，保证专科教学秩序，突出强调教学重点向本科倾斜，逐步提高本科教学质量。

学校在教学和教学管理方面逐步建立四个专门委员会：教学指导委员会、学术委员会、学位评定委员会、毕业论文（设计）指导委员会，由经验丰富和具有较高理论水平的专家组成，加强对教学的宏观指导和规范管理。还成立教学督导与评估办公室，检查各专业课的教学大纲、课程设置及教材落实，狠抓教风。同时，抓学风、抓考试作弊。

2006 年 3 月 24 日，培华学院召开年度教学工作会议

2006年9月，秋季开学后的一次教职员工大会

2005年下半年，学校新聘主管教学副院长杨定君教授，加强教学工作的领导力度。通过早读的实施，学生上课迟到现象明显减少。教务处检查全校教师的教案，促进良好的教风。当年，"专升本"考试有533名学生报考，上线人数270人，上线率达51%，高出陕西省平均上线率14个百分点。

副院长姜波提出，教学质量是本科教学水平评估的重点与核心，质量上去了，学生成才了，家长满意了，国家和社会的需求也就得到了满足，学校的建设发展才能得到全面落实。因此，必须把教学工作摆在更突出的位置，在三个方面加大力度：高水平的教师给学生上课，高质量的课堂教学组织，高规格的人才培养体系。

2007年，按照姜波提议，学校启动"本科专业创新工程"，重点加强专业建设。这一工程为实施本科教学发展带来机遇，各院系在专业建设上，从实际出发，

2006年9月，培华学院时任副院长姜波在陕西省教育厅专家组评估考察时做介绍

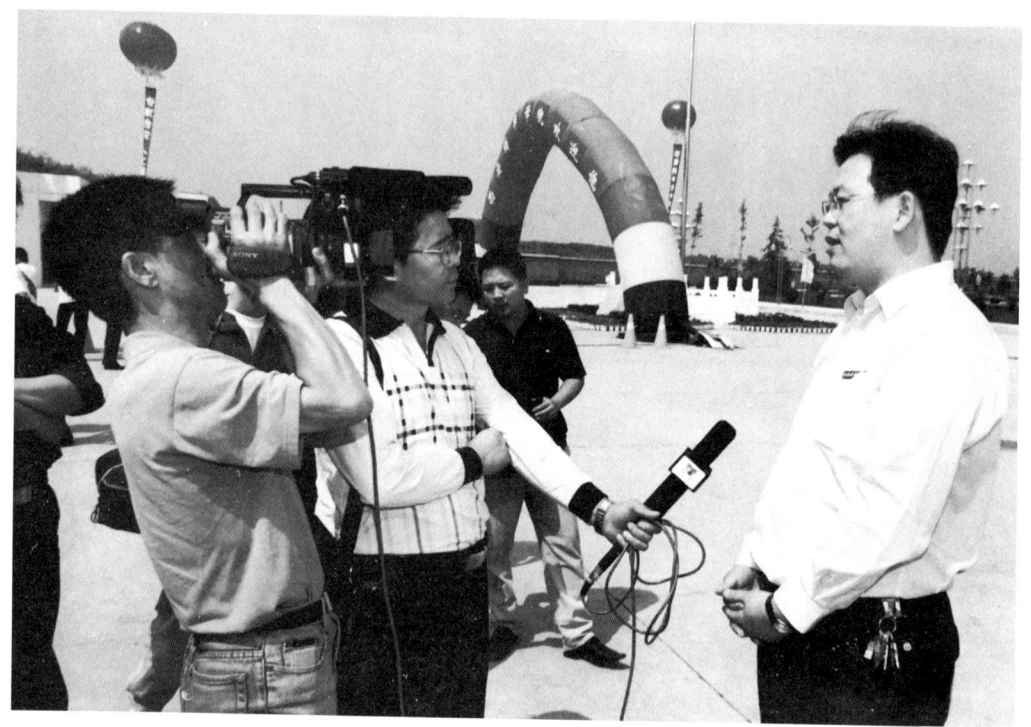

2006 年 9 月,培华学院时任副院长姜波接受媒体记者采访。姜波提出,教学质量是本科教学水平评估的重点与核心,质量上去了,学生成才了,家长满意了,国家和社会的需求也就得到了满足,学校的建设发展才能得到全面落实

从社会需求出发,均有成效。至 2007 年底,学校共有 26 个本科专业、24 个专科专业,学校的专业结构布局日趋合理。

为保证本科教学质量,学校加强教学建设,连续几年,加大教学投入,改善硬件环境。2004 年,培华在加快长安校区基建的同时,投入 680 万元,建成长安校区实验实习系统。2005,新建一批药学实验室、护理实验室、微机原理实验室、网络实验室和计算机实验室。2006 年,新建编辑实训室、播音实训室、国际商务实训室……短短几年,在教学仪器设备上的投入达 6988 万元,保证教学需要,改善

教学条件,也为高职高专评估以及学士学位申报工作创造了较好的硬件环境。

"十五""十一五"规划,连续两个发展规划都将图书馆建设列入重点目标,以配合实施向本科教学过渡的要求。2004 年,培华投资启用北邮图书管理系统,使图书馆自动化建设达到国内领先水平,成为当时陕西民办高校中仅有的该系统的使用者。2006 年,建立图书馆网站,与校网联网,设置检索服务、在线预约等服务项目。2007 年,图书馆实行挂牌服务。

这一时期,西安培华学院图书馆面积 7272.6 平方米,在建图书馆面积 26000 平

方米，藏书95.76万册，有社会科学、文学艺术、自然科学、综合图书等借阅室和图书、教师图书、外文图书以及报刊等阅览室，还有有近千个座位的自习室。

在为教学服务的同时，也加强图书馆自身建设。2006年，培华图书馆获陕西省社会科学信息学会"科研活动先进单位"称号。2007年，培华图书馆被陕西省高等学校图书情报工作委员会授予"文明图书馆"称号。

2006年11月24日，培华学院高职高专评估阶段性总结大会

在这一阶段，培华还建立"产学研合作"的科研工作机制。从2006年起，培华学院建立周秦文化研究所、西部民俗文化研究所、经济管理研究所、法制新闻与传播法制研究所、女子教育研究所、中华和谐文化研究所和全国妇联妇女性别研究与培训陕西党校基地第一基地等研究机构。《西安培华学院学报》也于当年12月创刊，为探讨教育理念、交流办学经验、提升科研水平搭建平台。2007年，西北唯一的"女性教育研究与培训基地"在培华挂牌。

"十五"期间，西安一些高校刚退休的老同志被培华学院聘请担任领导职务，在教学、管理方面发挥积极作用。如今，面对本科教学，培华更加意识到人才的重要，用多种方式诚心盛邀一大批在各学科领域学有专长、卓有建树的高端人才进入培华担任重要岗位职务，发挥学术领军作用，在创建医学院以及计算机信息、文学、法学、商贸、建筑等专业方面起到不可替代的作用。这成为培华发展的一条宝贵经验。

2005年，培华学院成立师资管理科，专项负责教师队伍管理。每年招聘补充新增设专业课程的教师。截至2007年，引进教师410人，其中副教授以上48人、硕士研究生50人，改善教师队伍的职称、年龄、学历及专业结构，提高教学水平。同时，加强专职青年教师的培养及外聘教师的管理。

2005年11月，西安培华学院向陕西省学位委员会提出学士学位授予单位的申请。这关系到2003级本科372名学生、2005级专升本217名学生在2007年毕业

老校长姜维之演讲当代女大学生心理状况

2008年5月8日,全国妇联妇女性别研究与培训陕西党校基地第一基地在培华学院成立

时的学士学位授予问题。

2006年初,陕西省学位办批复:"你院应从批准建立普通本科高等院校后招收的第一届普通四年制本科学生计算起,于该届本科生毕业的当年,可向省学位委员会申请学士学位授予单位。"

依此批复,培华于2007年申报学士学位授予权单位和汉语言文学、市场营销、计算机科学与技术、艺术设计和英语5个专业的审批工作。

2007年5月,经陕西省学位委员会批准,西安培华学院获得本科学士学位授予权,成为西部首家具有学士学位授予权的民办本科高校——这标志着培华学院在实施向本科教育过渡中取得阶段性的成绩。

中央电视台《半边天》节目主持人张越访问培华

培华学院的美学讲座

陕西省人大常委会副主任桂中岳视察培华学院电子系实验室

2007年6月21日,西安培华学院在西安国际会议中心召开"纪念《民办教育促进法》颁布五周年暨西安培华学院获学士学位授予单位庆祝大会"

西安培华学院学子喜获学士学位

培华学院第一届党委成立

2003年11月，培华党支部成建制转入陕西省教育工委。根据上级党委加强民营单位党建和本科院校必须健全党组织的要求，同年12月，培华学院建立临时党委。2004年及2007年，省教育工委先后任命周振豪、王斗虎担任临时党委书记。

2004年，培华临时党委成立时，学院的党建工作形势严峻：上万名在校生、上千名教职工，党员不足60人，而且一半党员关系未转进，大学生党员仅有9名，且当年毕业离校后，学生党员则为零。

培华临时党委将健全基层党组织当作大事紧抓。2000名以上在校生的6个院系建立党总支，2000人以下的成立党支部，学校各处室也划为8个党支部，选配书记，健全成员。截至2007年底，培华学院共建基层党总支6个，党支部31个。同时，规范、完善党委工作制度，将党总支、党支部及各级党校、分校纳入目标管理中，推进党建工作。

在健全基层组织的基础上，开展多项教育、纪念活动，提高党员素质，树立典

2004年10月至2007年9月，周振豪任培华学院临时党委书记

2007年9月至2008年6月，王斗虎任培华学院临时党委书记；2008年6月至2012年3月，任培华学院党委书记

2012年3月至2017年6月，周庆华任培华学院党委书记

培华学院新党员的入党宣誓仪式

培华学院师生参观纪念红军长征胜利70周年展览

2006年6月30日,培华学院纪念建党85周年暨表彰优秀党员大会

型,创先争优。2005年,在陕西省教育工委统一部署下,培华学院开展保持共产党员先进性的教育活动。在这一阶段,培华学院的业余党校开办18期,培训7000余人次。2006年,临时党委在文法学院等5个二级院系成立分党校,推动党员培训。在这两年,党委还开展纪念抗日战争胜利60周年、纪念红军长征胜利70周年主题活动,组织全校党员和入党积极分子参观革命传统教育基地。

一批先进典型受到表彰。2005年,姜维之、余意被陕西省教育工委评为优秀共产党员,杨福华被评为优秀党务工作者,电子系党支部被评为优秀基层党组织。2006年,外国语学院党支部、电子系党支部被陕西省教育工委、陕西省教育厅评为精神文明建设工作最佳单位。2006年,姜维之、陕西首位境外无偿捐献造血干胞的程程同学、身残志坚的邱波及帮助他的2B-0511班集体、勤工俭学自食其力的黄迎迎,被授予首届"感动

"培华人物"荣誉称号。

临时党委在发展党员时，坚持标准，吸收青年教师和教学骨干入党，实行学生班级"一年级有党员，二年级有党小组，三年级以上有党支部"。据 2006 年统计，向各级党组织递交入党申请书的教工和学生达到全校人员的 83%。从 2004 年至 2007 年，临时党委审核批准通过预备党员转正 545 人，发展新党员 1273 人，其中青年教工党员 89 人、大学生党员 1184 人。这一数字是 2004 年以前 20 年培华党员发展总数的 44 倍。

2008 年 6 月，中共西安培华学院第一次代表大会召开

2008 年 6 月，中共培华学院第一次代表大会在长安校区大学生活动中心召开，全校各院系 145 名正式代表和 21 名列席代表参加。大会经过选举产生了第一届党委和第一届纪检委。

中国共产党西安培华学院第一届委员会

书　记：王斗虎

副书记：陈明华　陈胜秋

委　员：王斗虎　陈明华　陈胜秋
　　　　周振豪　杨定君　李天禄
　　　　秦晓虹　王洪茹　赵　洁（女）

中国共产党西安培华学院第一届纪律检查委员会

书　记：陈胜秋

副书记：秦晓虹

委　员：陈胜秋　秦晓虹　王春来
　　　　王建安　牟竹梅（女）

这一时期的团组织建设也得到加强，团委成立宣传部、组织部，之后又增加社团管理部。团委工作进入新阶段。团委开展"一二·九"学生运动 70 周年等纪念活动。成教院团总支获 2007 年度陕西省五四红旗团总支荣誉称号，经管学院陈奕同学获陕西省优秀团员荣誉称号。

学生会工作有声有色。2006 年、2007年，各组织了 64、50次各种类型的学生活动，吸引学生广泛参加，推动校园精神文明建设。社团组织活跃发展。

培华社团组织始于 2000 年成立台阶文学编辑部，经过多年发展，这一时期有 5 类 34 个社团，涵盖体育、实践、兴趣爱好、文艺、科技等方面，社团会员有 7000余人，占在校生总数的 25%以上。社团成员参加陕西省及全国大学生艺术节、戏剧节等各种活动、赛事，多次获得奖项。

2006 年、2007 年，培华学院学生会分别组织了 64、50 次各种类型的学生活动，吸引学生广泛参加，推动校园精神文明建设。学生会及社团组织的各类活动，得到校方大力支持。图为 2006 年 3 月 21 日，培华学子进行的一次"高峰论"，时任副院长姜波(右)到场表示支持

培华学子兴趣广泛，社团会员占在校生 25%以上

2006 年,培华学院春季运动会,院长姜维之宣布运动会开幕

姜维之先生与世长辞

姜维之老了。恢复创建培华那年，他58 岁，遭遇了不知多少困难，破解了一个又一个问题，每每敏感地抓住了机遇，在漫长的发展道路上，紧要处的那几步，一口气也不曾停歇，稳健，执着，轰轰烈烈地干了 20 多年。培华在他手里从无到有，从借居一隅到拥有广阔的校园，从百十来名学生到数万名学子，从专科升格为本科。一路艰辛，冷暖自知。惊回首，他已经 80 多岁了。

在人生的最后几年，姜维之双目几乎失明。但在他的心里，满满地装着培华和学生。2004 年，姜维之将一生积蓄的 20万元全部拿出来设立了奖学金，奖励资助品学兼优的培华学子。

伴随他一生荣辱浮沉的老伴也走了，可他还是照样上班，找教职工谈话，过问重要事项。他的语气还像往常那样，从不指责教职工什么工作没做好，而是启发商量的口气，"你看这样行不行？""你看这样办好不好？"工作的事说完了，就提醒教职工不要太累，注意休息，吃好一点。

他常常扶着工作人员，在校园里走走。老师学生们看到老校长，还是多少年来的那个模样：白发，很瘦，衣着洁净，

姜维之先生晚年

望之俨然，即之却温。他的河南乡音无改，总要和学生们聊上几句，问问功课好不好、吃得怎么样、有什么困难。听到问题，他就说，马上去办、现在就去。得到满意的答复，他会点点头，浮现笑容。

2007 年 11 月 20 日凌晨零时 50 分，姜维之先生与世长辞，享年 82 岁。当日上午，培华学院组成"姜维之同志治丧委员会"，向社会各界发出讣告。

前来姜维之先生家中吊唁、慰问的领导和生前友好有中共陕西省委教育工委副书记李军锋、陕西日报社社长杜耀峰、陕

西师范大学原常务副校长李钟善、中国人民银行西安市分行行长刘汉中、西安翻译学院院长丁祖诒、西安邮电学院副院长崔智林、西安外事学院院长黄藤、西安欧亚学院院长胡建波等600余人。

发来唁电的有教育部原副部长张保庆、吴启迪，陕西省人大常委会副主任桂中岳，中国工程院院士、西安培华学院名誉校长薛鸣球，北京大学原党委书记王德炳，江汉大学校长李进才，以及中共镇平县委、县政府，西安交通大学，西北工业大学，西北农林科技大学，西安电子科技大学，长安大学，西北政法大学，西安欧亚学院，西京学院等65家单位及个人。

发来唁电的国际合作院校和友人有美国北卡罗来纳大学、加拿大联邦理工学院、日本立命馆亚洲太平洋大学、京都大学、大阪大学、东京工业大学、韩国光州女子大学、新加坡科艺学院等。

以其他形式致哀的有中国军事科学院原政委温宗仁上将，教育部办公厅主任牟阳春，中共陕西省委副书记、教育工委书记王侠，陕西省人大常委会代主任崔林涛，陕西省教育厅厅长杨希文、副厅长李军峰，西安市副市长李秋实，杨虎城将军之女杨拯美、杨拯英等200余个单位及个人。

亲友　同道　学子　痛悼姜维之

姜维之走了。他的亲友、同道、学子都沉浸在深切的悲恸之中。姜维之一生历尽磨难，却坚贞执着，全身心投入教育事业。他心里总是想着别人，从来都是善待他人。

之前在西安市第十三中学任物理教师的崔英葆因患了癌症，学校不聘用了。当时，正是培华女大恢复创建的时候，考虑到崔老师的处境，姜维之不忍心不管，就将崔老师调到女大，安排一些力所能及的工作，直到崔老师去世。

培华退休教师刘宝琴是位孤寡老人，姜维之长期对其照顾并在校内安排住房使其安度晚年。

教师董选民家中修房急需钱用，姜维之拿出工资积蓄去帮助他。

就连校外的人，姜维之也尽力帮助。培华名誉董事长傅学文女士去世后，姜维之对她的保姆还照顾了好多年，每月给她寄去生活费。

人们都在念叨这位老校长的好。点点滴滴，此刻一齐涌上心头。

陕西师范大学原常务副校长李钟善——

姜维之先生严谨的治学精神、高尚的人品，都成为教育行业的典范。

陕西省教育厅社会力量办学管理中心书记、副主任李维民——

姜老是一位人民教育家，是我省乃至全国民办高等教育领域的一位旗手，一位楷模……他率先在全省创办了第一所民办高校，这在全国也是名列前茅的。姜老忘我、执着的治学精神又鼓舞着一批志同道合者融入这一团队，不断扩充壮大这一阵地，才有了我省民办高校今天的辉煌。

西北农林科技大学党委副书记、副校长王革——

姜维之先生走了，但是，他高尚的人品、严谨的治学精神和对教育的执着永远留在我的心里。希望培华学院的继任者能够继承姜老先生的遗志，让他的这种精神在培华学院、在陕西民办高校、在陕西的教育行业继续发扬光大。

西安翻译学院院长丁祖诒——

姜维之先生在业界德高望重，一生为教育事业辛勤奉献，治学精神令人敬佩。他作为陕西民办高等教育的开拓者，为陕西民办高等教育在全国影响力、知名度的提升以及领航地位的奠定，功不可没。

西安欧亚学院院长胡建波——

姜维之先生作为著名的教育家，他身上的很多品质让人钦佩。在二十世纪八十年代非常艰难的时期创办培华，他身上有过人的胆识、智慧和常人难有的坚定信念。姜维之先生是我非常尊敬的前辈和师长，他的离去让人非常痛心和惋惜。但是，培华有这么好的今天，更有这么一位学识渊博、德才兼备的继任者——姜波，老先生也应该感到欣慰了……

西安房地技校老教工杨平——

姜维之先生在（二十世纪）八十年代担任房地技校校长时，有两件事情给我留下非常深刻的印象。一是，他要求班主任必须熟悉每一个学生，他本人首先就能做到。有一次，他检查学生上早操，在一间教室外听到几个学生在里面聊天，他当时站在教室外面，连看都没往教室里看，就大声叫着那几个学生的名字，让他们赶紧到操场集合。这个人真是太不可思议了，太熟悉他的学生了，单凭听声音他就能把学生姓名一个个叫出来，让人由衷折服。二是，他生活上特别节约，工作上精打细算、勤俭办学。身为一个校长，中午在办公室里吃剩的馒头从来不扔，下一顿热一热再吃，在我记忆中他总是这样，已经成为习惯，让人不能不感动。

培华学院就业指导中心主任王洪如——

老校长虽然在个人生活上特别勤俭，但是该花的钱从不吝啬，很注重把钱花在最应该花的地方。他每年资助的贫困学生，如果列出名单来简直是很长的一大串。而且他用人不疑、疑人不用。他曾经让我把贫困学生名单报给他，对我说，你只管大胆地把名单报给我，你报了就算数！就冲老校长的为人，我就敢把自己的女儿送到培华来上学。当时我女儿已经接到某公办大学的录取通知书，也考察了好几个学校，她是经过慎重考虑才决定上培华的。我女儿从培华毕业后到某学校教书，她经常提起老校长，说老校长是她最好的榜样。

培华学院成人教育学院院长杨文艺——

1998年元月，西安发生轻微的地震，相关部门刚刚发出预警，姜维之校长便立刻赶到学校部署工作，安排学生，保证安全和正常的学习生活。出乎意料的是，他向全校师生宣布，从那一刻开始，他就住在学校的办公室里，并告诉全校师生：有困难、有事，随时找我！那时，老校长没有一刻离开学校。他的言行稳定了师生情绪，教学秩序井然。直到多日后地震预警解除，老校长才肯离开办公室回家住宿。不少师生至今依然记得这一幕。

培华学院艺术教育中心主任周玉昆——

老校长很珍惜人才，对学生爱如亲子。有名学生交不起学费，我把这件事汇报给老校长，他说，这个孩子是山区里来的，一定不要让他失学。于是，他每月给这个学生资助300元生活费。1999年的300元不是个小数目。我每月底领着这孩子去见校长。老校长就问，学习怎么样，成绩好不好？问完了，就从自己兜里掏出300元给学生。这钱不是学校的，是他个人出的。这样一直坚持了三年。在老校长的鼓励和资助下，这个学生出色地完成了学业。

培华学院图书馆馆长杨昌俊——

老校长没有一天不关心同学们的学习和生活。他经常对教职工讲，我们要善待每一个学生，积极热情地帮助学生解决学习和生活中遇到的各种困难和问题，这是我们教育工作者应尽的职责。2005年国庆节那天，我在长安校区院办值班。上午10时左右，老校长打电话到院办，他说今天过节了，问近日学校有什么情况。我告诉他，这几天学生到院办反映，家中寄来的包裹、信件没有收到。老校长问，收发室老师在哪里。我说，已经放假回家了。老校长一听就说，这不行！学生家里寄来的包裹，肯定有中秋月饼。学生娃娃千里迢迢来西安读书，离开家常常想家，寄来的包裹就是家长的一片心，等到收了假，多少天过去了，月饼发霉变质或者坏掉，这怎么行。他立即让院办主任解决此事。收发室老师连夜从宝鸡乘火车赶回学校，将包裹和信件及时分发给学生。

培华学院外国语学院学生孙晓宁回忆——

2002年寒假，我患了尿毒症，必须进行肾脏移植手术，才能有活的希望。父亲是农民，母亲是下岗工人，家里一贫如洗。家人为我走遍亲友，仍然无法凑足换肾的20多万元。为我操碎了心的父母在无奈中彻夜难眠。

眼看着死神一步快似一步向我逼近，就在此时，姜维之院长了解到我的情况，慷慨解囊，在做手术前，及时地支付了3万元手术费。如果当时不做手术，就要再等一年，而我的生命不可能再延续支持一年。此后，老校长又慷慨拿出一万元医疗费，而且发动全校师生为我捐款。复学后，老校长得知我每月还需要2000多元的医疗费用，便免去我专科、本科就读的所有费用。老校长给了我第二次生命，让我可以重回校园，享受阳光、享受生命。现在，他离我们远去了，这不幸的消息使我们全家陷入极度的悲痛之中。

原培华女大93级中英文秘班李颖回忆——

惊闻姜老去世的消息，我落下泪来。老人把一生的心血倾注于培华，培华得姜老为幸，姜老以培华为荣。姜老没有滔滔不绝的言论，也没有过多的豪言壮语，每学期的开学典礼只是静静坐在校领导中间，银白色的头发、矍铄的精神、从容平静的心态，从不向人去诉说自己办学的艰辛与坎坷、生活的清贫与朴素。整个人散发出一种魄力和定力，令人高山仰止。家有一老，如有一宝啊，而今培华失去这位老人，怎能不睹物思人，泪如雨下？老人的气息已随风飘去，飘不去的是他留在照片中亲切的笑容，深深印在我们培华每个学子的心中。

2007年11月24日，西安南郊三兆，西安市殡仪馆。姜维之先生遗体告别仪式举行。告别大厅两侧悬挂着巨幅挽联——

　　　你怎舍培华培华怎舍你匆
匆离去天洒泪
　　　公本无去意去意不属公沉
沉哀乐送英灵

姜维之先生的遗体安卧在鲜花翠柏丛中，身上覆盖着鲜红的国旗。大厅上方悬挂着黑底白字的横幅"沉痛悼念姜维之先生"。大厅两侧也悬挂着大幅挽联——

　　　为教育事业为培华发展呕心沥血正是灿烂辉煌成正果公胡遽死
　　　有云水襟怀有松柏气节坦荡刚直当是旷世哲人为师表千古垂名

2007年11月24日，社会各界及培华师生近千人送别姜维之先生

教育部及陕西省、西安市领导，省教育厅，新闻界及社会各界人士，培华学院师生，姜维之先生家属敬献的花圈、花篮和挽联放在大厅内外。

参加告别仪式的来宾有陕西省委原书记、省人大常委会原主任张勃兴，第四军医大学原政委赵长伶，西安市原副市长郝树茂，西安市检察院原检察长魏毓博，陕西省教委原主任刘炳琦，陕西省教育厅原厅长胡致本，陕西师范大学副校长吕九如，西安文理学院党委书记门忠民，西安外事学院院长黄藤，西安欧亚学院院长胡建波，西京学院院长任万钧，西安培华学院董事朱楚珠，陕西人民教育出版社总编辑孙毅等社会各界知名人士。培华学院师生代表 300 余人也怀着悲痛的心情参加了告别仪式。

告别仪式上，培华学院党委书记王斗虎介绍了姜维之先生的生平。王斗虎说，姜维之先生为民族教育事业奉献了毕生精力，他的逝世是中国教育界的一大损失，是西安培华学院的巨大损失，使我们失去了一位令人敬仰的导师、同志、朋友。

中共陕西省委教育工委副书记郝利生在告别仪式上评价姜维之先生是"当代中国民办教育的开拓者，是陕西民办教育的先行者，是一位好同志、好党员、好校长、好教育家。他的逝世，不但是陕西教育界的损失，也是中国教育界的一大损失"。

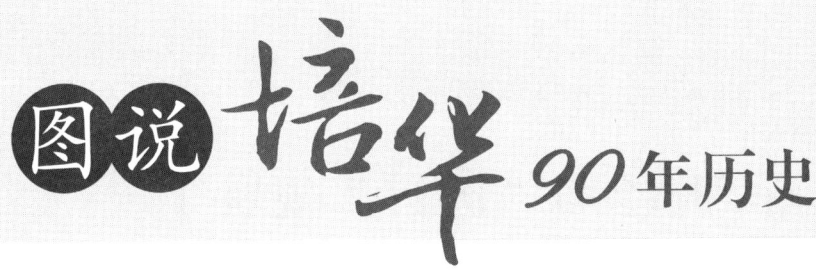

建设应用型大学

（2007—2013）

　　姜维之先生走了，姜维之时代结束了。在培华师生心目中，老校长就是遮风挡雨厚重无比的一面墙。如今，培华人心中空落落的。

　　继任者姜波在培华建校八十周年庆典活动动员会上说："敬爱的老校长离开了我们，现在，我请求和希望大家与我并肩携手，以培华精神筑起一面新的坚不可摧的挡风的墙，一同面对困难，共同克服困难，发扬光大老校长的优良传统，让培华大步向前走，健康地发展。"

　　此时的培华，基础已然壮大。"升本"之后迅速获得学士学位授予权。2007年，招生人数首次突破8000大关，令同行咂舌不已。新的目标摆在面前：建设应用型大学。

　　培华的前进，令人们拭目以待。

第一届理事会与"十二五"规划

　　还是在 2007 年初的时候，培华学院管理传承的力度开始加大，姜维之放开手让继任者担当重任。3 月，经董事长提名、董事会同意，任命姜波为常务副院长，主持工作，代行院长职责；9 月，任命姜波为执行院长，履行院长职责。

　　这一年 10 月，陕西省委教育工委派督导专员王斗虎任西安培华学院党委书记。学校调整周振豪任副院长，主管学校学生工作；聘任原西北政法学院院长陈明华任副院长，兼任新组建的文法学院院长；聘任陆忠明任总会计师。

　　接着，11 月 12 日，根据《民办教育促进法》的相关规定，培华学院董事会更名为"西安培华学院理事会"。原董事会董事长姜维之提出他不再担任理事长和学院法定代表人，并提议由现任执行院长、原董事会秘书长姜波担任理事长和法定代表人。姜维之最后一次在文件上签下了他的名字。

　　12 月 6 日，首届理事会召开第一次理事会议，通过姜波担任西安培华学院理事会理事长、西安培华学院法定代表人，以及理事会成员的议题。

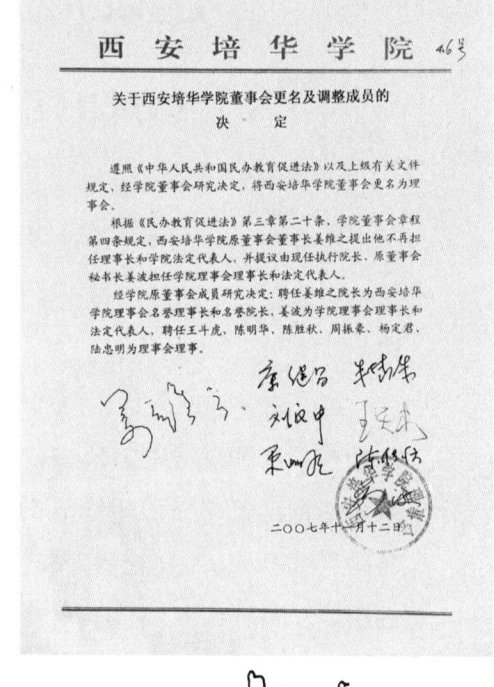

姜维之最后一次在文件上签下了他的名字

西安培华学院第一届理事会

理事长：姜　波

理　事：王斗虎　陈明华　陈胜秋
　　　　周振豪　杨定君　陆忠明

2009 年 11 月, 为完善学校法人治理结构, 实现科学、规范、高效的管理体制, 学院理事长、法定代表人姜波提出不再担任院长职务, 并提名陈明华任学院院长。经全体理事研究同意, 学校正式聘任陈明华为培华学院院长, 增补段茂贤、王根性为理事会理事, 陆忠明不再担任理事。

2010 年 8 月, 学院理事会聘任王拴才为副院长, 负责学校人力资源建设、人才引进及师资队伍建设。2012 年 6 月, 王拴才任常务副院长。

这一时期, 培华学院实行校、院两级管理制度, 为统一及区分培华学院(学校)与二级学院负责人职务称谓, 自 2013 年起, 明确将培华学院院长称校长、二级学院负责人称院长。2013 年, 王拴才任培华学院校长。

新的领导班子面临新的发展任务。

2010 年 7 月, 改革开放以来的第四次、进入二十一世纪之后的首次全国教育工作会议召开。此前中共中央政治局会议审议通过《国家中长期教育改革和发展规划纲要(2010—2020 年)》。培华学院根据自身发展, 在实现"十一五"发展规划的各项目标后, 于 2011 年制定"十二五"建设发展规划, 提出——

立足陕西, 面向西北, 面向区域经济社会发展需求, 以育人为根本, 以教学为中心, 以专业学科建设为龙头, 以师资队伍建设为重点, 以改革创新为动力, 全面提高教育教学质量, 努力提高科研水平和学科实力, 突出办学特色, 走质量立校、特色兴校、人才强校的内涵发展的道路, 建设人民满意、特色鲜明的一流民办高校。

这一发展规划明确培华的办学定位为"建设应用型大学"。这是一个全新的方向。尤其是提出学科专业"以文、管为主, 着力打造财经、医学和女性教育特色品牌, 形成文、法、经、医、管、艺等多学科协调发展的学科专业结构", "培养适应行业和地方经济社会发展需要的高素质应用型高级专门人才", 为培华学院绘制更高的发展目标。

培华传承人
——新任理事长姜波

西安培华学院新任理事长姜波,1973年4月12日出生于西安,留学海外十年,为我国引进外资及高科技项目十余项。他博士毕业后毅然放弃国外丰厚待遇,投身中国西部民办高等教育事业,被赞为"中国本科普通高校最年轻的领导人",为西安培华学院升格为中国西部首家民办本科院校,并一跃成为全国民办高校中最具品牌影响力的高校之一,贡献巨大。培华学子亲昵地称其为"波哥"。

2010年至2011年,姜波先后在中央社会主义学院、中共中央党校、中国井冈山干部学院学习,并先后担任宣传委员、学习委员、班级召集人。

姜波出版专著、教材15部,发表论文20余篇,是国家自然科学基金教育类首个重点项目课题组主要成员,主持省部级以上课题4项,受到省级以上学术奖励3次。主编全国第一套民办高校教学改革规划教材,其中《大学生研究性学习教程》,是国内第一本适合大学生使用的研究性学习教材。

姜波先后荣获:

中国西安魅力青年

陕西经济十大风云人物

中国改革十大新闻人物

中国十大公益模范人物

陕西省优秀中国特色社会主义事业建设者

影响陕西、贡献陕西文化名人

希望工程20年杰出公益人物

创业中国年度十大公益人物

新中国成立60周年突出贡献人物

中国教育最具影响力人物

陕西青年五四奖章

黄炎培杰出校长奖

中国十大公益成就奖

首届感动西部十大新闻人物

中国爱国主义教育先进个人

中国敬老模范人物

"十二五"十佳改革创新教育人物

西安培华学院理事长姜波

主要社会职务：

陕西省政协常委

中国致公党中央教育委员会副主任

中国致公党陕西省副主委

陕西省归国华侨联合会副主席

陕西省青年联合会副主席

陕西省欧美同学会副会长

中国工业合作协会副理事长

中国教育发展战略学会常务理事

未来大学联盟理事长

丝绸之路职业教育联盟副理事长

盘古智库共同发起人、学术委员

移动互联网教育产业联盟执行理事长

中国民办教育协会高专委副理事长

陕西省红色文化研究院理事长

陕西省中国画研究院理事长

陕西省儿童福利会会长

陕西省青少年发展基金会副理事长

陕西省创业促进会副会长

陕西省民办教育协会副会长

陕西省专家与企业家联谊会副会长

陕西省篮球协会副会长

陕西省武术协会副主席

陕西省红十字会常务理事

教改、实践、人才、科研……一个也不落下

民办高校，千难万难，头一桩事，搞好教学。培华"升本"已经数年，继续抓"过渡到以实施本科教育为主"。新的本科专业陆续开设，相关专业的学士学位授予权逐年获准。

2008年，新增戏剧影视文学本科专业；法学、新闻学、财务学、财务管理和电子信息工程5个专业获得学士学位授予权。

2009年，新增护理学、广告学、土木工程本科专业；特别是护理学专业，陕西省卫生厅将该专业列为控制布点专业，能够通过申报难度极大。这几个本科专业

的增设，对改善培华学院本科专业的结构意义重大。

2010年，国际经济与贸易专业被列为省级特色专业建设点，护理专科专业获批省级重点专业建设点。

2012年，会计学、电子商务专业被批准为省级专业改革试点；又获得建筑学、旅游管理、物流管理3个专业学士学位授予权。

截至2013年，培华学院共设31个本科专业。

2007年，姜波提议启动"本科专业创新工程"，以教学改革为抓手，加强专业建设，强调"一切从实际出发，从社会需求出发"，各专业均结合行业定位、社会需要及应用能力，提升教育水平和教学效果。次年，《实施本科教学质量和教学改革工程意见》出台，规范教学工作任务。2009年，所有专业全面实行"X+1"人才培养模式改革，适应应用型人才培养需要。2012年，教学改革和

2007年，姜波提议启动"本科专业创新工程"，加强专业建设，提升教学水平

质量工程建设继续推进，有87门课程被列入教改试点。

在抓教改的同时，注重学生社会实践活动，开展"集中社会实践月"，将其作为培养学生实践和创新能力、加强素质教育的有效方法。2007年，12000余名学生参加实践月，4500余名学生参与社会实践，其他学生进行专业实习或课程设计，实现校内教学与校外实践的结合。这项活动保证本科四年实践教学不断线，实现"四个实践"——"一年级认识实践、二年级课程实践、三年级专业实践、四年级就业实践"，达到四个"相结合"——"与专业学习相结合、与服务社会相结合、与勤工俭学相结合、与创新创业相结合"，为应用技术型人才培养奠定坚实基础。

2007年起，培华学院开展提高教师队伍素质的"人才工程"，内培与引进，双管齐下，优化专业教师结构。2008年，培华教师有高级职称者254人，博士研究生

学历21人。2009年底，80多位享誉国内外的专家、学者担任客座教授、名誉教授。2011年、2012年、2013年，连续多年分别引进副教授以上职称专任教授50名、25名、60名，强化师资队伍建设。

2011年，陕西省教育厅支持、倡导，西北大学对口帮扶培华学院，西北大学派专家学者帮助培华开展学科专业建设和科研，将培养青年教师作为重点，制订青年

著名经济学家何炼成被聘为培华学院客座教授

教师讲课大赛颁奖

教师学历提升计划。培华学院还支持青年教师参加学术交流，开阔视野，并出台倾斜政策，鼓励青年教师在职或脱产参加培训、深造。实行的青年教师导师制，也收到良好效果。截至2013年，已有58位教授、副教授对108名青年教师进行为期一年的指导。

2008年12月12日，培华学院成立红色文化研究会，聘请杨虎城将军之女杨拯美，担任研究会高级顾问

早在"十五"发展规划时，培华即开始科研工作的起步。落实"十一五"规划时，成立学术委员会，指导教学科研。2008年，《科研工作条例》《科研机构管理办法》《科研经费管理办法》《科研成果奖励办法》出台，建立科研工作网站，及时发布研究论文成果。2013年，培华学院与西安市社科规划办签订战略合作协议，搭建更为广阔的平台。

作为一家民办高校，科研工作要有"培华特色"。2008年，培华成立红色文化研究会，发掘中国革命历史文化、红色文化艺术，加强大学生传统教育和爱国主义教育。12月12日，红色文化研究会成立大会，邀请了杨虎城将军之女杨拯美担任研究会的高级顾问。

此外，培华还举办富有民办教育特色

的学术活动，提升科研氛围。2010年，开展学习弘扬姜维之教育思想报告会。2012年，启动"培华大讲堂""女性教育论坛"，营造浓厚的学术研究氛围。

2007年，培华学院启动"创新年、学术年"科研强校工作，为本科教学及申报学士学位授予权工作创造条件。此后，连续多年多个科研项目获得省级立项。2008年，6项院级科研课题获评陕西省高教学会重点科研课题。2009年，3项省级教改立项，获得陕西省高等教育学会主办的4项优秀科研成果大奖。2010年，培华学院全校共获236项科研成果，发表论文121篇，出版专著、教材3部，结项科研课题18项，获得科研成果奖19项。2011年，完成省级课题申报6项、校级课题立项50项。尤其是获准省2011年度社会科

2010 年 6 月 26 日，陕西首家专门的女子学院——培华学院女子学院成立揭牌

著名作家、培华学院女子学院院长叶广芩与培华学院女子学院的学生

学基金项目立项 1 项，实现省部级重大课题"零的突破"。同时，完成陕西省教育厅委托制定《民办教育促进条例实施办法》的前期调研报告和立法建议，为政府决策提供重要依据。2012 年，完成陕西省教育厅《民办高校教育的分类管理研究》课题。多件论文获得优等奖项。2013 年，申报获批中国教育发展战略学会及省级课题 25 项，立项校级科研课题 44 项。教职工在各类刊物发表及获得科研成果 354 项，获国家专利 4 项……《西安培华学院学报》被评为全国民办高校"优秀学报一等奖"。

育英楼、汇知楼、至善楼和 115 个专业实验室

培华长安校区一期工程于 2004 年建成投入使用，开启二期建设，至 2013 年基本建成。

其中，2005 年秋季开学前，2 号教学楼竣工交付使用；当年，又新建 9、11、13 号学生公寓，此时新校区有 11000 多名学生入住。2006 年，12、14、15 号学生公寓及大学生活动中心也陆续交工。2009 年，16、17 号学生公寓投入使用；图书馆、实验楼、行政办公楼等共计 75380 平方米的在建工程全部封顶，体育场及第二食堂建成运行。2010 年，图书馆、行政楼、3 号教学楼接近收尾。2011 年，3 号教学楼、行政楼交付使用，并被分别命名为育英楼、明德楼；新建成的

明德楼

科技楼、博远楼

18、19 号公寓投入使用；艺术与女子学院大楼、医学大楼等建筑完成设计，准备动工，分别命名为汇知楼、至善楼。2012 年，明德楼、图书馆及 3 栋学生公寓全部完工。2013 年，汇知楼建成，体育馆、至善楼正在加紧建设中……

随着一个个教学建筑的建成和投入使用，各种与教学相关的实验室也在加快建设。

语音室

外语视听室

多媒体教室

计算机实验室

播音实训室

编辑实训室

微机原理实验室

网络实验室

国际商务实训室

ERP（企业资源计划系统）实训室

会计电算化实训室

电路基础实验室

模拟电路实验室

数字电子技术实验室

通讯原理实验室

化学实验室

分子生物学与免疫学实验室

医学实验室

护理实验室

医学解剖实验室

…………

截至 2013 年，培华学院有各类专业实验室 115 个、校外实训基地 103 个，为培育学生搭建了良好的实验、实训平台。

硬件办学条件不断建设、加强，校园

维之图书馆

至善楼

信息化建设也并驾齐驱，为培华学院的教学管理、校园管理提供了有力支持。2006年，培华学院开启校园一卡通系统的建设，自主研发培华管理信息系统（PHMIS）。2007年，成立以执行院长姜波为组长的信息化建设工程领导小组，建立新生录取系统、新生报到系统、财务收费系统、学生公寓管理系统、人事管理系统、教育计划和开课任务管理系统、学生档案管理系统、学生成绩管理系统及校园网无线信息平台建设。2008年，校际互联、国际互联、资源共享、信息发布、网络学习、教学办公的多功能校园网络环境

基本实现。2009年，与中国电信陕西公司合作，搭建数字化校园平台，可以完成校园考勤、图书借阅、身份识别、信息查询等多种功能，方便师生学习生活，提高管理效率。2012年，自主研发教育云管理服务平台，实现校园云桌面虚拟化，数字化校园网建设迈上新台阶，校园网络覆盖全校所有教学、办公楼宇和学生公寓。

与此同时，校园的道路、绿化、供电、天然气及校医院、商业街、自动取款机等配套设施也随之建设到位。培华学院的办学条件一步步完善、提高，满足教学、生活的需要。

每天连续开放 15.5 小时的维之图书馆

培华学院长安校区的中间位置，矗立着一座方方正正的高大建筑，8 根圆柱顶天立地，其上是 5 个隶书金字——这正是以老校长姜维之先生的名字命名的"维之图书馆"。

姜维之当年经常说一句话："图书馆是学校的火车头，图书馆办好了，就等于学校办好了一半。"维之图书馆 2009 年开建，总建筑面积 2.6 万平方米，建筑形态外方内圆，别具一格，历时 4 年，于 2012 年建成。

一百多万册图书搬到新馆，是个头疼事。好在有众多的培华学子做志愿者。2012 年 4 月，3000 余名学生志愿者参加图书馆搬迁工作动员大会，大家一起喊出响亮的口号："今天培华我建设，明天培华我荣耀！"搬迁工作历时两个多月，几乎都是学生志愿者协助完成的。

3000 余名学生志愿者参与协助，历时两个多月，终于将一百多万册图书搬到新馆

截至 2013 年，维之图书馆馆藏资源涵盖文、法、经、管、理、工、医、艺等多种学科，纸质图书 120.3 万册，电子图书资源 98.5 万册（件），且互为补充，基本形成学科覆盖、多种载体形态并存的文献信息资源保障体系，全方位支撑了教学科研利用。

维之图书馆管理实现自动化、网络化、信息化，实行完全自由开放式的统借、统还模式，有文献借阅室、文献阅览室、图书阅览区、视听室、报告厅、研修室、红色文化资料室、女性研究资料室等多个阅览室，阅览座位 5154 个。自开馆之日起，实行周一至周日早 7 时至晚 10:30 开放，每天连续开放 15.5 小时，电子资源 24 小时全天开放。

培华学院维之图书馆实行周一至周日早 7 时至晚 10:30 开放，每天连续开放 15.5 小时，电子资源 24 小时全天开放

优化资源，新设郭杜校区

截至 2012 年，培华学院有两个校区：长安校区、高新校区。随着办学规模扩大及学科专业优化调整，培华在优化资源质量的基础上，设立郭杜校区和铜川校区。

郭杜校区是 2012 年 10 月成立的。培华学院与西安机电信息技师学院合作，共建西安培华学院机电信息学院。培华开设机电一体化、汽车检测与维修、图文印刷等专业，并负责招生，西安机电信息技师学院负责培养。

2012 年 10 月 16 日，西安培华学院郭杜校区成立大会暨机电信息学院揭牌仪式举行。培华的二级学院机电信息学院的成立，是两所学校在新的教育合作模式下的产物。西安培华学院具备坚实的基础、优良的口碑，西安机电信息技师学院是职业教育领域的后起之秀。作为陕西省内拥有一定影响力的民办本科普通高校和民办高等技术学校，两家院校的合作，实现了资源共享与优势互补。

2012 年 10 月 16 日，西安培华学院郭杜校区成立大会暨机电信息学院揭牌仪式举行。西安培华学院理事长姜波、西安机电信息技师学院院长王振峰揭牌

一句话体现出招生工作的成绩

招生，始终是民办高校生存发展的一项重要工作。许多考生不愿报考民办院校，这是一个现实存在的偏见。

怎么办呢？

在日趋激烈的生源市场竞争中，培华认为，作为民办高校，唯有扎扎实实提高教学质量，改善办学环境，设置合理的专业，加强招生宣传，扩大学校知名度、美誉度和良好的口碑，以及确立一套与之配套、行之有效的工作机制，再由一支高素质的招生队伍落实，招生问题才会有所突破，迎刃而解。

想当年，刚刚恢复创建时，只有一百来名在校生，培华走过一条艰苦跋涉之路。截至 2007 年底，培华学院各类在校生近两万多人，提前实现"十一五"规划发展目标。从以下列出的这组 2004 年至 2013 年的数据，可以看出培华招生工作的进步和变化。尤其在后几年，本科生招录逐渐占到全部的 2/3 以上。另外，计划外专本套读每年招生千百人不等，基本稳定。

年份	本科招生人数	专科招生人数	合计招生人数
2004	1847	2557	4404
2005	2580	3217	5797
2006	1974	2591	4565
2007	2461	3297	5758
2008	2886	3602	6488
2009	2665	3545	6210
2010	3862	2298	6160
2011	4014	2188	6202
2012	4650	1945	6595
2013	4089	1839	5928

招生工作的首要任务是制订科学合理的招生计划。比如2006年，针对连年考生报到率过低的黑龙江、吉林、云南、贵州、宁夏、青海等省份，就没有投放计划，不做无用功。还有，一些报到率较低的专业，如市场营销、文秘，也及时调整，停止招生。2010年以后，专科向本科的平稳过渡成为培华学院的工作重点，本科招生力度随之加强。根据实际招生情况以及就业等各方面的追踪反馈，证明对招生市场的分析和计划的及时调整，都是准确的。

招生工作还有一个重要任务，即不断提高生源质量。通过精编招生简章、改版招生网站，以及各类大众媒体及新媒体的传播，突出培华的品牌效应，凸显学校的历史传统和精神内涵，吸引高质量的生源。2007年的一项新生调研显示，38.3%的学生是通过报纸、10.2%的学生是通过电视了解、熟悉培华整体情况的。同时，招生队伍与考生的面对面，也是一项非常直接的招生宣传途径。2008年高考前，培华组织招生人员奔赴6省27个地区开展为期半个月的宣传，走访287处的1477所学校，接受咨询103390人次；高考后，又参加咨询会40场，辐射15省40市，效果突出。2011年，

提高在《中国青年报》《中国教育报》等中央级新闻媒体的见报率，继续与各省的主流媒体保持联系，做好各省招生广告的投放，充分宣传。

培华地处西安，因此陕西是招生工作的重点，正所谓"立足陕西"。每年四、五月，招生团队都兵分几路，赶赴关中地区的咸阳、宝鸡、铜川、渭南和陕北以及陕南的汉中、安康、商洛，集中宣传一个多月，在陕西全省31个地区建立宣传工作站，直接接受考生及家长的咨询。培华还将每年7月底确定为校园开放日，组织考生、家长直接进校参观，身临其境，现实考察校园环境、教学条件和生活设施，从而放心报考。

有这样一句话总结培华招生工作的成绩："生源基地在扩大，考生质量在攀升，学生报到率在提高，招生中的花费逐年下降。"

唯有扎扎实实提高教学质量，改善办学环境，设置合理的专业，加强招生宣传，扩大学校知名度、美誉度和良好的口碑，招生问题才会有所突破

‖ 毕业生的"高参"，企业 HR 的"高级顾问" ‖

招到高质量的生源，使其接受高质量的教学培养，毕业之后，就业安置工作就成为检验教学质量并反馈口碑的一项重要工作。作为民办高校的西安培华学院自1984年恢复创建以来，始终高度重视该项工作。

这里，展示一组2004年至2013年毕业生就业的数据。用事实说话，用数据说话，看看培华学院这项工作到底做得怎么样——

年份	毕业生人数（人）	初次就业人数（当年6、7月）	初次就业率（％）	年底就业人数（人）	年底就业率（％）
2004	1079	757	70.13	998	92.49
2005	1418	1200	84.63	1317	92.88
2006	2450	2252	91.92	2256	92.04
2007	3063	2783	90.86	2820	92.07
2008	5195	4798	92.36	4803	92.45
2009	4978	4551	91.42	4554	91.48
2010	5137	4821	93.85	4823	93.89
2011	5982	5493	91.83	5496	91.88
2012	6303	5937	94.19	5947	94.35
2013	4887	4502	92.12	4509	92.27

从以上数据可以看出，一次性就业率逐渐达到85％左右，年底就业率都超过90％。这在陕西民办高校就业率的排序中，名次始终靠前。到2011年，培华学院毕业生一次性就业率连续5年保持在90％以上。2013年，学校被陕西省教育厅评为"陕西省普通高校毕业生就业工作先进集体"。

从这组数据还可以看出，在这一阶段，培华办学规模不断扩大，毕业生数量增幅也很大，但学生的就业形势始终呈上升和稳定状态。这从一个侧面有力地证明培华的专业设置比较适合市场需求，整体教学质量也较高。

怎样达到 90% 以上就业率的呢？培华有妙招。早在 2005 年，培华就将学生就业指导从学生处分离出来，专门成立学生就业指导中心，按 1∶500 充实加强工作人员，明确其宗旨为"做毕业生的就业参谋，为企业当好人事顾问"。

如同现在人们都知道 CEO（Chief Executive Officer）是一个企业中负责日常事务的最高行政执行长，也都知道 HR（Director of Human Resources）即人力资源总监是现代公司中最重要的顶尖管理职位——给 HR 做"高级顾问"，有点难度。

培华的方法，第一招，是直接接待用人单位，举办校园招聘会。这里还有一组数据——

年份	接待用人单位	提供岗位	当年毕业生(人)	供需比
2004	425	7033	1079	1∶6.5
2005	395	5264	1418	1∶3.7
2006	203	4003	2450	1∶1.6
2007	752	8160	3060	1∶2.6
2008(上半年)	709	17501	5195	1∶3.37
2009	610	10700	4978	1∶2.1
2010	414	8000 余	5137	—
2011	招聘会 114 场	落实就业 3000 余人		
2012	校园招聘会 6 场、专场招聘会 98 场			
2013	校园招聘会 96 场			

第二招，主动出击联系知名企业，"请进来，走出去"，拓展就业市场。与陕西省、西安市、高新区各级人才交流中心以及深圳市龙岗区人才市场直接联系，通过人才中心宣传培华毕业生，推介优秀毕业生到中国移动、中国银行、中国电信及珠三角地区的知名企业工作。2010 年，培华与陕西省人才交流服务中心联合举办"千家民营企业进校园"活动；2011 年、2012 年，又连续分别建立实习、就业基地 104、105 家。还通过参加西部志愿者、大学生村官、从医从教振兴计划、预征入伍、公务员考试、专升本考试等活动，拓宽就业渠道。

第三招，在教学计划中开展就业知识培训，加强职业技能考核鉴定。早在 2004 年，培华就在毕业班开设就业知识培训，并逐步完善纳入教学计划。不能等毕业迈向社会，才开始了解就业形势，要早做准备。因此，培训内容从就业观念转变、就业市场形势变化，到国家就业政策及就业程序的熟悉，及早帮助毕业生进行职业生涯设计。

2003 年 9 月,培华欢送加入西部志愿者的学子

为了提高毕业生的职业技能,培养其岗位适应能力,培华的大部分专业都建立了与本专业相匹配的职业技能考核制度,与社会上的职业资格证书接轨。2007 年底,设 4 个职业技能培训鉴定点,积极鼓励学生参加职业技能鉴定考试、社会职业资格考试。

培华学院毕业生就业洽谈会

学生管理"正三观"

从当年的百十来名学生，发展到在校生数万人。培华规模越来越大，管理工作也在同步加强。

思想政治教育，培华始终没有放松，而且不断加大教改力度，探索新的教学方法，在贴近学生思想实际方面下功夫，做到思想政治理论教育"进课堂""进头脑""进实践"，引导大学生树立正确的"三观"：世界观、人生观、价值观。为此，培华学院成立综合素质教研室，开展大学生安全和国防教育、形势与政策、大学生职业发展与就业指导、大学生心理健康教育。2012年，思想政治教育有了新探索，把课堂教学作为推进社会主义核心价值体系建设的主渠道，促进大学生思想教育工作的系统化。

每年从新生入学的军训开始，培华学院即结合悠久历史和光荣传统，组织新生"步入培华、感受培华、家在培华"，进行爱国主义教育。2008年，围绕纪念改革开放30年、培华建校80年、北京举办奥运会、抗震救灾等重大事件，及时组织举办各种活动，使学生在活动中接受爱国主义教育和洗礼。2011年至2013年，开展胡乔木诞辰100周年纪念活动、周恩来总理秘书纪东将军专题报告会、大学生走向新农村社会实践主题活动，激发学生的爱国主义情怀。

同时，在学生中开展评优活动，评出省、市、校级优秀学生、优秀学生干部，为广大学生树立榜样。还通过力学奖学金、姜维之奖学金、日野强奖学金等各种奖励制度，每年都表彰、奖励几百名品学兼优的学生，彰显良好的学风、校风。

在培华学院校内挖掘勤工俭学岗位，安排贫困生上岗。仅2006年，即为1633名贫困生办理西安大学生勤工助学中心的入会手续，提供助学岗位1500多个。合理发放奖助学金也为贫困生学习、生活提供了保障。2008年，为469名学生下发国家奖学金、国家励志奖学金、国家助学金。此后几年，奖助学金发放力度加大。

年份	实地走访困难学生家庭(个)	贫困新生入学贷款(人)	评定各类奖助学金(人)	发放奖助学金(万元)
2011	—	1233	6553	1638.44
2012	2341		7642	1118.78
2013			5789	968.9

大学生处于人生中快速接受各种信

2006年9月12日,培华学院新生军训动员大会

2006年11月10日,培华学院2005级学生社会实践总结表彰大会

胡乔木诞辰100周年纪念大会

纪念贾拓夫诞辰100周年

2016年1月2日,"让崇高融入青春的奋斗——纪念敬爱的周恩来爷爷逝世40周年"青年论坛,培华学院理事长姜波应邀出席并做主题发言

在马栏革命纪念馆

息、不同价值观碰撞的敏感时期，心理健康也很重要。培华学院为此专门设立心理健康节，开展系列大学生心理健康服务。2005年，举办为期两个月的心理咨询活动，邀请心理学专家举办4期心理健康讲座。2006年，针对4000余名新生发放问卷，及时掌握学生心理状况。调查统计显示，学生心理困惑问题多集中在就业和情感，还有人际关系、学习压力等方面。学生管理部门因此专门建立学生心理状况每月分析制度，各院系还逐步建立学生心理状况档案，及时纾解问题。此后，培华学院坚持了这方面的细致工作。2011年，出台《西安培华学院大学生心理健康教育工作实施细则》《西安培华学院大学生心理健康教育预警机制》。2012年，制定完善《西安培华学院心理健康普查和心理隐患排查制度》，建立心理测评网站，扩大心理健康教育普及面。

在学生日常管理方面，实施《普通高等院校学生管理规定》，制定《西安培华学院学生日常行为举止着装仪表规定》《西安培华学院行为准则》，坚持以人为本，狠抓规章落实，坚持以制度管人管事，杜绝随意性。对辅导员队伍建设也很重视，加强培训，制定规范和工作条例。同时，也加强学生公寓管理，建立突发事件应对预案，强化安全防范，保证学生人身财产安全。

培华学院奖学金颁奖表彰大会

2004年4月19日，日本白马国际艺术会理事齐田寿豆子女士以其父亲日野强先生的名义为培华设立日野强奖学金基金，还赠送了百余册图书

295 分！高分获评省级"文明校园"

　　每一所高校，每一座校园，大楼、大树、图书馆、运动场，以及教师、学生的衣着谈吐、精神气质，都折射着这所高校的内在品质。培华学院重视校园硬件建设，也着力于文明校园内涵建设。

　　2004 年，搬入长安校区后，培华加强校园环境的绿化、美化和净化，创建人与自然和谐发展的绿色校园。站在校园，南望即是云雾缭绕的终南山，巍峨峻秀，令人心旷神怡。校园里，创建"文明教室""文明宿舍""文明餐厅""文明窗口"，并将这一建设引入常态化。

　　2008 年，培华学院党委开展创建和谐文明和平安校园活动，制定实施细则和任务分解书，建立评分标准，成立四个专项督查工作组，全校部署，与各院系、处室负责人签订责任书。

　　2010 年，更高更远的目标来了——

培华创建省级"文明校园"动员大会

陕西省委教育工委、陕西省教育厅制定"省教育系统文明校园检查验收"指标体系，培华学院根据这一标准，创建省教育系统文明校园，成效显著。当年 10 月，在省教育工委组织的正式验收中，培华的文明校园建设得到专家组高度评价，通过检查验收。

此后，文明校园建设成为常态化工作。培华学院一鼓作气启动创建省级文明校园活动，并以开展文明院部、文明处室、文明学生班集体、文明学生宿舍、文明学生公寓楼评比为工作抓手，提升全校师生员工的文明素质和文明校园创建的整体水平。2013 年 11 月，好消息传来——培华学院以 295 分的优异成绩顺利通过省级文明校园专家组的检查验收。

2013 年，培华学院成为省级"文明校园"　木闻摄于 2018 年 6 月

低年级有党员、高年级有党支部

这是一组主题活动的名称——

迎接 2008 北京奥运会

纪念改革开放 30 周年

纪念建党 90 周年"党在我心中"红歌演唱会

"永远跟党走"主题团日活动

"我与祖国共奋进"形势政策报告会

学习宣传党的十八大精神

学习习近平总书记系列重要讲话

…………

这些主题活动,只是培华学院党委自 2008 年至 2013 年持续开展的党建主题活动中的一小部分。通过这些形式多样的活动,教育党员、提高素质、发挥作用,培华学院党委将此作为党建工作的首要任务。

截至 2007 年,培华学院共建基层党总支 6 个,党支部 31 个。每个二级学院均设立党总支,根据学生数量及年级设立党支部,实现党的工作全覆盖。自 2008 年起,定期开展党务干部业务培训,提高政治思想素质、业务素质和工作能力。2013 年,还开展"基层党组织建设年"活动,加强基层党建,注重党校培养质量,强化党员的在党意识。

培华学院党委制定多项学习制度和管理办法,加强优秀中青年教师和大学生入党积极分子的推荐、考察、培养、发展,党员发展质量得到保障。2008 年,发展党员 1353 名,其中学生党员 1319 名,党员发展进入快速时期。2009 年,举办两期共 3820 名入党积极分子培训,严格程序,确保质量,将具备条件的 690 名优秀大学生发展为预备党员,基本达到"低年级有党员、高年级有党支部"的学生党建目标。2011 年,发展党员 1572 名。2012 年,发展党员 1613 名,其中学生党员 1601 名。

2009 年,培华学院党委被陕西省教育工委授予"省教育系统先进基层党委"称号,3 名党员被评为省教育系统优秀党员。2010 年 11 月,中共陕西省委副书记、省教育工委书记王侠在培华学院视察时,充分肯定培华的创先争优活动。2012 年,培华学院党委被陕西省委授予"全省创先争优先进基层党组织"称号,加强民办高校党建工作的经验材料被中国高等教育学会展示。

培华学院团委结合青年特点与重大节日、纪念日，每年举办"校园之春"文化艺术节、社团文化月、红歌会、暑期三下乡社会实践、"寻找身边的青春榜样"评选等活动，丰富大学生校内外生活。团委还组织实施大学生志愿服务西部计划，2003年至2007年，共选派27名优秀大学生作为志愿者，为西部大开发建功立业。2011年、2012年，分别有16名、21名优秀毕业生被选拔为西部计划志愿者。2010年、2011年、2012年，培华学院团委连续三年被评为"全省共青团工作优秀单位"，是陕西省民办高校中的唯一一所"三连冠"。

丰富的校园文化活动

致公党西安培华学院支部成立

培华学院党委高度重视统战工作,对民主党派、党外人士充分信任,鼓励其在培华发展中积极发挥特殊作用。

2013年8月14日,中国致公党西安培华学院支部成立大会召开。参加大会的有——

全国人大代表、致公党陕西省筹委会主委陈超

陕西省政协常委、致公党陕西省筹委会副主委、培华学院理事长姜波

陕西省政协委员、致公党陕西省筹委会秘书长羌薇

致公党陕西省筹委会办公室主任杜芳滨

培华学院党委书记周庆华

民革陕西省妇女委员会副主任、培华学院女子学院副院长郝西燕

培华学院全体致公党党员参加大会。大会推选出西安培华学院王西娅、秦泉安、刘利侠、吴钧、祝明利为致公党西安培华学院支部委员会委员,商学院副院长王西娅为支部委员会主委。

致公党西安培华学院支部委员会的成立,是培华学院拥护中国共产党的领导,发挥群团统战工作重要作用的有效做法,此后,致公党培华支部在参政议政等方面为培华学院的发展做出积极贡献。

2013年8月14日,中国致公党西安培华学院支部成立大会召开

与 20 多个国家和地区近百个高校等
友好团体交流合作

早在培华恢复创建初期，外事交流活动就已展开，日本、加拿大、德国，妇女界、教育界以及一些国家的驻华使馆，与培华都有来往交流。2003 年，培华升格为本科高校后，外事接待活动更多，对外交流活动也不断拓展。在 2004 年至 2007 年间，国际金融公司（IFC）、美国绿树企业集团、意大利劳伦佐艺术学府均来培华考察、讲座，以及投资实地考察。2007 年后，各种交流与合作越来越多，培华学院与美国、加拿大、日本、韩国、澳大利亚、德国、匈牙利、印度、马来西亚等 20 多个国家和地区近百个高校等友好团体进行交流合作，与日本、韩国、新加坡等国家的一些高校结为友好学校关系，并互派留学生。共聘用外籍教师十余人，施行国际化培育人才。

同时，培华学院还组织教职工赴新加坡、泰国、马来西亚等国进行考察访问交流，通过"引进来"，也"走出去"，扩大视野，学习提高。

美国北卡罗来纳大学副校长来访，洽谈合作交流与互派留学生

年份	来访、交流、合作的外国大学等机构	交流事宜
2007	美国荣利亚艺术学院、加利福尼亚大学洛杉矶分校、泰国如诺大学、加拿大联邦理工大学	建立友好学校、合作办学
2008	加拿大亚太访华团、美国曼达尔大学、加拿大"西岸风秋"、日本秀川县教育访问团、美国密苏里州南部大学	同台演出、交流学习
2009	韩国汉阳女子大学	互派教师、学生交流
	聘请日语外教 3 名、英语外教 2 名	
	邀请国际志愿者 Sandy 博士	英语教学
2011	美国阿肯色州立大学	合作办学
	邀请 2 名美国志愿者外教	短期教学
	11 名培华学生赴美	带薪实习
	招收外国留学生 1 名	
	成立中国民办高校首家池田大作香峯子研究中心	学术研究
	邀请国际著名汉学家、翻译家巴顿·华兹生教授	学术报告
	邀请欧中友好协会主席	
2012	马来西亚世纪大学、澳大利亚北方领地高级教育国际学院、印度亚米提大学	国际化人才培养、毕业生境外实习、就业交流合作
2013	"和谐盛世 桃李春华"纪念中日邦交正常化 40 周年国际学术论坛	学术交流
	马来西亚多媒体大学,韩国培花女子大学、启明大学、善邻大学、灵山大学	国际交流合作

一个小小的学生爱心社团为何变成了学校行政机构

2006 年 4 月，培华学院成立了一个新的机构——西安培华学院红十字会，姜波任会长，姚文静任秘书长，田菁同学任学生分会会长。同时取消原来由学生组织的红十字社团。从学生社团升级为学校的行政机构，培华红十字会走过一段独特的社会公益之路。

培华红十字会成立于 2004 年 9 月。当时，北京籍学生田菁，在培华主动参加公益活动，在校医务室帮助医护人员照顾生病的同学，宣传红十字会精神。一些学生被这种精神和行为感染，与田菁结为一个小社团，这就是培华红十字会的前身。

最初，这个小社团只有几个人，却义无反顾地踏上一段征程。他们关注当时还不为人熟知的"司法孤儿"，到陕西省回归研究所儿童村帮扶支教；参与国际友人阿曼达女士在西安创办的病残婴幼儿寄养机构"海星之家"项目，承担陪护志愿服务；还在课余走进社区、养老院、福利

培华学院红十字会会员在西安小寨街头宣传红十字会精神，中为田菁同学

院;也在校园里关注患有白血病的贫困学生;同时还在禁毒控烟、艾滋病预防、紧急救助保障等方面开展公益活动。

尤其是无偿献血和造血干细胞捐献两项公益事业的宣传与参与,收到了良好效果。每学期,红十字会都会联系陕西省血液中心的采血车进校园,志愿者宣传无偿献血,青年学子纷纷参与。截至 2012 年 9 月,培华学子累计参与献血 45000 人次。每年,红十字会志愿者都在中国造血干细胞捐献者资料库陕西管理中心参加培训,学习捐献造血干细胞的知识。2005 年 8

月,培华学子、原新闻传播学院学生程程成功捐献造血干细胞,成为陕西省第一例向香港同胞捐献造血干细胞的志愿者。2008 年 7 月,原文法学院学生朱倩钰为广州一名小女孩成功捐献造血干细胞。

对培华学子的这些爱心公益活动,西安电视台、《西安晚报》、《华商报》等新闻媒体纷纷予以报道。短短几年,这个小小的爱心社团发展成为培华第一大学生社团。

红十字志愿者的公益活动,引起培华学院重视。时任执行院长姜波支持红十字社团开展公益活动,并最终决定将这一学生社团升级为学院的行政机构。2006 年 9 月,陕西省红十字会批准西安培华学院红十字成立,西安培华学院红十字会成为陕西省首个正式成立的高校红十字会。

2005 年 8 月,培华学子、新闻传播学院学生程程成功捐献造血干细胞,成为陕西省第一例向香港同胞捐献造血干细胞的志愿者。2006 年,被评为 2006 年度首届"感动培华人物"

培华学院红十字会的荣誉纷至沓来——

2007 年,培华学院被授予"陕西省红十字示范校"荣誉称号。

2009 年,培华学院红十字会会长、培华学院院长姜波,作为全国唯一一名高校代表,出席中国红十字会第九次全国会

培华学院红十字会 2013 年全体会员大会宣誓

员代表大会,受到中国红十字会原会长彭佩云,中国红十字会会长、全国人大常委会副委员长华建敏等领导同志的接见。

2010 年,团陕西省委授予培华红十字会"陕西省青年志愿者优秀组织"荣誉称号。

2012 年,陕西省红十字会第七次全省会员代表大会举行,培华学院红十字会作为唯一一个为大会提供服务的志愿者团队,全程参与大会保障工作。

2012 年,培华红十字会获"陕西省红十字会系统先进集体"。

2013 年,陕西省红十字会授予培华红十字会"优秀红十字志愿服务组织"荣誉称号。

截至 2013 年,培华红十字会累计吸收会员 8000 余名。

姜波与彭佩云、华建敏

培华学院红十字会学生干部参加 2013 年全国红十字青少年骨干培训

2015 年 5 月 28 日,陕西省红十字会赠送培华学院锦旗:博学育才 德育典范 心系公益 爱心传递

2015 年 7 月,培华学院红十字会代表陕西省参加在江苏南京举行的全国红十字应急救护大赛

一所高等学府的大爱

培华的办学理念是八个字——以人为本，以德为先。人，始终是第一位。德，不仅是培养人才重视德育，已然从己做起。从老校长姜维之，到理事长姜波，在办好高等学府的同时，始终将承担更多的社会责任、回馈社会作为己任。在办学中，坚持低收费，不以营利为目的，使更多的学生能够上得起学。还设立各种奖学金制度、勤工俭学制度，鼓励学生积极上进，帮助贫困生顺利完成学业。

2006年至2008年，培华为陕西省子长县贫困山区教育捐助12万元。

2008年，培华携手共青团陕西省委启动"希望工程——培华爱心计划"，向希望工程捐资255万元。其中，200万元用于援建10所培华希望小学。为纪念中国杰出青年志愿者、"西安最美女孩"熊宁，将第一所希望小学建在青海省玉树藏族自治州，并命名为"熊宁培华希望小学"。另外9所希望小学，分别建在陕西省9地市。55万元用于在陕西省援建11座培华希望卫生室。

2008年，汶川大地震发生后，培华投入100万元专项爱心基金，帮助地震灾

2008年，培华学院携手共青团陕西省委启动"希望工程——培华爱心计划"，向希望工程捐资255万元，用于援建希望小学及卫生室

爱心1+1冬日暖阳活动，培华学院师生走进儿童村送温暖

区学子。同年，再投入640万元作为济困助学基金。

2012年，培华捐资200万元启动"培华敬老工程"，将1400多万元爱心善款用于关爱革命先烈后裔及孤寡老人等社会弱势群体。

2013年，为支持四川雅安地震灾区抗震救灾重建工作，培华募捐50万元，用于"希望工程紧急救灾助学·雅安行动"爱心基金捐赠，荣获省级"2013希望工程紧急救灾助学·雅安行动"先进单位荣誉奖牌。

在这一时期，培华学院累计为社会公益事业捐款达2000余万元，并为在校生减免学费累计逾5000万元。

熊宁（1978—2008），女，陕西西安人。从2007年起，每周到儿童福利院做义工，4次前往青海玉树，为当地贫困儿童捐款捐物、筹资助学，参加志愿服务活动。2008年春节后，得知玉树地区遭遇罕见雪灾的消息，熊宁立即发动身边朋友捐款捐物，还到多家企业开展募捐，跋涉两天来到玉树，给村民发放衣物、冻疮药等急需物品。3月10日，熊宁和同伴搭便车前往西宁商谈助教事宜，途中不幸遭遇车祸去世，年仅29岁。

熊宁的事迹感动了雪域高原和三秦大地，被誉为"西安最美女孩"，被追授为陕西省优秀青年志愿者、青海省优秀青年志愿者、中国杰出青年志愿者、全国三八红旗手。2008年感动中国候选人，2015年第五届全国道德模范助人为乐模范候选人。

2012年，培华学院捐资200万元启动"培华敬老工程"，总计捐资1400多万元，用于关爱革命先烈后裔及孤寡老人等社会弱势群体

80 周年校庆，一位老校友激情澎湃高呼的口号

公元 2008 年，夏历戊子年。对中国来说，这是个不平凡的年份：成功举办第 29 届夏季奥运会，神舟七号载人飞船成功发射，年初在南方出现罕见的冰雪灾害，五月又发生震动大半个中国的汶川大地震……这一年，也是培华建校 80 周年。

传承历史，是为了展望未来。培华学院成立校庆办公室，编写《培华校史（1928—2008）》《"我与培华"回忆录》《姜维之教育思想与实践研究》专著，举办校史展，为老校长姜维之塑像，召开老校友座谈会，还举行校庆庆祝大会。

2008 年 10 月 19 日，西安培华学院庆祝建校 80 周年纪念大会在长安校区隆重举行。近两万名各界来宾、校友和师生欢聚一堂，共庆节日。大会宣读了各级领导、国内外友好人士发来的贺信——

全国人大常委会副委员长周铁农

西安培华学院 80 周年校庆会场

全国妇联主席、十届全国人大常委会副委员长顾秀莲

全国政协副主席陈宗兴

陕西省省长袁纯清

中共陕西省委副书记、省教育工委书记王侠

日本公明党党首太田昭宏

日本创价学会名誉会长池田大作

日本关西大学校长河田悌一

贺信向培华80周年校庆表示热烈祝贺和诚挚问候，希望西安培华学院突出办学特色，创新人才培养模式，不断提高办学质量，为推动经济社会发展做出更大贡献。

培华学院院长姜波致辞，从理想、责任、使命和科学、追求、创新以及旗帜、特色、品牌几大方面，对培华80年来的历史折射出的精神，做了全面论述——

培华自创建以来，坚持"培育英才、振兴中华"的办学宗旨，凝练出"校誉至上，质量第一，自强不息，开拓前进"的校训，传承"以人为本，以德为先"的办学理念，形成"历史悠久，管理规范，质量优良，服务社会"的办学传统，积淀的深厚文化底蕴，形成培华极其宝贵的精神财富。"以人为本，以德为先，以产养教，产教结合"的人文教育思想和中国民办教育格局，形成培华特色和培华品牌，是姜维之老校长的著名教育理论。80年的办学历程，使培华成为中国民办教育领域的一面鲜明旗帜。

没有党和政府的大力扶持，没有公办院校名师、专家的支持以及自身的努力，就不会有培华的今天。培华人的共产主义信仰不会改变，对党的教育事业的忠诚不会改变，心怀祖国、报效祖国的胸怀也永远不会改变。

到了培华百年校庆的时候，经过培华人的奋斗和创新，培华的教育资源将更为充足，事业平台将更为宽阔，发展空间将更加远大，校园环境将更加秀美。培华精神必将结出泽被长远的丰硕成果！培华将以全新的校貌向世人和社会呈现！期待百年校庆再见！

庆典仪式上，国务院稽查特派员、中华教育艺术研究会理事长刘吉，国务院国资委国有资产监事会主席解思忠，陕西省委教育工委副书记、省教育厅副厅长李军锋，陕西师范大学党委书记江秀乐分别讲话。

培华老校友、中国人民银行西安市分行原行长刘汉中追忆培华的往昔岁月，叙说与老校长姜维之先生深厚的师生情谊，祝愿母校的明天更加辉煌。

这位老校友激情澎湃高呼的口号，代表着培华人的心声——

"培华、培华！培育英才，振兴中华！"

培华老校友、中国人民银行西安市分行
原行长刘汉中追忆培华的往昔岁月

培华1989届毕业生再回母校重温校园美好时光

图书馆广场前的那尊铜像

姜维之先生离开培华已经很多年了，培华师生还在念着他，每逢重要的纪念日，都要举行各种形式的活动，纪念这位老校长。

2008年10月7日，九九重阳节。重阳节也是姜维之先生的生日。这天，姜维之塑像在培华学院落成。如今，一走进行政办公楼明德楼一楼大厅，就能看见这座由西安美术学院雕塑家赵历平教授为姜维之先生塑造的半身塑像。就像人们记忆里的样子，塑像是姜维之先生晚年的形象，戴着眼镜，笑容满面，头发梳理得整整齐齐，西装、领带，一丝不苟，给人以温和、亲切之感。

2010年11月20日，姜维之先生逝世三周年纪念日。培华学院举行纪念报告会，追忆、缅怀姜维之先生。中共陕西省委原书记张勃兴、陕西省决策咨询委员会副主任邓理、陕西省教委原主任刘炳琦、陕西省教育厅原厅长胡致本、陕西省教育厅副厅长方光华、陕西师范大学原常务副校长李钟善、西北大学原常务副校长刘舜康、陕西省教育厅民办教育处处长石光华、中国民办教育协会高等教育专业委员会常务副理事长李维民以及培华学院理事

长姜波、院长陈明华、党委书记王斗虎、姜维之先生亲属、社会各界和1000余名师生参加了报告会，共同追忆姜维之先生为教育事业倾情奉献的不平凡一生，缅怀姜维之先生的高风亮节和宝贵精神。

陕西省教育厅副厅长方光华代表教育厅向姜维之先生在天之灵表示深切的怀念。中共陕西省委原书记张勃兴讲述姜维之先生忠于党、忠于人民、忠于教育事业的光荣事迹。中国民办教育协会高等教育专业委员会常务副理事长李维民做《怀念姜维之校长》的报告。原培华职校校长雷福云、西北大学原常务副校长刘舜康、培华学院院长陈明华分别做报告追思姜维之先生。

2012年11月20日，姜维之先生逝世五周年纪念日。培华学院举行"弘扬姜维之献身教育的执着精神，办人民满意的高水平民办大学"主题报告会。2016年学校举办姜维之先生90周年诞辰系列活动，通过开展报告会、座谈会、征文比赛、书法展、姜维之教育思想总结凝练等活动，追忆先生风范，传承培华精神。

培华学院长安校区的校园中间，有一座高大的建筑"维之图书馆"。图书馆广场中央矗立着一座铜像———位西装革履

稳稳站立着的老先生。他的右臂微曲，左臂则夹着一个不大的公事包，仿佛正走在上班的路上。他戴着眼镜，面容上浮着笑意，眼望远方，神情温和坚毅。培华的老校友们看了都说："像！真像！这就是我们的老校长！"

2012 年 2 月，姜维之先生铜像在培华学院图书馆前的广场上落成揭幕。铜像高 3.3 米，底座高 1.8 米，纯铜工艺铸造。铜像由姜波主持设计，青年教师尚乐等人共同创作完成。铜像选取了姜维之先生70 岁时的工作状态肖像。

为什么要把这座铜像安放在图书馆广场？寓意深刻。

姜维之先生一生投身教育事业，最牵挂的就是学生。就让这尊铜像矗立在图书馆广场上，面朝东方太阳升起的方向，不远处，就是一栋栋教学楼、一栋栋学生公寓，姜维之先生的心愿就是能看着孩子们

培华图书馆前矗立的姜维之先生铜像

学习、成长、成才。

这是姜维之毕生矢志不渝的追求，也是培华持之以恒不懈努力的方向。

培华学院维之图书馆

全国教育工作会议上的全国民办教育机构唯一代表

2010年7月13日。北京，人民大会堂。第四次全国教育工作会议召开。这是中国进入二十一世纪之后首次召开的全国教育大会。在过去30年间，全国教育工作会议只召开过三次，最近一次是在11年前的1999年6月。这一次会议持续两天半，围绕着刚刚由中共中央政治局会议审议通过的《国家中长期教育改革和发展规划纲要（2010—2020年）》展开。

开幕式上，中共中央总书记、国家主席、中央军委主席胡锦涛发表重要讲话，号召全党、全社会共同奋斗，推动教育事业科学发展。中共中央政治局常委、国务院总理温家宝对贯彻落实纲要进行部署。

在京中央领导同志、各部委负责同志以及各省区市主要领导出席会议。中共陕西省委副书记、代省长赵正永，省委副书记、省委教育工委书记王侠，省委教育工委副书记、省教育厅厅长杨希文出席会议。

培华学院理事长姜波作为全国民办教育机构唯一代表参加大会并做交流发言——

总书记和总理的讲话让人温暖，令人振奋。《纲要》的颁布实施给民办教育带来新机遇，也提出新挑战，充分反映国家重视并大力支持民办教育，把民办教育看作"是教育事业发展的重要增长点和促进教育改革的力量"，令民办教育工作者大为振奋。

培华作为陕西乃至全国最早的民办高校，始终坚持"以人为本，德育为先"的办学理念，82年办学历史薪火相传，经过几代人的共同努力，在素质教育、感恩教育、爱心工程等方面取得显著成就。

我们绝不辜负党和政府的希望，将继续坚持社会主义公益性的办学方向，团结各界教育工作者共同努力，力争使陕西民办高等教育成为全国的典范、发展的标兵。为陕西成为人力资源强省，为西部大开发培养更多更好的人才做出更大的贡献。努力办好人民满意、国内一流的民办大学。最终实现温总理提出的公办、民办共同发展的格局。

全国人大常委、教育部原副部长吴启迪，时任陕西省教育厅厅长杨希文，西北大学校长乔学光与理事长姜波在一起

在全国教育工作会议上，培华学院理事长姜波与国家教育发展研究中心主任张力合影

转型试点：由规模扩张转向内涵建设

（2013—2018）

"适应国家和区域经济社会发展需要，不断优化高等教育结构，优化学科专业、类型、层次结构，促进多学科交叉和融合。重点扩大应用型、复合型、技能型人才培养结构。"

这是《国家中长期教育改革和发展规划纲要（2010—2020 年）》提出的教改目标和发展方向，也是培华学院进一步发展的前景。

在改革开放以来的第四次全国教育工作会议上，作为全国民办高校的唯一代表，西安培华学院理事长姜波在发言时，做出庄严承诺：绝不辜负党和政府的希望，力争使陕西民办高等教育成为全国的典范、发展的标兵，为陕西成为人力资源强省，为西部大开发培养更多更好的人才做出更大的贡献，努力办好人民满意、国内一流的民办大学。

如何落实，如何推进向应用技术型大学的转型，培华由规模扩张转向内涵建设，在每一个发展领域，持续努力。

新起点
——入选"陕西省转型发展试点院校"

2013 年 6 月，天津。一桩地方高校转型发展的标志性事件发生：全国应用技术型大学联盟成立。这是教育部指导的校际协作组织，旨在推进教育改革创新，促进中国一批新建的本科高校向应用技术型大学发展。

当年 12 月，培华学院在接受教育部本科教学工作合格评估时，明确提出"四个定位"——

应用技术型的**办学类型定位**

全日制本科职业教育为主，兼顾高等职业教育和继续教育，创造条件举办专业硕士研究生教育的**办学层次定位**

地方性、应用型、国际化的高素质应用技术型**人才培养定位**

围绕陕西产业结构调整方向和战略性新兴产业、现代服务业的发展，发展信息、大健康、文化创意等产业基地的规划定位，重点发展对口应用型学科专业群，构建以应用型学科专业为主体的**学科专业定位**

"应用型""技术型"，是频繁出现的关键词。

其实，只要回望培华多年来的办学历史和文化传统，很容易就能看出其职业教育的特色非常突出，可以形容为"植根行业、融入行业，与行业同呼吸、共命运"。培华在为行业企业输送符合市场需求、适销对路的技术应用型人才的同时，自身也得以生存、发展。因此，转型为应用技术型大学，培华多年来的积淀、基础可谓坚实、深厚，正逢其时。

应用技术型办学定位，延伸了培华学院职业教育的特色和传统，以科技成果的应用导向来指导办学，使得人才培养和科学研究侧重于技术知识和技术成果的应用，人才培养目标也突出其"综合素质高、实践能力强、发展后劲足"。

2014 年上半年，培华学院成立加快转型发展领导小组、转型发展决策咨询委员会，理事长姜波任组长，培华学院校长王拴才、党委书记周庆华任副组长，进行陕西省普通本科院校转型发展试点申报工作。进入省级试点，有利于按照教育部和陕西省教育厅的具体标准和要求，加强学校各方面建设，提高综合办学实力。这成

　　2015 年 11 月 18 日, 陕西省委副书记胡和平在培华学院调研工作。在培华校史馆, 胡和平看得仔细, 听得认真, 不时驻足观看, 插话询问相关历史史实。胡和平说, 培华学院有着优良的办学传统和悠久的办学历史, 要继承和发扬这种优良的办学传统, 传承培华人"自强不息、开拓进取"的精神, 坚持正确办学方向, 不断深化教育教学改革, 创新办学体制机制, 推进学校内涵式发展, 提升服务国家、服务陕西、服务社会的能力

为培华学院新时期发展的新机遇。

　　2014 年 8 月, 培华学院向陕西省教育厅呈报转型发展试点项目申请书, 提出力争进入试点院校的工作思路和举措目标。

　　在《转型发展试点工作方案》中, 培华学院提出, 计划实施期限为 2015—2020 年, 实行"三步走"战略——

　　第一步, 2014 年, 启动实施建设项目, 申报试点院校, 进行试点建设;

　　第二步, 2017 年, 建成校企合作战略联盟、校校合作教育集团;

　　第三步, 2020 年, 建成应用技术型院校示范校, 校企深度合作、校校合作, 行业企业参与专业集群建设达到 90%。

　　方案还提出办学规模、应用技术型专业建设、人才培养、师资队伍建设、资源平台、科研转型与社会服务等多个方面的具体目标。

　　2014 年 12 月, 陕西省教育厅发出"陕教发〔2014〕43 号"通知, 西安培华学院成功入选陕西省转型发展试点院校。按照要求, 试点高校要在 5 年左右的时间内建成本科转型示范院校, 达到就业质量显著提高、服务重点产业转型升级能力显著增强的示范效应。

　　在新起点上, 培华又一次迈开步伐。

从一系列数字，看人才培养与教学改革力度

数字看似很枯燥，其实数字会说话。从一系列数字，从课程体系建设、实验室建设、实训基地建设等多个方面，可以看出培华学院在人才培养及教学改革中的工作力度。

2013 年，培华学院对 31 个本科专业人才培养方案重新修订，按照规范程序、从严治考的原则，进行考、教分离的探索，提高教学质量意识，落实学校领导、教师听课制度，推进教改和质量工程建设。

质量工程建设得到省、部各级支持。2013 年，陕西省民办高等教育发展专项资金拨出 192 万元，支持开展教学质量监控评价机制与平台建设。2016 年，培华学院与麦可思数据股份有限公司战略合作，全方位推进教育教学质量提升。

截至 2017 年，培华获得一系列省部级教改质量评优，专业结构得以优化，会计学专业获批陕西省首批"一流专业"建设项目，电子商务、护理、通信工程专业获批"一流专业"培育项目。

省部级教学改革研究项目 3 项
省级教改研究项目 7 项
省级教学成果奖 4 项
省级优秀教材 3 部
获批省级人才培养模式创新实验区 5 个
省级特色专业 3 个
省级精品资源共享课程 10 门
省级教学团队 6 个
省级实验教学示范基地 5 个
省级专业综合改革试点项目 5 个

陕西省高等教育学会教育科学研究与实验基地在培华学院挂牌

如何将培育的人才与经济社会发展更好地契合，培华学院自 2013 年以来，每年都要求各专业适时修订人才培养方案，必须进行企业调研、毕业生走访，并召开业界专家、高校同专业教授、毕业生代表、任课教师参加的方案论证会，将方案送两名专家审查、提交二级学院专家委员会审议、学校最终审定，以严谨的程序保证方案的科学性和规范性。

在课程体系建设方面，强调知识、能力、素质协调发展，注重从"知识传授"到"能力培养"的转变，增强专业基础课的应用型特征，强化专业核心课与社会发展需要的结合。

从 2013 年 9 月起，课程建设以基础课和专业核心课的精品课程建设为主，把课程建设分为合格、优秀、精品三种类型，由二级学院主抓合格和优秀课程建设，教务管理中心主抓精品。

2016 年 7 月，培华学院联合教育部学校规划建设发展中心课程建设研究院共同承办第一期应用型课程建设研修班，全国 17 个省份、47 所高校的 145 名代表和培华全体教师参加，激发了培华教师推进应用型课程建设的思考和行动。

截至 2017 年，培华已建成 15 门国家级精品课程、3 门国家级双语课程、76 门省级精品课程、4 门省级双语课程、73 门校级精品课程、22 门校级双语课程。这些课程覆盖全部学科门类，涵盖不同学科专业。开放共享的精品课程体系已基本形成，成为培华重要的优质公共学习资源。

2017 年，培华学院增加实践学分，理工科实践学分比重大于 49.2%，文科实践学分比重大于 39.6%。同时，探索"全人教育"培养模式，在课程设置上分三大板块——

身体：身体心理

心灵：通识教育

心智：职业生涯教育

培华学院历来重视实践教学，实施转型发展以来，更加致力于校企合作、产教融合，建立"业界全程参与，产学研深度融合"的应用型人才培养模式。2013 年以来，培华与 100 余家企事业单位进行产学研深度合作，同时建立了 417 个校外实习、实训基地，学生专业实践能力得到较好培养。以会计学专业学生为例，他们在西安地区多家银行以及希格玛会计师事务所等十余家会计师事务所实习，反馈良好。

培华学院重视实验教学条件建设，一组数字足以说明其重视程度——

2014 年，投入 1000 余万元建设面积 4000 余平方米的跨专业实训教学平台——大商科综合实训中心；

2015 年，在原有实验条件基础上，投资 6715 万元：其中 1300 万元，建设医学院"医、养、护"一体化教学实训平台；1600 万元，建设人文艺术教学与创意产业实验区；2400 万元，建设会计学院金融会计与财务审计实务实训中心；1415 万元，建设面向校内外、跨专业的创新创业、创意创造、校企融合、成果转化的平台——培华创客中心；

2016 年，投入 1500 余万元，改扩建创客中心大楼，建筑面积近 5000 平方米；

2017 年，投资 1200 余万元，建成智能交易研究院和 2000 多平方米的金融交易与云财务中心，该中心接入海外光纤专线，四屏工作站 40 余台，存储全球主要金融市场海量高频交易数据，并对金融大数据清洗、分析、挖掘、计算，作为多学科交叉的复合型金融量化才人培养基地，前景广阔；

至 2018 年，新建、扩建校内实验（实训）室 137 个（348 个分室），建成省级实验教学中心 6 个，满足学生职业技能专业化实操能力培养需要。

在实验室建设规划方面，培华正加快三个省级示范性实验教学中心项目的建设进度，以国家级标准，努力将大商科综合实训中心建设成省级示范性实验教学中心。同时，推行校内实验资源共有共享，提高利用率。

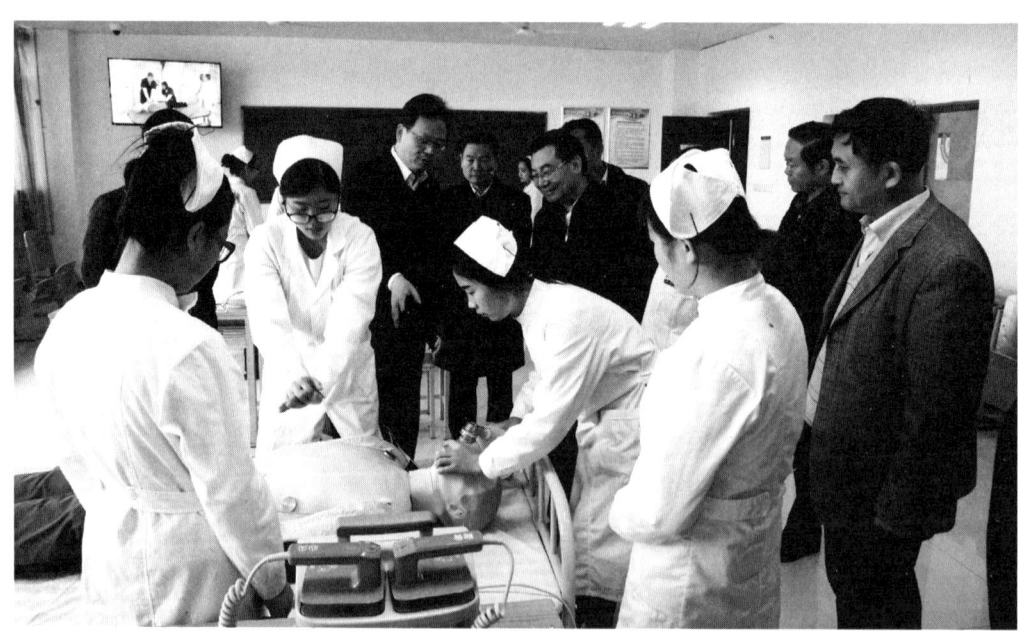

2015 年 11 月 18 日，陕西省委副书记胡和平参观培华医学院

转型发展建设得怎么样了
——通过中期评估

2014 年初，陕西省委办公厅、省政府办公厅联合发出一份文件，名为《关于深化改革推进高等教育内涵式发展的意见（2014—2020 年）》。这份文件指明一种倾向并要求逐步扭转："办学思路功利化、学科设置同质化、管理方式行政化"，从而推进高校深化改革、办出特色、内涵发展，全面提高人才培养质量。

陕西省为此召开全面提高高等教育质量工作会议，决定对全省 55 所省属高校进行巡视诊断评估。按照部署和要求，培华学院进行分析、自查。

当年 10 月，陕西高校巡视诊断专家组进入培华进行为期三天的巡视诊断，走访 13 个职能部门、10 个本科教学单位，访谈教职工及学生 223 人次，随机听课 19 门，调阅 18 个专业毕业论文 782 份，抽查 27 门课程试卷 3098 份，召开座谈会 4 场，发放学生调查问卷 400 份、教师调查问卷 200 份，又实地考察图书馆、教学楼、实训基地。巡视诊断专家组充分肯定培华近年来取得的成绩和鲜明的办学特色，培华顺利通过陕西省高校巡视诊断评估。

2015 年 12 月，培华学院又迎来一次检查。此前，陕西省教育厅发出通知，要求对全省 14 所转型发展试点院校的试点开展情况进行中期评估——转型发展，到底建设得怎么样了，培华又接受一次"考试"。

专家组给出的评估意见要点是——

培华学院重视转型发展试点工作，成立了由理事长担任组长的学校转型发展工作领导小组，成立了由企事业单位、校内外专家参与的转型发展专家决策咨询委员会，校内的转型发展办公室负责具体工作。转型发展工作组织领导有力，决策执行和决心有序。

制定《转型发展实施方案》，明确目标定位，确定转型发展的指导思想和主要途径，通过学术讨论、学术研究等方式做到统一思想，深化认识。通过内部治理结构调整、大学方针建设、管理体制改革等，为转型发展奠定良好的基础。转型目标总体上符合教育部和陕西省教育厅关于高校转型发展的要求。

人才培养方案基本符合教育部和教育厅关于转型发展的要求，围绕转型发展试点工作,学校着重由规模扩张转向内涵建设,重视产教融合与校企合作,力求专业设置与市场需求对接,努力为陕西经济建设服务。

学校为转型试点开设了相应的配套措施,扩大企业专家进入校学术委员会的比例,加强双师型师资队伍建设,重视大学生创新创业教育并取得实效,实践教学比重达到转型发展有关要求,坚持女性教育传统和特色。

第五届理事会与"十三五"规划

转型为应用技术型大学，管理体制首先要改革创新。2015 年 5 月，根据《西安培华学院应用技术型转型发展试点工作实施方案（2015—2020）（修订版）》的相关要求，培华理事会重新组建。

这届理事会探索由社会组织、用人单位、专业建设负责人及专业教师共同参与的共建机制，更新理事会的人员组成，促进共同研究制定办学方向、发展规划、人才培养目标及毕业生就业指导机制，共同监督教育教学管理和人才培养质量。

西安培华学院第五届理事会

理事长：姜 波

理　事：王拴才　校长

周庆华　党委书记、陕西省教育厅督导专员

姚文静　党委副书记、副校长

于国亮　副校长

吕 桦　希格玛会计师事务所董事长

袁学武　西安印刷包装产业基地发展有限公司董事长

新的理事会第一次会议研究确定培华学院新一届行政领导班子组成人员。

校长：王拴才

副校长兼学术委员会主任：陈胜秋

学生工作副校长：姚文静

教学工作副校长：于国亮

行政工作副校长：徐国富

财务总监：尹 晶

校长助理：姜 涛

校长助理：秦海锋

新一届理事会与学院行政领导班子组建到位，当即着手制定"十三五"发展规划。面对中国高等教育发展的新时期、新要求，培华学院作为地处陕西西安这一"一带一路"重要桥头堡位置的高校，在地方人才培养和社会经济建设中，担负着特殊的使命。"十三五"规划确定了需要大力实施的四大发展战略——

内涵发展战略 探索和完善应用型人才培养的体系和模式，提高人才培养质量；重视人才队伍建设，造就适应学校发展的师资队伍；推进协同创新，完善科研体制机制，提升科研创新能力和学术水平；完善内部管理，推进大学治理体系和治理能力的提升。

特色发展战略 以特色求得生存、促进发展，提高学校核心竞争力；依据现有资源条件和自身优势，找准突破口，合理有效地配置资源，集中人力、物力和财力，建设特色学科、特色专业、特色管理模式和特色校园文化。

服务地方发展战略 发挥学科、科技和人才优势，坚持走产学研相结合的道路，积极为地方调整经济结构和转变经济增长方式服务，为产教融合服务，为传承弘扬地方文化服务；加强政校、校企合作，以服务求发展，不断增强学校的社会影响力。

开放发展战略 加大开放办学力度，丰富开放办学内涵，提高开放办学水平。用开放办学的新观念引领学校改革发展，充分利用社会资源，广泛开展各种合作，积极推进校企、校政、校所、校校合作，以及校内各部门的开放合作；扩大国际办学视野，开展国际合作办学，推进国际间师生交流和互访，多途径吸纳国内外优质办学资源和优质智力成果，为我所用。

坚持四年一届机构改革、全员竞聘

重新组建理事会、确定学院行政领导班子、制定"十三五"发展规划，接连完成三件大事之后，培华学院接着开启了一次内部管理体制的改革。

被称为"'升本'以来规模最大、涉及面最广、改革较为彻底"的这次机构改革，与上述三件大事一样，也发生在 2015 年 5 月。

本着精简高效的原则，学校首先对主体职能相近或重叠的部门实行合并，对工作性质基本相同的部门进行合署办公。机关处级机构从原来的 31 个减少为 21 个，教学单位从 15 个减少为 14 个。一些机构撤销或分离：如保卫处撤销，划归后勤服务保障中心；撤销党委办公室、党委组织部、党委宣传部，其职能按性质组建党委工作部。根据转型发展的新要求，新设一些机构：产学研协同创新中心、创客中心、校友服务与发展中心、新闻中心、学生潜能发展中心。

调整重组后的 14 个教学单位为——

艺术设计学院
传媒学院
会计学院
中兴电信学院
商学院
人文学院
医学院
建筑工程学院
国际教育学院
开放教育学院
盘古创新创业学院
女子学院
通识教育中心
体育部

机构设置改革调整完成，随即推行全员岗位聘任制，建立"能上能下、能出能进"的用人机制，实现对教职工由"身份管理"转向"岗位管理"，有几大特点——

一是建立合理的绩效工资分配机制，对不同岗位人员分类制定绩效工资标准，合理控制同类同层次人员之间、同类不同层次人员之间、不同类同层次人员之间的收入差距，做到成果共享、和谐发展；

二是建立以业绩贡献和能力水平为导向，以目标管理和目标考核为重点，强化岗位、以岗定薪、按劳取酬的薪酬体系，坚持工资待遇与岗位职责、工作业绩和贡献直接挂钩，实行绩效优先，真正体现"多劳多得，优劳优酬"；

三是扩大办学实体单位自主权，降低分配重心，充分调动院系办学的积极性。

机构改革和全员竞聘，并非一劳永逸。培华学院将这项工作坚持为"四年一届"。

2018年5月，第二轮机构改革和全员竞聘再启。培华派出三个考察组分赴上海、安徽、江苏、北京、吉林、广东等高校考察，学习同类高校的改革经验和做法。在最新一轮的机构改革中，全校各类党政机构从2015年的21个精简至15个，教学单位减少为9个。

分为六大核心功能板块，组建15个职能业务中心——

教学事务部：包括教务管理中心、图文与信息技术中心；

科研事务部：包括科研管理中心、产学研协同创新中心、国际交流中心；

学生事务部：包括招生与就业指导中心、学生服务中心、新闻中心；

行政事务部：包括校长办公室、发展规划与质量建设中心、人力资源中心；

服务保障部：包括财务管理中心、资产管理中心、后勤服务中心；

党委工作部：原党委工作部、工会整合。

根据改革发展需要，转变过去以职能部门为主体的管理模式，继续夯实二级教学单位主体办学地位，使二级学院通过相对的自主办学，更好地促进学科专业整合发展，提高教学质量和办学效益。

教学单位改革的力度——

人文与国际教育学院　由原人文学院、女子学院、国际教育学院整合组建，有法学、汉语言文学、汉语国际教育、英语、日语、朝鲜语6个本科专业，汉语、学前教育2个专科专业，以及大学英语、大学语文公共课程；

建筑与艺术设计学院　由原艺术设计学院、人居环境与工程学院整合组建，有建筑学、土木工程、工程造价、动画、环境设计、视觉传达设计、服装与服装设计、工艺美术8个本科专业，建筑工程管理、工程造价2个专科专业；

会计与金融学院　由原会计学院、商学院整合组建，有会计学、财务管理、审计学、国际经济与贸易、市场营销、人力资源管理、电子商务、行政管理、旅游管理、物流管理、投资学、金融工程12个本科专业，国际经济与贸易、市场营销、人力资源管理、会计、财务管理5个专科专业。

紧随机构改革之后的，是教职工全员竞聘上岗，增强竞争意识和危机意识，"让最合适的人，从事最合适的工作"，形成

"岗位靠竞争，收入靠贡献"的观念，建立爱岗敬业、努力学习业务知识、增强业务技能的氛围。

在此之前，2018年2月，第五届理事会调整理事成员。王拴才申请退休，不再担任理事、培华学院校长职务，聘为高级顾问。增补李映方为理事，聘为校长。

西安培华学院第五届理事会（调整）

理事长：姜　波

理　事：李映方　校长

　　　　胡俊生　党委书记、陕西省教育厅督导专员

　　　　姚文静　党委副书记、副校长

　　　　于国亮　副校长

　　　　吕　桦　希格玛会计师事务所董事长

　　　　袁学武　西安印刷包装产业基地发展有限公司董事长

党、团组织"横向到边，纵向到底"

培华学院党委在引领和推动培华学院转型发展中，发挥政治核心和服务保障作用，通过开展学习实践科学发展观、创先争优、党的群众路线教育实践活动、"三严三实"专题教育、"两学一做"学习教育等活动，加强党建，为培华的建设发展提供坚强的政治保障。在这一时期，培华学院党委被陕西省委评为陕西省高等学校先进基层党委、陕西省创先争优先进进程党组织；智能科学与信息工程学院、商学院、人文学院、会计学院、医学院5个院系被陕西省委高教工委评为先进基层党组织。

培华学院党委始终把思想政治工作放在首位，坚持常抓不懈。充分利用党团组织和思想政治理论课，对学生加强社会主义核心价值观教育，深入学习贯彻习近平总书记系列重要讲话精神。

同时，以培华身边的优秀共产党员为榜样开展教育。培华老校长姜维之同志将毕生精力献给党的教育事业。原党政办公室秘书赵秀兰同志参加民办教育工作17年，以校为家、爱岗敬业，在临终前将全部积蓄20万元捐赠给培华设立奖学金。通过这些党员先进典型事迹的教育学习，党组织的战斗堡垒作用和党员先锋模范带头作用得到较好发挥。

培华的基层党、团组织建设不断加

临终前，她捐出毕生积蓄20万元，设立"优秀学生奖学金"

赵秀兰（1937—2015），女，河北抚宁人。1978年至1993年，在西北电讯工程学院即西安电子科技大学政治部、党委办任秘书等职。1993年1月退休。1996年至2014年，任西安培华女子大学、西安培华学院党政办公室秘书科科长。赵秀兰在培华工作17年，勤勤恳恳，任劳任怨，严以律己，为人师表，她热爱教育事业，为培华的建设和发展做出突出贡献。她生前留下遗嘱，把毕生积蓄20万元捐赠给学校设立"优秀学生奖学金"，以激励培华学子

强，保证组织体系"横向到边，纵向到底"。

2015 年至 2017 年，陕西省委高教工委下达党员发展指标为 3150 名，培华学院实际发展党员 2986 名。培华的做法是，切实保证党员发展质量，通过党课培训，培养考察入党积极分子，坚定理想信念，强化党性观念。同时，对发展党员工作进行全程监控，保证党员发展质量。

2013 年，设有 9 个党总支部，下设 87 个党支部、13 个直属党支部，学生党员 2364 人，占学生总数 10%，教职工党员 469 人；团总支 9 个，团支部 540 个，学生团员 19856 人。

2015 年，党总支部增加到 10 个，下设 51 个党支部、11 个直属党支部，学生党员 1788 人，占学生总数 8.13%，教职工党员 489 人；团总支 10 个，团支部 586 个，学生团员 20085 人。

截至 2018 年 5 月，党委下设 7 个党总支部、11 个直属党支部，其中学生党支部 46 个、教师党支部 15 个。党员人数 2323 人，占全校总人数 10.3%。其中教职工党员 544 人，学生党员 1779 人。

2017 年 6 月，中国共产党西安培华学院第二次代表大会召开，165 名正式代表出席。大会选举产生中共西安培华学院委员会。

> **中共西安培华学院委员会**
>
> 书　记：胡俊生
>
> 副书记：姚文静　徐国富
>
> 委　员：胡俊生　李映方　姚文静
>
> 　　　　徐国富　姜　涛　唐学学
>
> 　　　　陈　玲　梁　蕊　蔡　亮

> **中共西安培华学院纪律委员会**
>
> 书　记：徐国富
>
> 副书记：吉小平
>
> 委　员：吉小平　徐　莹
>
> 　　　　李　健　权勇太

培华党委始终加强对共青团工作的领导。2013 年，团委下辖团总支 9 个、团支部 540 个，学生团员 19856 人，占学生总数的 89%。2017 年，团委成立 10 个二级学院分团委、3 个直属团工委、539 个基层团支部，学生团员 18812 人，占学生总数的 88%。

推进"青年马克思主义者培养工程"。2013 年，培养学员 1400 余名。2017 年，成立西安培华学院云梯青年学校，联合思政部探索培训课程体系开发，深化"践行社会主义核心价值观"和以"中国梦"为主题的理想信念教育，开展"与信仰对话""我的中国梦""四进四信""我为核心价值观代言"等主题团日活动 700 余场次，做到主题教育全覆盖。在建团 95 周年、长征胜利 80 周年、党的十九大召开等重大时机，结合重大历史纪念日，深化青年学生的时代责任感和历史使命感。

2013 年以来，培华学院团委以暑期"三下乡"社会实践为主体，引导团员青

培华学院表彰优秀学生党支部、优秀学生党员

年加深对国情、社情、民情的认识了解。开展国情调查、支医支教、公益志愿等活动，尤其是围绕"一带一路""脱贫攻坚"，组建实践团队深入基层、乡村，得到中国青年网、中青在线等媒体报道，被授予全国大中学生志愿者暑期三下乡社会实践活动优秀单位、陕西省大中专院校暑期文化卫生"三下乡"社会实践示范单位、陕西省高校大学生暑期脱贫攻坚专项活动社会实践先进集体等荣誉。2018 年 7 月，培华团委组建 100 多支实践团体，上千名培华学子投入社会实践。

在培华党委、团委具体指导下开展工作的学生会，"上情下达、下情上传"，充分发挥桥梁纽带作用。各级各类社团数量从 30 多个发展到近百个，社员近万人。培华实施转型发展以来，各类社团主动围绕"六个一"项目对接行业资源，如梨园戏曲社对接西安黄梅戏曲社、西安正声曲社，台阶文学社对接陕西省诗词学会，茂林书画协会对接陕西省大学硬笔书画协会。2017 年，魔术协会对接陕西文联、陕西省杂技艺术家协会，联合陕西省 16 所高校牵头成立陕西省高校魔术联盟，成为内外资源结合、助力社团发展的一大标杆。

培华学院各级各类社团数量从 30 多个发展到近百个，社员近万人

"一对接、四合作、三服务"，产学研协同创新发展

"以产养教、产教结合"，是培华多个历史时期发展中都很突出的办学特色，而且规模越来越大，优势明显。长期以来，培华坚持应用型人才培养目标定位，形成深厚的职业教育积淀，为转型发展奠定坚实的基础。

2014年以来，培华实施"专业群"对接"产业群"工程，推进校地、校校、校企及国际合作，建立与用人单位合作举办专业、合作培养人才、合作共建教学资源、合作就业的长效机制，开展学习指导服务、心理指导服务、就业创业指导服务，称之为"一对接、四合作、三服务"的应用型人才培养体系，产生良好的人才培养效益，保持培华特色。

在建立产学研制度体系的工作中，培华抓住建设高水平、有特色的应用技术型本科高校这一主线，推进专业建设、课程建设、师资建设，以应用技术型示范学校的标准，来规范各项工作，实现战略转型。

在"四合作"体系方面，培华着力最多——

校地合作　与陕西省中华职业教育社、陕西省中小企业局、陕西省妇女联合会、陕西省残疾人联合会、陕西社会科学界联合会、西安市社科规划办公室建立战略合作协议，搭建有利于培养学生创新精神、实践能力的平台，培养学生将理论转化为技术、将技术转化为生产力和产品的能力。

校企合作　与陕西省第四人民医院、西安市第五医院、希格玛会计师事务所、长安银行、新道科技建立校企深度合作办学模式，致力于推进校企合作、产教融合，吸引企业优势资源参与学校人才培养，确立面向区域经济和行业、产业

2015年11月5日，培华学院与西安市社会科学院合作社科规划基金专项项目签约

培华学院与长安银行战略合作，推动校企合作、产教融合

西安培华学院与陕西省第四人民医院联姻成立西安培华学院附属医院揭牌仪式

培华学院以应用技术型示范学校的标准规范建立产学研制度体系，实现战略转型

需求的人才培养目标，建立"业界全程参与，产学研深度融合"的应用型人才培养新模式。

校校合作 与西北大学、西安建筑科技大学、延安大学、厦门工学院、北京工业大学耿丹学院、广东财经大学华商学院、西南财经大学天府学院、云南经济管理学院签订合作协议，在专业与课程建设方面深度合作，教师互聘，课程互选，学生互派，教育资源共享，促进教学水平提高。

国际合作 2010年以来，与美国、加拿大、英国等十多个国家三十余所学校、企业交流合作，与22所大学签订友好合作协议，与纽约电影学院、法国秋季艺术沙龙签订中长期战略合作办学协议，并针对陕西经济社会发展，引进优质教育资源，开展教师海外培养培训，吸收借鉴国际应用型人才培养成功经验。已有近100名学生参加交流学习，派出45名学生到美国高校研习。

产学研合作教育及专业集群建设工作，培华始终在探索，自2013年至2018年，收获颇丰——

2013年 与中兴通讯合作，共同投资1600多万元成立中兴电信实验教学中心，新建现代化通讯实验室6个，改建实验室3个。

2014年 与世界SAP联盟、新道科技建立大商科综合实训中心；与大唐西市集团、陕西文化产业投资控股集团、西部电影集团共建文化产业中心；与陕西广电集团、曲江文化产业投资集团共建移动数字中心；与广联达软件股份公司、西安建筑设计院共建建筑工程试验中心；与陕西省民政厅、省妇联、省残联共建社会服务中心。

2016年 新增20家签订校企合作协议的企事业单位，校企合作单位达67家，校内各专业新建实习基地64家，校外实习基地数量达260家，已基本满足各专业学生的校外实习需要。

2017年 建筑面积为4000余平方米的创客中心大楼投入使用，通过创客社区联盟、创客学堂、创客实验室、创客孵化器等平台，为20余个在孵项目提供创新创业实训及技术支持服务，如西安异客科技工作室、点击全媒体工作室，并成功孵化西安乔客信息科技有限公司、西安普硕电子科技有限公司等多家大学生创业公司。深度校企合作81家，校外实习基地增至321家，其中省级大学生校外实践教育基地2个。

2018年 恒友楼、模拟医院等相继建成。其中恒友楼包括学生服务中心、大学生潜能发展中心、社团中心以及大学生艺术团。

培华学院探索产学研教育、创新创业教育，得到社会各界认可，获得多项荣誉。

2016年，被陕西省中小企业局确立

为陕西省中小企业高校创业孵化基地；荣获中国民办高等教育协会高等专业委员会"创新创业教育师资队伍建设奖"；中兴电信学院获批为"陕西省高等学校创新创业教育改革试点学院"；在全国高校商业精英挑战赛总决赛中，培华学院"致爱车品"项目获一等奖和总决赛冠军。

2017年，在"大众创业，万众创新"国家战略引领下，培华学院落实教育部《高等学校创新能力提升计划》，继续深化产教融合，推进协同育人，主动与地方政府、行业、企业建立更加紧密的合作关系，通过创业课程、赛事、实践，对学生进行有针对性的指导服务。还牵头承办互联网+大学生创新创业大赛等全国性的创

业竞赛。培华学子参加数学建模、互联网+大学生创新创业大赛等各类竞赛，共获省级以上奖项216项；荣获"陕西省就业创业指导服务示范机构""全国创新创业典型经验50强高校"称号。

培华学院立足陕西，强化专业方向建设，34个本科专业确定68个专业方向。这些专业均系陕西区域产业链相关联的专业，紧随地方产业与经济社会发展实际，尤其是瞄准大西安建设支柱性产业和战略性新兴产业，构建以应用型学科专业为主体的专业集群体系，重点建设六大专业群——

经管商专业群 服务于商贸产业，促进城市金融、电商、物流业的大发展

2017年，西安培华学院被教育部评为"全国创新创业典型经验50强高校"

通信电子类专业群　服务于现代信息产业，促进移动通讯、智慧西安、大数据与云计算创新型产业大发展

文化艺术专业群　服务于城市和社区文化创意、影视文化

卫生医疗专业群　服务于银色产业（老龄化社会），社区老年护理、涉外护理

文化教育类专业群　服务于社会工作和社会管理产业，促进社会组织和女性职业发展

建筑土木工程专业群　服务于新型城镇化建设，推进新型城镇化建设大发展

培华学子在第八届（2015）全国大学生网络商务创新应用大赛全国总决赛中夺得桂冠

培华学子在 2015 年中国大学生计算机设计大赛西北赛区决赛中取得佳绩

"大众创业、万众创新"的大学生创新创业教育

2014年9月，夏季达沃斯论坛。国务院总理李克强首次提出"大众创业、万众创新"的号召，"要在960万平方公里土地上掀起'大众创业、草根创业'的新浪潮，形成'万众创新、人人创新'的新态势"。

2015年，李克强在政府工作报告中再论推动"大众创业、万众创新"，"既可以扩大就业、增加居民收入，又有利于促进社会纵向流动和公平正义"，"在创造财富的过程中，更好地实现精神追求和自身价值"。

作为地方高校，如何培养创新创业人才，加强产学研合作，提高社会服务质量，成为高等教育改革的突破口。培华学院将此提高到学校生存发展的战略高度，在"十三五"发展规划中明确提出实施创新驱动发展战略，搭建大学生创业实践平台，构建创新、创意、创业"三创"能力培养体系，增强学生创新创业能力培养的实效。

培华学院对创新创业工作实施"一把手工程"，形成全校"上下联动、齐抓共管、全员参与"的创新创业工作体系。2015年，在陕西省政府的大力支持下，培华学院响应国务院引导一批本科院校转型

"我和理想有个约定"暨2015首届西部创新发展论坛高校行启动仪式。万通控股董事长冯仑在仪式上

2015年，培华学院聘请优秀校友为"大学生创业导师"

2015年,拉手吧《女友》校园创业大赛总决赛在培华学院拉开大幕。全国高校优秀创业团队齐聚培华,角逐榜首

"盘古有道"创新创业论坛暨西安培华学院盘古创新创业学院揭牌仪式

的号召,在全国率先与著名智库——盘古智库共同成立西安培华学院盘古创新创业学院,成立产学研协同创新中心,依托盘古智库的专家、学者、企业家组建创业导师团队,参与指导学院的日常运营管理。

2016年以来,培华投入的创新创业工作经费为689万元。2017年,设立创业基金和创新创业奖学金,激发学生创新创业精神,提升创新创业能力。自2012年至2017

年，培华立项校级大学生创新创业训练计划项目 388 项，其中省级 102 项、国家级 28 项，参与学生近万人次。

既然创新创业成为工作重心，与之相对应的课程体系也必须随之改革。培华坚持以教学为中心，将创新创业的教育内化到教与学的全过程，建立"创业必修课＋创业选修课＋创业提升课＋创业精品课"的创业课程体系。同时，"以赛代培"，鼓励学生组建团队，参加各级各类创新创业大赛。

培华学子不负众望，在多项赛事中斩获多多。如参加国际大学生 iCAN 创新创业大赛、中国大学生服务外包创新创业大赛、全国大学生嵌入式物联网设计大赛、中关村 O2O 编程马拉松、中国发明创新大赛、全国大学生智能汽车大赛、全国高校电子信息创新实践大赛等赛事，荣获全国金奖、特等奖、第一名等 134 项荣誉。

培华学院还发挥女性教育特色优势，针对女性就业创新，开设 11 门专题课程，开办女性文化素质大讲堂，拓展女性职业能力。2016 年，培华学院与陕西省妇联承办"2016 巾帼创业导师高校行"系列活动，邀请三秦巾帼创业导师团，为女大学生和就业困难女性群体提供创业就业渠道。

培华学子在第九届"博创杯"全国大学生嵌入式物联网设计大赛总决赛中夺得冠军

培华学院发挥女性教育特色优势，开办女性文化素质大讲堂，还举行诸如服装色彩搭配、茶艺培训之类的创业沙龙活动

科研工程 "搭平台、聚人才、拿项目、出成果、显特色、上水平"

2012 年 8 月，陕西省教育厅出台一个重要文件——《陕西省民办高等学校科研能力提升计划》，要求高校以科研项目研究和重点研究基地建设为抓手，组织实施四大科研工程：科研骨干培养、创新能力提升、重点基地建设、科研成果服务，引导、支持民办高校开展科学研究和学术交流，提升民办教育专业特色与学科发展优势，服务优秀人才培养和陕西民办高校教育体系建设，全面提高民办高校的办学质量。

围绕这一计划，培华将四大科研工程纳入学校重点工作，推动科研 "搭平台、聚人才、拿项目、出成果、显特色、上水平"。

2013 年，培华学院规范科研管理机构，重组确立了 22 个校属研究机构——

陕西民俗文化研究所
新闻法律与法制传播研究所
中华传统文化研究所
佛教艺术研究院
池田大作香峯子研究中心
中小企业会计研究所

经济研究所
电子商务应用研究所
城市与房地产管理研究所
通信技术研发中心
语言学及应用语言学研究所
护理教育研究所
土木工程研究所
女性教育研究所
中国化马克思主义理论研究所
应用数学研究所
体育运动与健康教育研究所
高等教育研究所
喜剧美学研究所
红色文化研究会
思想政治教育研究会
关公文化研究院

2014 年，增设——

社会组织发展研究中心
大数据与智慧城市研究所
SAP 教育中心

培华学院制定科研机构管理办法，提

出研究机构应面向社会,紧紧围绕重点学科专业建设,从事科研、技术开发、人才培养,加快科技成果向生产力转化,成为知识与技术创新的核心、高新技术与产业孕育开发的基地。为此,2013年以来,发出相关章程、办法,提高科研工作效率。2017年,制定《促进科技成果转移转化实施办法》,着力构建开放、融合、高效的科技创新成果转化制度。

自2013年,陕西省教育厅发出《实施民办高等学校能力提升的意见》后,培华加大校企合作建设力度,重视科研平台建设——

2013年　中兴通讯共同投资1600多万元,成立中兴电信实验教学中心

2015年　实施"筑巢引凤"工程,与西安市社会科学院签订社科规划基金项目合作协议,立项一批省级专项课题

在陕西省民办高校率先成立省社科联二级团体会员组织,搭建项目申报、学术讲座、社科专家基层行科研平台

与西北大学合作科研平台,拓宽深化科技人文学术创新合作

2017年　成立人文社科研究基地、自然科学研究基地,作为科研成果的重要孵化场所

与西北大学、延安大学联合培养硕士研究生

申报陕西省社科联"陕西性别平等与妇女发展社科普及基地",打造培华女性教育研究品牌

培华与中煤航测遥感集团签约仪式

联合产学研协同创新中心，协同推进二级学院实现"一系一企一所一学会一协会一社团"目标，促进政产学研深度融合

陕西省科技厅核准，培华学院获得陕西省技术贸易许可证（陕技贸省字第1022号），为教师开展技术开发、技术转让、技术咨询及服务提供便利

2013年以来，培华学院专业建设遵循"控制规模，突出规模，注重内涵，狠抓质量"的发展思路，围绕应用技术型人才培养的目标，优化学科专业结构，打造优势品牌专业，扶持特色学科专业，适度发展社会急需的新办学科专业，形成"数量适宜、结构合理、优势互补"的学科专业体系。

培华学院还将学科建设作为培育硕士学位授权点、提升学校办学层次和综合竞争力的重要抓手。

2017年，会计学专业获批陕西省"一流专业"建设项目；电子商务、护理学、通信工程三个专业获批"一流专业"培育项目。同年，陕西省学位委员会、陕西省教育厅印发《陕西省2017—2023年新增博士硕士学位授予单位立项建设规划》的通知，西安培华学院被列入拟新增硕士学位授予单位立项建设单位。

2018年2月，"西北大学－西安培华学院电子与通信工程研究生联合培育工作站"获批为陕西省研究生培养示范工作站。同年4月，培华学院获批为陕西省"一流学院"建设单位。

西安培华学院与西北大学联合建设陕西省研究生联合培养示范工作站

培华学子的"读四年书，行万里路，读书万卷，阅城无数"

高等教育国际化，是当代高教发展的新趋势。培华学院历来重视国际合作交流，以一种开放的姿态深层次合作办学。

2014年11月，中华全国青年联合会主办，共青团陕西省委、陕西省青年联合会、省发改委、省政府外事办、西安培华学院承办"筑梦丝路——欧亚青年领导人友好会见暨丝绸之路国际青年圆桌会议"在西安培华学院开幕，促进丝绸之路沿线国家青年对中国经济社会发展和青年发展情况进行全面了解，共同探讨欧亚各国青年参与建设丝绸之路经济带的有效途径。

随着全球化发展和中国综合国力的提高，世界兴起了汉语热。国家制订了国际汉语教师中国志愿者计划，培华学院对此非常重视，培养、输送一批汉语国际教学

欧亚青年领导人友好会见暨丝绸之路国际青年圆桌会议开幕式

志愿者。

2013 年、2014 年、2017 年、2018 年，每年都有 4~5 名学生，通过国家选拔考试，作为国际汉语教师中国志愿者，赴菲律宾、泰国、柬埔寨、缅甸、尼泊尔开始志愿推广汉语的工作。培华学院学生被录取为汉语教学志愿者的人数，居陕西省民办高校之首。北京汉语国际推广中心、陕西教育国际交流协会为此发来贺信，祝贺培华学子"尝试国际汉语教师这个新兴的朝阳白金职业"，"迈上海外高端就业之旅，为自己的人生开拓了国际化的发展前景，也为校内广大学生树立高校毕业生灵活就业的成功榜样，在国家汉办和省教育系统内，又一次为培华学院赢得荣誉"。

2017 年、2018 年，培华学院开设了好几种班，看起来颇有诱惑力——

　　第一届中日护理专班、中德护理专班
　　新加坡学前教育国际班
　　新西兰林肯大学本升硕班
　　美国纽约电影学院本硕连读国际班
　　加拿大圣文森山大学双本科班

这些课程是培华学院积极对接国际资源、对标国际职业资格认证、加强重点专业建设的举措，旨在培养具有国际视野＋外语能力＋职业技能的复合型人才。通过国际班的培养模式，保证合作方互派教

老师告诉你们：这是鸟巢。

国际汉语志愿者

师、课程学分互认、学生定期游学交换等专业国际化建设。

2017 年 4 月，培华学院还干了一件大事情：发起成立未来大学联盟。联盟院校有——西安培华学院、云南经济管理学院、北京工业大学耿丹学院、西南财经大学天府学院、广东财经大学华商学院、厦门工学院、武汉工商学院、青岛黄海学院、上海师范大学天华学院、苏州大学应用技术学院、广州华商职业学院、广东海洋大学寸金学院。联盟院校将共同创新办学模式、教学模式，各高校学生可以前往联盟内任何一所大学学习一学期，实现教学资源共享，学分学历互认。实现了"读万卷书，阅城无数，读书四年，行万里路"的美好愿望。

陕西民办高校首个海外院士工作室

2017 年 7 月，培华学院又得了个第一——陕西民办高校首个海外院士工作室"许立达院士工作室"成立，聘请许立达为首席科学家。许立达是欧洲科学院院士、美国电气和电子工程师协会（IEEE）会士、俄罗斯国家工程院外籍院士、教育部长江学者、美国奥多明尼昂大学信息技术首席教授。

这项工作启动于一年前，陕西省教育厅、省学位委员会办公室、省科技厅发出通知，实施陕西省高等学校院士工作室建设，培华迅速开展筹建，夺得第一。这是落实陕西省"追赶超越"和"四个一流"建设计划，培养造就一批高层次的领军人才、青年拔尖人才和创新团队的重要举措。

人才资源是第一资源。培华学院转型发展以来，从高度重视师资队伍建设，到大力加强包括师资队伍、管理队伍在内的人才队伍建设，实施人才强校战略，师资队伍从 2012 年的 795 人增至 2017 年的 1011 人，保证本科教学需要。副教授以上教师 410 人，各专业均配备具有副高以上职称的带头人。

2014 年，培华学院用 3 年实践提前实现教职工薪酬倍增计划，帮助青年教师解决子女入托、入学和家庭困难等问题，让青年教师安心工作。近年，逐年加大投入，为人才队伍建设提供资金保障。2014 年至 2017 年人才经费投入分别为 470 万元、625 万元、1010 万元、2000 万元。

2011 年，培华与西北大学签订"对口帮扶"协议，西北大学为培华培训党政干部、教学管理干部 180 多人次，为 44 名青年教师选配指导教师，有 6 名教授担任有关院系专业带头人，76 名教授、副教授对 114 名青年教师进行了为期一年的具体指导。

2013 年，培华学院与西安建筑科技大学签订"对口帮扶"协议，选派相关专业青年教师选修课程，聘请西安建筑科技大学副教授以上教师任培华专业青年教师的导师，指导提高业务水平。

培华整合本校省级教学名师资源，发挥教学名师的引领示范作用，成立 5 个省级教学名师工作室，分别是徐国富名师工作室、王西娅名师工作室、史晓眉名师工作室、刘利侠名师工作室、郭明贤名师工作室。

2017年7月3日，西安培华学院许立达院士工作室成立。这是陕西民办高校首个海外院士工作室

第一步，高质量的生源；那么，"最后"一步呢

培华学院立足陕西，历年来在陕招生投放计划均超过全国总计划的 60%以上、西北地区投放计划数的 65%以上，其专业也多是为西部开发服务的短缺专业，报考率、报到率逐年明显提高，连续 6 年本科三批均以 100%的一志愿报考率圆满完成招生计划，在陕西录取的本科生平均分高出本省控制线 50 分以上，位居同类院校之首。

生源好，质量高，这为培华教学工作打下坚实基础，也继续提升培华的影响力和知名度。培华逐渐形成以面向全国宣传为基础，突出加大陕西及生源不足省份的招生宣传力度，以媒体宣传、设立新生奖学金、学校体验活动、招生咨询工作为主导的招生宣传体系。

2018 年，在全国 22 个省市区投放招生计划，有 15 个省份文史类录取最低分、16 个省份理工类录取最低分，均高于批次线，多个省份录取平均分高于 2017 年。

在与高中学校的对接方面，培华组织发起"玩转我的大学"体验营活动，让高中生提前进大学，了解自己意向专业的课程设置，帮助高中生提前规划大学生活。

2013 至 2018 年的报到学生数、计划报到率数据，分别为 5928、5713、6104、5396、6166、6560 人及 99%、95%、95%、92%、92.6%、95.1%，连续 5 年平均录取人数稳定在 6000 人以上，录取报到率维持在 92%以上，在陕录取分数位居同类院校前列。

为奖励优秀新生，培华制定《优秀考生奖学金管理办法》，奖励符合条件的十类学生，并给予一定的优惠政策。2017 年，奖励优秀新生 4297 人 1490.8 万元。

第一步，是招到高质量的生源；那么，"最后"一步呢？

毫无疑义，必然是送经过精心培养毕业成才的学生步入社会就业——令人满意的就业率。

培华学院把就业工作作为基础性、战略性和日常性的工作来抓，纳入院校"一把手"工程。近年来，国家经济处于转型升级的关键阶段，传统产业去产能带来的就业压力仍然较大，企业转型发展对就业的影响依然较大。在这种形势下，培华学院联合教育部教育信息管理中心、智联招聘，开展 NET 全国就业能力认证测评。还联合西安市人才中心开展高校毕业生精准就业公益项目，面向毕业生开展"互联网+大数据+专业测评+专项服务"，对

学生实施精准化分析指导。还建立就业创业信息网、"培华就业小助手"微信公众号、就业工作办公群等网络信息平台，开展"线上+线下"服务。

这一时期，培华毕业生就业呈现几个特点：服务于陕西及西部地方经济仍然是就业主要方向，与生源地分布情况一致；就业呈多元化，自主创业、大学生村官、支医支教、应征入伍、考研或专升本、公务员招录及大学生志愿服务西部计划等多渠道就业，升学人数及所占比例有较大提升；就业质量较高，女生就业情况好于男生，就业率、升学率分别高出 3.6% 和 3.94%；就业行业分布广泛，在卫生、教育、社会工作、信息传输、商业服务方面就业人数较多。

培华学院设立就业创业咨询室，经常举办沙龙活动。毕业生可在大学生求职工作坊体验职场人的角色转换

2016 年，西安地区高校毕业生就业创业服务工作座谈会

年份	毕业生人数（人）	初次就业人数（当年6、7月）	初次就业率（%）	年底就业人数（人）	年底就业率（%）
2014	5925	5563	93.89	5571	94.03
2015	5826	5391	92.53	5442	93.41
2016	6345	5895	92.91	5973	94.14
2017	5991	5513	92.02	5657	94.42
2018	6280	5798	92.32	—	—

培华学院对学生的就业指导工作得到社会认可。2011 至 2013 年，被授予"全省普通高校毕业生就业工作先进集体"。2015 年，作为民办高校的唯一代表，培华学院当选为西安大学生就业创业联盟理事单位。2016 年，被评为"陕西省示范性高校就业创业指导服务机构"。2017 年，荣获"全国创新创业典型经验高校"荣誉称号。

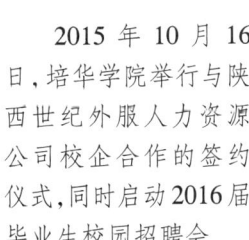

2015 年 10 月 16 日，培华学院举行与陕西世纪外服人力资源公司校企合作的签约仪式，同时启动 2016 届毕业生校园招聘会

培华学子毕业

《故事里的事》

学生满意度如何，是评判学生管理工作的标准。这是培华学院历来坚持的一条工作准则。转型发展以来的2013、2014年，这条准则进一步强调为坚持以人为本、树立服务意识，把管理渗透到学生日常学习生活中，引导学生全面发展。2015年，培华学院设立学生发展潜能中心，团委与学生服务中心合署办公，在二级学院建立学生工作站，协调、指导各院系学生工作。

2016年，相关机构升级为学生工作指导委员会，整合思想政治理论课工作领导小组、毕业生工作领导小组、大学生心理健康教育工作领导小组、学生资助管理工作领导小组、少数民族学生教育管理服务工作领导小组等工作机构，完善学生工作的顶层设计，负责全校思想政治教育及各项管理服务工作。

同时，按照1：200配备辅导员，将辅导员队伍的培养纳入教师与管理干部的整体培养规划中。2013年以来，辅导员、学工干部主持或参与校级以上科研项目30余项，发表论文数百篇，编著学生工作案例集《故事里的事》两部，多人获陕西省辅导员职业能力大赛多个奖项，6人

培华学子的校园文化生活

获省优秀辅导员称号。

寒门出学子。做好家庭经济困难学生的调查了解及审核资助工作，是培华学院高度重视的一项学生工作，使每一个贫困生都能得到合理资助，确保全校没有一名学生因家庭经济困难而辍学。2015 至 2017 年，学校为 3600 余名家庭困难学生减免学费 2850 余万元，为 10000 余名优秀学生发放奖学金 2600 余万元。

2015 年，在原心理咨询中心基础上设立学生潜能发展中心，围绕两大工作：学生心理健康教育与咨询，职业生涯设计规划，对全校学生开展咨询、测评工作。专职教师 8 人、兼职教师 56 人，全部具有相关研究生学历和国家二级心理咨询师职业资格，师生比为 1∶788，远远优于教育主管部门规定的 1∶3000 的比例。2016 年，参与开展心理健康教育研究 31 项，发表论文 17 篇，科研成果获得省级奖项 11 项。

培华学院奖励优秀学子，"确保全校没有一名学生因家庭经济困难而辍学"

三期基建，办学条件继续完善

分三期建设的培华学院长安校区已具规模：2002 年开始的第一期，完成建筑面积 36 万平方米；2004 年启动的第二期，完成 18.9 万平方米；第三期从 2011 年开建，完成 12 万平方米。在第三期基础设施建设中，响应政府治污减霾号召，拆除燃煤采暖锅炉，购买天然气采暖锅炉，又投入 1000 多万元完成天然气改造。至 2017 年末，培华校园房屋建筑面积达 51.16 万平方米，教学行政用房总面积 25.5 万平方米。

学生公寓的居住环境越来越好，注重智能、环保以及人性化。

2015 年暑期，学生公寓配套设施继续升级改造，安装空调 1300 多间；完成篮球场、体育场看台改造，在体育场西边新建餐饮、超市等附属用房。

2016 年，对 22 栋学生公寓楼 1400 余间新生宿舍进行改造。还专设软化水处理中心，将校内水引入软化水泵房进行处理，还铺设了 10 千伏电缆专线等。

2017 年，继续进行基础建设及设施维修改造，新建维之园 8500 平方米，改扩建创客中心 4800 平方米，新建东大门及周边场地 5400 平方米，完成多座教学楼外墙饰面粉刷、墙裙改造，更换教室课桌椅 5500 余套，改造装修学生公寓 1320 间，建成万兆光纤互联的校园网，实现校园网络全覆盖。

2018 年，维之图书馆阅览座位增至 5276 个。馆藏纸质图书 221.6 万册，生均图书达 100 册，电子图书 170 万册，报刊资料 1100 种，同时还拥有多种电子资源数据库，总存储容量达 176TB。

多功能体育场占地面积 3.8 万多平方米，体育馆建筑面积 0.73 万平方米。有室内体育馆一座，标准塑胶跑道田径场地 1 个，标准足球场地 1 个，室外篮球场 30 个，网球场 2 个，排球场 2 个，乒乓球台 100 个，羽毛球场地 42 块，还有学生体质健康测试室、室外健身广场等各类室内外体育场馆设施，开放程度及利用率高。

在第三期建设中，还栽植乔木 8462 株，灌木及其他地被 63000 平方米，完成与基建同步的校园绿化工作，被西安市政府授予"园林化单位"。

硬件建设的同时，培华学院加强资产和财务工作，保证办学经费增长和国有资产的真实、完整、合法性。2013 至 2017

培华学院目前有室内体育馆一座，标准塑胶跑道田径场地 1 个，标准足球场地 1 个，室外篮球场 30 个，网球场 2 个，排球场 2 个，乒乓球台 100 个，羽毛球场地 42 块……开放程度及利用率高

年，培华学院资产达到 144098 万元，固定资产 76292 万元，教学仪器设备 15718.92 万元。

在财务工作方面，培华制定财务管理办法等一系列制度，完善审批，强化管理，激发活力，提高资金使用效益。2012 至 2018 年，陕西省财政给培华学院共下拨民办高等教育发展专项资金 21102 万元。专项资金对民办高校可持续发展起到积极促进作用，缓解了后续发展过度依赖学费、资金短缺的矛盾。培华为此制定相关资金管理实施细则，加强管理、使用。

随着应用技术型转型发展的推进，利用信息化技术来改变管理手段、提高工作效率，尤显重要。为此，培华独立研发了校园信息化管理系统，建立中心数据库，进行校园网建设及网络安全建设。

随着数字技术不断进步，档案管理也未忽视数字技术的应用。早在 2002 年的培华女大时期，就召开档案工作会议，重视档案管理工作。2006 年，成立培华学院档案工作委员会，加强全校档案工作。2008 年，校长担任档案工作委员会主任，强化领导，理顺工作隶属关系。整理培华恢复创建以来的各种档案，搜集历史档案。2017 年，在原综合档案室、学生档案室的基础上，组建成立档案馆。新建档案馆 345 平方米，3 个档案库房，安装密集架 260 组。档案采用实体分类法，有全宗 1 个，为纸质、声像、实物等多种载体，涵盖党群、行政、教学、基建、财务、学生等 14 类，共计 3 万余卷（件）。早在 2005 年，购置世纪科怡单机版档案管理软件，使用计算机管理档案。2017 年，又更换南大之星网络版档案管理软件，推动档案管理工作的信息化。

团购住宅 700 套，为教职工解决后顾之忧

工会是广大教职工的"娘家"。2013年，培华学院工会组织设 18 个分会，22 名分会主席、44 名分会委员，工会会员 796 人。从当年开始，工会组织两年一次的教职工健康体检形成制度，还邀请专家开展健康知识讲座。为改善教职工工作生活环境，团购 700 套住宅，以最低成本出售给教职工，为其解决后顾之忧。

培华工会还组建教职工之家，成立教职工篮球、乒乓球、羽毛球、体育舞蹈、太极拳、合唱团、书画摄影 7 个文体俱乐部，丰富教职工业余生活，并组织教职工参加陕西省高校教职工体育舞蹈汇演、书画展，发挥工会组织文化育人的作用。2016 年以来，工会每月集中举办教职工生日会，营造温馨有活力的校园工会文化生活。

在建功立业活动的开展中，培华工会获陕西省教育工会表彰的先进集体 8 个、先进个人 15 人次。还有一批优秀工会组织、优秀工会干部、工会积极分子、雷锋式团队、雷锋式职工等荣誉。连续 8 年，培华工会获陕西省教育工会表彰，被授予"全省服务教职工活动先进集体""陕西省教育工会三服务活动先进单位"称号。

教职工代表大会也定期召开，表彰先进，审议教职工关心的重要事项。如 2015 年 11 月的首届七次教职工代表大会，通过《西安培华学院教职工收入分配办法》，推动转型发展和新的人才方案。

2017 年 12 月，第二届教职工代表大会暨工会会员代表大会召开。工会主席徐国富做工会工作报道，大会号召全体教职工扎实工作，以优异业绩向培华 90 华诞献礼。

充满温馨活力的校园工会文化生活

自2016年以来,培华学院工会每月都举办教职工集体生日会

培华学院工会组织教职员工进行户外素质拓展训练,增进团队凝聚力

成人高教与附属中专

培华开展成人教育，始于 1987 年的西安培华女子大学进修班。1990 年，开办高教自学考试辅导班、短训班。1995 年，成立培华女大成人教育学院。1997 年，国家教委批准举办成人学历教育。2000 年，陕西省教委批准举办成人本科学历教育，在西北地区普通高校成人学历教育中首开护理学本科专业。2003 年，以培华学院成人教育学院作为独立法人，开展本、专科成人继续教育。

依托培华学院的整体办学优势，成人高等教育以医学类、财经类、艺术类学科为重点，"重应用、强特色"，毕业生质量在社会上有良好声誉。2015 年，开展非学历继续教育，开展职业资格培训及职业技能培训，课目涵盖考研、专升本、人力资源、计算机等级、物流管理师、建造师、营养师、育婴师多个方面。

西安培华学院附属职业中等专业学校系利用高新校区独立举办，2012 年开始招生，招生对象为应往届初中毕业生。

一笔宝贵资源："10 万"校友会

自 1928 年建校以来，培华已向社会培养输送逾十万名人才。培华校友在各个历史时期的各行各业，都有出类拔萃者。有优秀的政府管理人员、企业家等社会知名人士，也有一大批扎根西部，服务基层，在平凡岗位上默默奉献的校友，他们走出培华校园，依然葆有培华独特的精神气质，为母校赢得良好的社会声誉，维护树立培华民办名校的形象。

培华学院重视校友这一宝贵资源。2006 年，成立西安培华学院校友总会，广泛联络海内外校友，开展多种多样的校友联谊活动，增强校友凝聚力。2015 年，在原校友总会的基础上，成立校友工作委员会。校友服务与发展中心作为该委员会日常工作机构，服务校友。还制定了一批规章制度，如《优秀校友评选办法》《校友联络大使职责与权利》《校友互助创业俱乐部章程》，保障校友工作积极开展。

2015 年 5 月，西安培华学院陕西暨西安地区校友代表大会召开，选举产生校友会陕西分会第一届理事会。10 月，西安培华学院第一届校友工作委员会成立，推举姜波任第一届校友工作委员会主任，通过《校友基金会章程》《校友捐赠管理办法》。

此后，法学、新闻、英语、汉语言文学、会计、播音与主持艺术、人力资源管理、国际经济与贸易等专业的 12 个校友会成立。辽宁校友会、安徽校友会、山东校友会及粤港澳校友会等地方校友会也相继成立。

据校友数据库统计，自 1984 年恢复建校以来，截至 2018 届毕业，共有校友 94203 人。

为培华发展建设凝心聚力的部分校友代表有——

姓名	班级	曾任职务	贡献内容
刘汉中	培华财经学校高52银会甲班	中国人民银行西安市分行行长	在培华女大恢复建校中做出突出贡献
席德生	西安市财经学校54工会班	西北工业大学计算机系副主任、教授	创立培华女大计算机系，首任系主任
魏毓博	西安市财经学校55贸丙班	西安市人民检察院检察长西安市人大常委会副主任	在培华女大恢复建校中做出突出贡献
常定国	培华职业学校高51银会班	中国人民银行总行稽查司司长	在培华女大恢复建校中做出突出贡献
杨拯英	培华职校初中46公教班	西安中学党支部书记陕西省政协委员	1954年，受西安市委派遣到培华发展党组织，为建立力学奖学金做出贡献
庞锡珍	培华财校高52银会甲班	中国人民银行陕西省分行副行长	在培华女大恢复建校中做出突出贡献
穆志友	西安市财经学校55级工会班	西安市人事局办公室主任	为培华女大学生见习、实习、毕业分配做出积极贡献
田自立	西安市财经学校55级工会班	西安市公用事业局党委书记西安市人大常委会委员、城建委主任	在培华女大恢复建校中做出突出贡献
王相民	培华财校52级秋初中班	西安市委宣传部副部长	在培华女大恢复建校中做出突出贡献
洪俊忠	西安市财经学校55级统计甲班	西安市雁塔区副区长西安市农业局副局长	为培华女大恢复建校征地做出突出贡献
王健鹏	西安市财经学校秋55级贸会乙班	西安市市容委副主任	编研培华校史，为筹建校史馆做出突出贡献
高来济	培华财校高52级政会班	西安市雁塔区法院院长	在培华女大恢复建校中做出突出贡献

培华深圳校友会

培华校友举办的专场招聘会

建设校园文化，创建"姜维之班"

纵观培华 80 年的办学历史，其实是一部创业维艰、不懈拼搏的发展史。16 个字的校训"校誉至上，质量第一，自强不息，开拓前进"已成为培华宝贵的精神财富，以及校园文化、精神文明建设的核心组成部分。早在 1985 年，姜维之就提出"以人为本，以德为先"的办学理念。2008 年，姜波进一步明确办学指导思想，凝练为"科学、民主、自由、公平、创新"的培华精神。

培华精神、培华校训、办学理念等文化内涵，成为培华师生共同的核心价值追求。2008 年、2012 年，培华学院成立红色文化研究会、陕西省红色文化研究院，发掘红色文化资源，打造培华文化品牌，开展红色文化进校园活动，进行爱国主义、集体主义和革命传统教育，使培华学子深入认识中国革命的发展道路，增强报效祖国的责任感和使命感。

2017 年，培华学院开展"姜维之班"创建活动，弘扬老校长姜维之"以人为本，以德为先"的教育理念和严谨治学的

培华学院在八路军西安办事处纪念馆建立爱国主义教育基地

　　2015年,纪念抗日战争胜利70周年,培华学院举行升旗仪式,大学生们摆出"70"字样的方阵

　　2017年12月10日,西安培华学院组织师生党员代表赴陕甘宁革命根据地铜川照金参观学习,接受革命传统教育

2016 年 11 月 22 日，西安培华学院启动姜维之班创建活动

精神品格。有 167 个班级参与"姜维之班"创建活动，认识培华悠久的历史传统，学习姜维之先生的精神品质，养成良好学习习惯，营造浓郁的班级学习氛围，提升培华思想政治教育水平，收获颇丰。当年年底，评选两个创建提名班、4 个优秀创建班，4 名学生获得姜维之奖学金，形成很强的示范引领作用。

培华学院长安校区环境优美，堪称绿色校园、人文校园。根据《陕西省园林式单位和居住区标准》，培华加强校园园林景观建设。同时，注重校园文明建设。2014 年 3 月，陕西省委、省政府命名培华学院为"省级文明校园"。

安全和谐的校园秩序，也是校园文明的一部分。2009 年 2 月，培华学院获得"陕西省平安校园"荣誉称号。2017 年 3 月，再次获得这一荣誉。

培华学子丰富多彩的校园生活

热烈、喜庆、充满活力的校徽、校旗、校歌

培华学院的校徽、校旗等校标，均以红色为主色调，象征热烈、喜庆、新鲜，充满活力。

校徽包括徽章与徽志。徽章为长方形证章。徽章上有赵朴初先生题写的"西安培华学院"校名。教职员工佩戴的校徽为红底白字，学生为白底红字。

徽志为套圆形徽标，圆环上部为校名，下部为校名英文。中心系翻开的书本，托举着篆书"培华"二字，"1928"，系诞生建校的年代。

校旗为长方形红色旗帜，中间为白底红字的"西安培华学院"中英文校名，左方配以徽志。

校歌《培华之歌》，姜波作词，赵季平作曲。

培华学院校徽

培华校旗

培华之歌
The Song of Pei Hua

伴奏：中国爱乐乐团
编配：赵　麟

中华职业教育社成立 100 周年
——回望在陕西耕耘的足迹

一百年前的 1917 年 5 月 6 日，教育家黄炎培先生联合教育界、实业界知名人士蔡元培、梁启超、张謇等 48 位先生，在上海发起创立中华职业教育社，以倡导、推行职业教育，改革脱离生产劳动、脱离社会生活的传统教育为志，提出职业教育的目的——

谋个性之发展，为个人谋生之准备，为个人服务社会之准备，为国家及世界增进生产力之准备

使无业者有业，使有业者乐业

一百年忽忽而过，中华职业教育已硕果累累。在中华职业教育社成立 100 周年华诞之际，为缅怀中国职业教育先驱黄炎培先生，弘扬黄炎培职业教育思想，总结陕西职业教育成果，助力职业教育深化产教融合、校企合作，实现党中央"四个全面"和陕西省委省政府"追赶超越"的要求，陕西省隆重举行庆祝中华职业教育社成立 100 周年纪念大会，大会主题是"勿忘初心，追梦百年"，中华职业教育社立社 100 周年系列活动——陕西的足迹。

这次纪念大会由中华职业教育社主办，陕西省中华职业教育社是承办方之一。另一个承办方，正是与纪念主题渊源深厚的西安培华学院。

2017 年 5 月 4 日，纪念大会在西安培华学院长安校区召开。陕西省委常委、省政协副主席、省委统战部部长陈强，省政协副主席、省中华职业教育社主任李冬玉，省委统战部常务副部长张雷，省教育厅副厅长刘建林，省妇联主席龚晓燕，省政协常委、西安培华学院理事长姜波出席纪念大会。省国土资源厅副厅长、省中华职业教育社副主任张亚平主持大会。陈强、李冬玉、龚晓燕、刘建林分别讲话，盛赞中华职业教育的辉煌成就。

姜波代表省级民主党派、工商联和高校发言，回顾西安培华学院的前身西安第一平民女子职业学校的历史、发展，它是中华职业教育社当年在陕的唯一分校。黄炎培先生的职业教育思想，对培华办学影响深远，奠定了培华的发展根基。

纪念大会后，培华学院还举行相关的历史图片展、书法作品展，以及职业教育发展论坛、女性职业教育论坛等系列纪念活动，回望一百年来，中华职业教育在陕

中华职业教育社第十次全国代表大会

西的深厚发展。

2017 年 5 月 5 日，中华职业教育社成立 100 周年纪念大会在北京举行。中共中央总书记、国家主席、中央军委主席习近平发来贺信，对中华职业教育社成立 100 周年致以热烈祝贺。习近平在贺信中指出，改革开放以来，中华职业教育社紧紧围绕党和国家工作大局，广泛联系社会各界和海内外关心支持职业教育的人士，为发展职业教育、实施科教兴国和人才强国战略、推进祖国和平统一大业做出积极贡献。

西安培华学院理事长姜波作为特邀代表出席会议，并分别受到民盟中央原副主席、中华职教社原副理事长李重庵，中华职教社总干事王金宝，教育部职业教育与成人教育司司长王继平，中华职教社副总干事杨农，陕西省政协副主席、陕西省中华职教社主任李冬玉的接见。

十二届全国人大常委会副委员长、民建中央主席、中华职教社理事长陈昌智（左）与培华学院理事长姜波

‖ 迈向培华 100 周年 ‖

培华建校整整九十年了。

九十年，在人类的历史长河中，不过一瞬。

培华人，则在这九十年里走过一条起伏改变、创业维艰、发展壮大、昂扬奋进之路。值得回望，值得赞叹，值得深思，值得铭记。

还有十年，培华将迎来建校一百年。这将是中国首家走向百年的民办大学。

此处不必赘言，唯余一块空白。

就像那句著名的话——

"一张白纸，好写最新最美的文字，好画最新最美的图画。"

培华，正在稳健地向着一百年，迈进。

参考书目及素材来源

陕西省档案馆

西安市档案馆

西安培华学院档案馆

西安培华学院校史馆

西安培华学院档案馆存 1984—2018 年行政档案

《培华校史（1928—2018）》，姜波主编，西北大学出版社，2018 年 10 月第 1 版

《培华女大校报》（1984—2003），西安培华女大校刊编辑部，1984 年 8 月至 2003 年

《陕西省志·政治协商会议志》，刘永端主编，陕西人民出版社，1995 年 8 月第 1 版

西安文史资料第 21 辑《西安近代中等教育》，西安市政协文史资料委员会编纂，《西安培华女子职业学校始末》，王君毅撰，1998 年 11 月

《西安 60 年图志》（上卷），西安市地方志办公室编纂，西安出版社，2010 年 11 月第 1 版

《统计文史——"国家统计局 5 所统计学校"专辑》，国家统计局统计资料管理中心编撰，2014 年 5 月

《图说西北大学百十年历史》（2017 年增订本），姚远、董丁诚、熊晓芬、宋轶文等撰，西北大学出版社，2017 年 9 月修订版

后　记

一

我上中学的时候，大院里有个女生上了大学，那是我第一次听说"培华"这个名字。只见这位女大学生每天骑着自行车早出晚归，还说这叫作"走读"。我不懂，为什么大学要"走着读书"。

后来，听说了姜维之先生，在报纸上见过他的照片，据说是位著名的教育家，但也只是知道这一点——他是培华女大校长。其他的故事，并不了解更多了。

多年以后，我在西安含光门外的一家报社做记者，有一次，很偶然地得知，培华女大以前就在不远处的大学南路上。

这，就是截至二〇一七年末，我对"培华"的全部认识。

二

二〇一七年十一月底的一天，我接到王健鹏老人打来的电话。他说："好久不见啦，我看到微信里有个公众号'小人物大人物'，其中有一篇文章，就是你那年写的'铁市长'的故事吧。"

我在二〇〇八年采访过王老。早年，他在西安市政府工作，曾任市长秘书，与"铁市长"张铁民交往甚多，告诉我很多"铁市长"的故事，帮助我完成了那篇报道。

我登门看望王老。一见面，他就说："我八十岁了，写了一辈子文件材料，出了几本书，但此生还有几个重要的人物想写，可是年纪大了，写不了了，告诉你，看你有没有想法。"说着，就说出了几个名字，其中一个正是姜维之。

王健鹏说："我是姜先生的弟子。"早在一九五二年七月，十五岁的王健鹏考入当时的西安私立培华财经技校"秋 55 贸会乙班"，成为共产党建政、接管培华财校之后培养的第一批财经专才。王健鹏从市政府退休后，二〇〇六年，老校长姜维之邀他再次"回到"培华，嘱其参与培华校史的编研工作。

王老向我念叨着："姜维之可是难得的人物啊，这个人为了办教育，什么苦都能吃。没有他，就没有今天的培华。培华自民国时期初创，其间中断了二十五年，到一九八四年恢复重建，一直发展到现在。因为有了姜维之，近百年的历史才贯穿起来。这个人，值得写。"

说话间，王老搬来一堆关于培华的书籍、资料，翻开来，一一指给我看，讲述吴云芳、李兢寰、鲍廷忱、冯希勃、傅学文，以及姜维之、姜哲、姜波祖孙三代，还有其他与培华校史有关的人物故事。我一边听，一边做笔记，还把这些资料全部借阅细细看了一遍，有些做了翻拍，作为素材先存起来，说不定什么时候写作就能用上。

还书的时候，我对王健鹏老人说了想法：姜维之的故事和培华的历史，不只是一个人的命运、一所学校的命运，更是一个时代的命运，是中国西部私立高等教育的一个"标本"，颇有些传奇色彩，确实能讲一个很好看的故事，只是目前似乎缺少写作由头；如果要写的话，还需要再做深入采访，系统地了解那段历史背景，了解姜维之的一生，了解培华在各个历史阶段的发展、变化、挫折、进步，以及今天在陕西民办教育界的地位与前景，才好整体把握，凸显其价值。

事情就这样暂时搁下了。

三

几个月后，二〇一八年三月中旬的一天，西北大学出版社社长马来先生打电话，问我最近在写什么，说有一本关于高校的书，是以照片的方式解读校史，书名就叫《图说培华90年历史》，正在找作者，问我有没有兴趣。

这真是机缘巧合，我没有多做考虑，接受了这份写作任务。

我很快把手头的一些工作处理完，全力投入这部书稿前期的素材搜集、采访工作。五、六月，整整两个月，我每天从西安南郊赶到长安神禾塬，巍巍秦岭就在眼前，好一派山姿林韵，可惜无暇欣赏，一味埋头在培华学院档案馆的故纸堆中。

四

既然是"图说"，第一步，我首先翻阅查找了几乎所有的培华学院馆藏的老照片。档案馆李瑞老师非常热心，不厌其烦地为我翻找资料，推来一车又一车影集档案，还在校史办公室发现一个塞着满满当当一柜子百余本影集的书柜。这些照片大部分按主题分类，有些则略显杂乱且重复，需要再做梳理。

我细细地看起来。其中有不少是原校史办搜集的民国老照片以及二十世纪五十年代培华被接管公办时期的老照片，更多的则是一九八四年恢复重建至今历年来的各种校务会议、考察会见、校园基建、文体活动等各个方面的照片。我趴在这些老照片上，辨识着其中的人物、场景、字迹等诸如此类的每一个细节，有些不易分辨的，则翻拍后转存到电脑上放大细看。

渐渐地，早期培华初创时，那些风云激荡的民国人物，耳熟能详的，或是鲜为人知的：黄炎培、邵力子、吴云芳、宋联奎、梁午峰，还有近年来，我一直关注并采写的李约祉、李仪祉、赵寿山、孙蔚如这些人物，都一个个鲜活起来。

我还偶然得知，早期培华被接管合并后成立的西安市财经学校的校长冯希勃，是抗日名将冯钦哉之子。我与冯将军嫡孙冯寄宁先生相识也有几年了，听他多次说过他父亲的轶事。没想到，这一次是以翻阅培华老照片的方式，才把冯家三代"认识"全了。

此前多年采访积累的各种零碎的信息，会毫无预料地在某一个节点，突然汇集在一处，相关素材一时贯通起来，饱满而翔实。类似这样的情况屡屡发生，使我欣喜不已。等我翻到培华一九八四年恢复重建时的老照片，又看到了范明、白纪年这些我曾经采访过的老将军、老同志的身影，一时如晤故人。

再往后翻，黑白老照片逐渐变成了彩照，照片质量也越来越高、越来越清晰，形式也从冲印的相纸版变成了电脑里的电子版。早年的时代人物走下历史舞台，新一代传承人成为主角。一所学校、一段绵延了近百年的历史，就这样，以照片的方式，在我脑海里渐渐勾勒出一个清晰的轮廓。

用了近一个月时间细致地翻看完这些照片，我心里多少有了点儿底。于是，按照多年工作养成的习惯，我把第一轮搜集到的备选的近三千张照片，做了大致分类，转存在电脑文件夹里，当然也"储存"在我梳理了一遍的记忆中，让它们慢慢去"发酵"。

我知道，"图说"，说的是九十年的校史，如果仅仅凭借这一张张照片简单地堆砌在一处，并不能完全做出符合逻辑的连贯说明，还需要大量文字档案的支撑，才可能进行准确、到位的解读。

五

这就是搜集素材工作的第二步，查档案、看校史。培华学院原校史办的老师们此前搜集整理了大量的早期档案，这使我的工作省力不少，于是我便将精力投入一九八四年恢复创建至今三十多年的校史档案的研读中。

我用了一个多月的时间，把全部行政档案翻阅了一遍，有些是浏览，更多地则是精读。尤其是一九八四年恢复创建、二十世纪九十年代建设高新校区、二十一新世纪之初建设长安校区以及围绕升格本科、建设应用型大学等培华校史发展历程中的重大节点、事件，对前因后果的方方面面，都做了细致研读。

在阅读原始档案的过程中，我逐渐产生了一个愈发清晰的念头：由于培华学院还另行编撰有一部纯文字版的校史，考虑到我所采写的这部书稿的容量，以及图文书的特色，因此，不可能对近百年的校史事无巨细地面面俱到，而是要把握主线、有所选择、突出主题，对重要的细节深入挖掘、叙述透彻，采取图片解读的方式，充分展示。

有了这个想法，我在阅读档案时搜集素材的目标更为明确，精彩的故事、发展的矛盾、时代的变迁，一个个都被我收入素材"囊"中。

翻看一本本原始档案，每揭开一页，都散发出故纸的气息，我却看得津津有味：思想解放的二十世纪八十年代，为了恢复培华，陕西省、西安市的有识之士开创新路，把握住政策，解决各种棘手问题。他们在《会议记录》里说出大胆的想法、直言不讳的思路，甚至还有开诚布公的"争吵"，出发点都是为了发展教育。这所学校，好比一个人似的，从无到有，诞生、成长、挫折、起伏、发展、壮大，一代人支持、呵护、培育，为之奋斗。

而其中的核心人物姜维之先生，来不及诉说历尽坎坷的怨言，全身心投入培华的恢复创建，一鼓作气，建起了学校，招来了学生，建设了校园，从沙井村到神禾塬，几乎连一口气也不曾停歇，终于使学校升格为本科，初具规模。然后，他走了。原始档案丰富、如实地记录了这位老教育家为培华的奉献。我在故纸堆中很快辨识出老先生的笔迹，透过字里行间，触摸其行事风格，体会其精神风范。

档案翻阅到后半部分，纸页越来越新、格式越来越规范，各种主题的教育、发展、建设的公文增多，主题清晰、目标明确，这与恢复创校初期档案所折射出的气息截然不同，说明培华学院在姜维之的接班人、现任理事长姜波的带领下，发展到一定的高点上，透出稳健、低调的行事风格。

六

当我一页页翻看培华原始档案、一点点搜集历史背景资料，发现培华校史细节故事的时候，记忆中、电脑里储存的那些老照片果然"发酵"了：照片上的人物，俨然不是历史中人了，他们"活"起来，说话、讨论，为遭遇的困境发愁，为取得的进步欣喜。

我也很高兴。当我看到某个档案片段，此前见过的某一帧老照片，就会一下子跃出脑海——这段史料，恰恰对应那张照片。这使我在独处的办公室里，常常不由自主叫出一声好来。

还有意外发现。我在搜寻鲍廷忱先生的资料时，见到一个熟悉的名字——王仰荆。我心中一惊，这个人的名字，怎么与我中学语文老师的名字一模一样啊。我至今记得王老师的模样：花白头发、身材敦实的一个老太太，以陕西口音诵读文言文："蜀之鄙有二僧：其一贫，其一富……"我为此查找了政协文史资料，原来，王仰荆与鲍廷忱、姜维之诸位先生，早年都是民盟西安新城支部的同事。

档案看累了，我有时会回头再去端详老照片。有一天，居然在培华女大首届毕业典礼的照片中，发现了以前报社的老领导王世梅，当年他还是《西安晚报》的年轻记者，我把照片翻拍了，微信传给他，说这是在培华档案馆里收藏着的。他非常惊讶，感慨地说："看来，哪怕是当年的职业行为，只要是实实在在做的，就会被人记住，这就是记者的荣耀。"末了，还意犹未尽地说："甚感温暖。"

诸如此类发生在搜集素材过程中的小事，这些年，在我关注陕西本地历史文化人物及事件的采写中，出现过多次。有些人物与我有一丝关联，或熟识，或久违，不禁令我感慨，感觉自己与历史中的这些人物似乎更为接近了一些。

我的感慨还寄托在老照片中的一些细节上：人们的衣着，从长衫到中山装，又到西服、领带，还有老干部穿的"黄胶鞋"，这些都反映着时代的精神风貌；开学典礼、毕业典礼会场桌上摆着的玻璃瓶装汽水、可口可乐，折射着社会生活的点滴变化；还有当年的汽车牌照样式、校园及教室的标语口号文字、办公室的陈设……凡此种种，既是时代的刻痕，也是开启记忆的密码。当然，这些细节并不单指所谓的老照片，也存在于当下的照片中。只是，我们对新近发生的细节熟视无睹罢了。

近十余年来的"新"照片，大多是会议场面、签约仪式，以及各级领导视察、合影。这又一次印证了此前翻阅档案时的感觉：如今的培华学院，其领头人及团队一直采取稳健、低调的行事风格，埋头做事，只问耕耘。这些，已然被记录在照片中，成为历史的一部分。

七

翻完老照片和原始档案，已是七月初了。与出版社约定的交稿时间是八月底。只有不到两个月时间，我还一字未写。说实话，我当然是焦急的。可我也不那么着急。毕竟，梳理已毕，书稿的框架也随之形成——

以一九四九年为分界线的第一章、第二章，从初创到中断，都是在说"老培华"

的历史，体现的是这所学校的历史变迁。悠久、厚重，是这一时期的关键词。

第三章以一九八四年恢复创建为起点，起起伏伏，各种问题、冲突，也有大量来之不易的成绩，故事可读，体现的是这所民办高校的复建重生。传奇、奋斗，是这一时期的关键词。

第四章，升格为本科院校的培华基础扎实，向着建设应用型大学的目标迈进，体现的是这所即将迎来百年历史的高校的愿景和使命。实干、稳健，是这一时期的关键词。

大框架如此，在每一章节内，按照时间、事件等重要阶段再做细分，突出每个小主题，文字、图片相互配合讲故事，有些细节及内容要素则以图表形式解读主题。

既然是一所高校的历史，怎样才能体现其教育、文化的气息与内涵呢？有一天，我盯着"培""华"两个字看，忽然想到查查字典，看看它们本来是什么含义。于是，在《辞源》《辞海》里，我找到了培华变迁的多个校名中的关键字眼，将最初的释义列在书稿每一章的开篇，既做内涵寓意的映射，又起到分隔章节的作用。我想，读者阅读至此，可能会略作停顿思考，那就达到效果了。

我做出一个写作计划，从七月初一直排到八月底，每天都列有必须完成的篇目。然后就按部就班，闷在书房里埋头写作。俄罗斯世界杯一场也没看。天很热，内心的焦灼随着写作进度的如期推进，渐渐变得平和起来。在写作期间，我又对框架细部做了一些微调。

在整个素材搜集、框架设定，以及写作过程中，我与培华校方、西大出版社始终保持联系，及时沟通思路，交换观点意见，报告工作进度，得到了很多支持。

八月中旬，十五万字的初稿完成。我一边修改第二稿，一边整理图片，并将其插入文本中相对应的地方，做到文图契合，并拟写了图片说明，力争达到"图说"的效果。九月初，近十八万字的第二稿交稿。之后，根据责编的意见，又进行了一些修改和补充。

八

在搜集素材、思考这部书稿的框架时，我想，如果这本书还有一个副题，那就应当是——"一百年来，中国西部民办高等教育的一个样本"。

那么问题来了：为什么这个"样本"，会是培华？

等我完成书稿回望，发现答案已经隐含在全书的字里行间以及那些珍贵的照片之中了。

由于曾经多年的记者职业专业要求，在查看档案、搜集素材，以及撰写书稿的过程中，我始终是带着疑问的。而撰写一所高校的历史，只能是用事实说话、用档案说话、用照片说话。相信高明的读者阅读此书时，会透过不同时代培华的起伏发展，看到中国民办高等教育独特的历史价值。

这就像我翻阅完原始档案之后的感觉。培华历经九次更名，从"女子""职业"的办学特点，到"以产养教"的办学理念，在每一个不同的历史阶段，既有其相似之处，又不断提升，独具其开创性，宛若一次次"蝶变"。

而这其中的核心人物，就是姜维之。

他也坚持下来，为培华奉献了一生，为此也付出了代价——他的一只眼睛后来彻底失明。

培华的传承人、现任培华学院理事长姜波，正在为这所声名赫赫的民办高校的继续发展而努力。校办主任李健说："理事长是个干实事的人。"这也符合这部书稿所呈现的特点。

九

从接到任务，到完成采写，只有四五个月时间，还是不够从容。同时，毕竟是撰写培华的校史，而不是陕西民办教育发展的全景，所以主题只能围绕培华校史的九十年。但我想，如果有可能，将培华更多地放置在陕西民办教育发展的大背景之中，聚焦视野再拉宽一点，与其他院校做一对照、比拼、研究，或许更能看出优秀与后进、奋斗与拼搏。这可以算作本书采写未能实现的一点小遗憾吧。

感谢王健鹏老先生，他最早的"点题"与交流，使我对培华有了初步的认识。

感谢西北大学出版社社长马来先生，他不仅向我提出了这项写作任务，还建议我参考《图说西北大学百十年历史》一书的框架，使我有了很好的"坐标"参照。

感谢西安培华学院理事长姜波先生、校长李映方先生，为本书的采写提供了极大的便利和全力的支持。

感谢培华学院校长办公室李健、李瑞、王灏然诸位老师，在培华学院翻阅档案的日子里，他们给予我悉心的帮助。李瑞老师几乎每天都会问我有什么困难，有事尽管说。本书中的照片由培华学院校办、档案馆提供。

感谢抗日名将冯钦哉嫡孙冯寄宁先生，他向我提供了其父冯希勃先生的清晰照片，还讲述了他所了解的姜维之先生的故事。

感谢辛亥革命先贤张子宜先生曾孙张和平先生，当他得知我在采写这部书稿时，立即告知我许多他所知晓的培华旧事。

感谢陕西省政协的白磊先生，他提供了省政协在建国路的办公楼老照片。

感谢老记者王世梅先生，他关注着我的写作，常常与我微信交流，其观点对我多有启发。当年，他多次采访姜维之先生，与姜哲先生为媒体同行，交往甚多。

最后，感谢西北大学出版社责编郑迪女士、美编谢晶女士，以及制版团队的辛勤劳动。在时间紧、任务重的情况下，他们加班加点，修改、校对、制版、调整，顺利完成了书稿的编辑、制版工作，使这部书稿最终呈现在读者面前。

木闻

二〇一八年十月一日

图说

培华

90年历史

Ninety Years History of Peihua University in Pictures

责任编辑　郑　迪

装帧设计　谢　晶

ISBN 978-7-5604-4252-5

9 787560 442525 >

西北大学出版社
天猫专营店

西北大学出版社
微信公众号

定价：98.00元